促进与适应新能源视角下的
电力市场改革研究

宋 枫 著

科学出版社

北京

内 容 简 介

　　本书聚焦于中国"碳达峰、碳中和"战略目标背景下，电力市场改革如何适应和促进新能源发展的重大现实议题。面对新能源高比例接入带来的电力系统运行方式变革与安全、经济、绿色三重挑战，系统梳理了我国电力市场改革历程、机制设计原理与实践进展，深入分析新能源市场化消纳路径中存在的制度瓶颈与激励机制缺失问题，提出了面向未来的市场体系优化方案与政策建议。全书包括理论分析、国际经验、制度评估与模型实证，涵盖辅助服务市场、容量机制、价格形成机制、市场范围拓展等多个关键领域。

　　本书适合能源经济、电力系统、环境政策等相关领域的研究人员、高校师生、政策制定者、能源企业从业者及对中国能源转型感兴趣的广大读者阅读参考。

图书在版编目（CIP）数据

促进与适应新能源视角下的电力市场改革研究 / 宋枫著. -- 北京：科学出版社, 2025. 6. -- ISBN 978-7-03-082480-6

Ⅰ. F426.61

中国国家版本馆CIP数据核字第2025TP8434号

责任编辑：林　剑 / 责任校对：樊雅琼
责任印制：赵　博 / 封面设计：无极书装

科学出版社 出版
北京东黄城根北街16号
邮政编码：100717
http://www.sciencep.com

北京市金木堂数码科技有限公司 印刷
科学出版社发行　各地新华书店经销

*

2025年 6月第 一 版　开本：720×1000 1/16
2025年10月第二次印刷　印张：12 1/2
字数：270 000
定价：158.00元
（如有印装质量问题，我社负责调换）

目 录

第1章 绪 论

实现碳达峰、碳中和（以下简称"双碳"目标）对于推动中国经济社会高质量发展与全球共同应对气候变化具有重大意义。为了实现"双碳"目标，发展风电与光伏等新能源、推动电力系统脱碳已成为共识。2021 年 3 月，中央财经委员会提出要"构建以新能源为主体的电力系统"，这意味着未来 40 年，我国电力系统将从以煤电为主要发电来源转向以风电、光伏等新能源为主要发电来源。

与传统化石能源发电的高可控性不同，风电和光伏受自然条件影响大，具有明显的间歇性、波动性和不确定性等不可控特征。高比例可再生能源接入电力系统，将对电力安全运行、长期容量充足以及成本可负担产生新的挑战。传统电力系统运行规律将出现根本性变化，进而对现有的更适应以传统可控化石能源为主的电力市场规则产生冲击。

我国电力市场化改革正在进行，规模巨大的电力行业正在从以计划为主的资源配置方式向市场化转型，同时面临主体发电能源从煤炭向风光的转型，如何前瞻性建立促进与适应以新能源为主体的新型电力系统的市场化规则，保障电力供给安全充足、促进电力绿色转型以及实现转型成本可负担是需要研究与讨论的重要议题。

1.1 研究背景与研究问题

1.1.1 研究背景

我国碳排放无论是从能源投入品种还是终端需求的产业结构来看都较为集中（图 1-1）。从能源要素投入角度来看，我国约 83% 的二氧化碳排放来自煤炭和天然气，17% 的二氧化碳排放来自石油。从终端产业结构来看，电力、热力供应部门的二氧化碳排放占比在 40% 以上，是我国现阶段二氧化碳排放占比最高的部门；其次是金属冶炼与加工业，占比约为 30%，交通、仓储以及服务业等部门占比小于 10%。

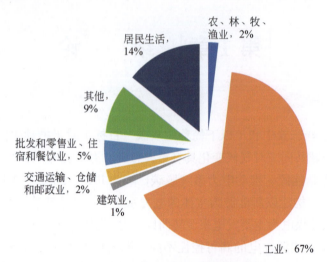

图 1-1　2021 年我国碳排放部门结构

数据来源：《中国能源统计年鉴 2022》

"电力行业无碳化、其他行业电气化"是实现碳中和目标的一条可行路径。碳排放在能源生产侧和消费侧集中意味着能源领域尤其是电力领域是实现碳中和的主战场。我国发电系统的平均碳排放强度为 $581gCO_2/kW \cdot h$，是欧盟的 2 倍以上，是美国的 1.5 倍（IEA，2020）。电力系统脱碳带来的直接二氧化碳排放减少可以达到 40% 以上。电力行业不仅要在能源生产侧实现对化石能源的清洁替代，还要在能源消费侧实现电能替代，承接工业、建筑、交通等领域转移的能源消耗和碳排放。若考虑间接排放，电力系统脱碳转型带来的二氧化碳排放减少将达到 80% 以上。

实现电力系统脱碳需要由清洁能源机组替代化石能源机组进行发电。我国目前约有 29 亿 kW 的发电能力，每年提供约 9 万亿 kW・h 的发电量。从发电结构来看，我国还是以传统的火力发电为主，燃煤机组以 48% 的装机规模提供了 66% 的发电量（图 1-2）。

由我国电力装机结构和发电结构可知，以产出衡量的清洁能源的替代规模近 70% 火电，这要求可大规模推广的电源类型必须要具备三个特征：资源充沛、技术可行且具有成本优势。清洁能源机组包括风电、太阳能发电、水电、生物质能源、潮汐能等可再生能源。其中，水电受自然空间的限制，还要承担调峰、蓄能等社会角色，全国可开发容量不足 7 亿 kW，目前发展已经饱和，不符合资源充沛特征。核电开发仍有核废料如何处理的问题尚未解决，核心要素铀资源的有限性，不具备大规模推广的前景。生物质能的发展受制于耕地红线与技术水平，也不具备大规模推广以替换燃煤机组和燃气机组的潜质（王鑫，2020）。

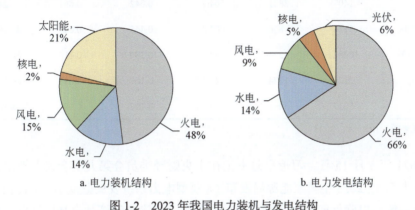

a. 电力装机结构　　　　　　b. 电力发电结构

图 1-2　2023 年我国电力装机与发电结构

数据来源：《中华人民共和国 2023 年国民经济和社会发展统计公报》

目前技术上和经济上最具有可行性的替代能源是风能和太阳能。如表 1-1 所示，世界范围内，风电与太阳能发电的成本在最近十几年大幅下降，2022 年太阳能光伏的单位装机成本较 2010 年下降 83%，度电①成本下降 89%；陆上风电的单位装机成本下降 42%，度电成本下降 69%；海上风电的单位装机成本下降 34%，度电成本下降了 59%，在发电侧已经可以与煤电发电成本竞争。我国具有较好的风能与太阳能资源，陆地风能资源可开发量约为 23.8 亿 kW，海上风能资源可开发量约为 2 亿 kW；全国 2/3 以上地区年日照时数大于 2000h，我国陆地面积每年接收的太阳辐射总量相当于 2.4×10^4 亿 tce 的能量。受益于税收减免、补贴与保障发电小时数等支持性政策，我国风电、光伏设备制造业与发电行业过去二十年迅速成长。2022 年我国光伏组件产能约占全球总产能的 80.8%，光伏组件产量占全球总产量的 84.8%（中国光伏行业协会，2023）。2022 年我国陆上风电的平准化度电成本降至 0.033 美元 /kW·h。太阳能光伏的度电成本下降更为明显，在 2010～2022 年下降 89%，降至 0.049 美元 /kW·h（IRENA，2023）。

---

① 度电是电能的常用单位，1 度电 =1kW·h。

表 1-1　2010 ～ 2022 年全球可再生能源成本变化

项目	单位装机成本 /（美元 /kW）			平准化度电成本 /（美元 /kW·h）		
	2010 年	2022 年	变化量 /%	2010 年	2022 年	变化量 /%
生物质能	2904	2162	−25.55	0.082	0.061	−25.61
地热能	2904	3478	19.77	0.053	0.056	5.66
水电	1407	2881	104.76	0.042	0.061	45.24
太阳能光伏	5124	876	−82.90	0.445	0.049	−88.99
聚光太阳能	10082	4274	−57.61	0.380	0.118	−68.95
陆上风电	2179	1274	−41.53	0.107	0.033	−69.16
海上风电	5217	3461	−33.66	0.197	0.081	−58.88

数据来源：IRENA，2023

2021 年 3 月 15 日，习近平总书记在中央财经委员会第九次会议上提出构建新型电力系统。2023 年国家能源局发布了《新型电力系统发展蓝皮书》，阐述了"新型电力系统是以确保能源电力安全为基本前提，以满足经济社会高质量发展的电力需求为首要目标，以高比例新能源供给消纳体系建设为主线任务，以源网荷储多向协同、灵活互动为坚强支撑，以坚强、智能、柔性电网为枢纽平台，以技术创新和体制机制创新为基础保障的新时代电力系统，是新型能源体系的重要组成部分和实现'双碳'目标的关键载体"，明确了电力系统未来的主体能源将从煤炭转向风光等新能源。

过去二十年，我国政府为应对全球气候变化、保障能源安全、促进农村偏远地区发展，通过制定新能源发展规划、设立明确的新能源发展目标、出台保障性收购、支持性电价和税收补贴等经济激励措施，逐步消除新能源发展面临的成本过高、融资困难等障碍，建立起新能源产业体系，大力推进新能源的产业化和规模化发展。在一系列政策的支持下，我国的风电和光伏等新能源的发展在过去二十年取得了令人瞩目的成就，发电成本实现了大幅下降，进入全面平价上网的时代。截至 2024 年 12 月，全国光伏发电装机容量达到 8.86 亿 kW，风电累计并网容量达到 5.21 亿 kW，2024 年全国水电、风电、太阳能发电、生物质发电等可再生能源发电量达 3.46 万亿 kW·h（图 1-3）。虽然风电和太阳能发电的装机容量占比大幅提升，但发电量占比仅为全社会用电量的 18.5% 左右，离主体能源地位相差较远，这一比例与实现碳中和目标下以新能源为主体的"新型电力系统"

要求仍然相距甚远。

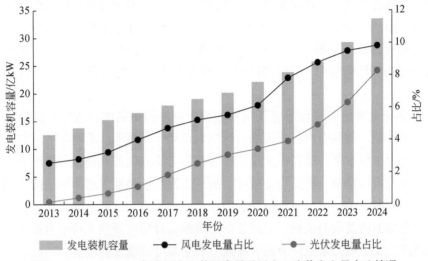

图 1-3　2013 ～ 2024 年我国发电装机容量及风电、光伏发电量占比情况

数据来源：国家统计局

1.1.2　研究问题

向新能源为主体的新型电力系统转型是全方位与根本性的，传统电力体制更适应以煤电为主的电力系统，适应新型电力系统的体制机制亟待完善。2015 年 3 月，《中共中央 国务院关于进一步深化电力体制改革的若干意见》的发布标志着我国电力市场新一轮改革启动，加快我国电力行业从"计划"走向"市场"的进程。电力低碳转型是本轮电力体制改革的目标之一。

与传统化石能源发电的高可控性不同，风电和光伏受自然条件影响大，具有明显的间歇性、波动性和不确定性等不可控特征，成本函数呈现高固定成本、低边际成本与高系统成本的特点。高比例新能源接入现有电力系统，将对电力安全运行、长期容量充足以及成本可负担产生新的挑战。传统电力系统运行规律将出现根本性变化，进而对现有的更适应以传统可控化石能源为主的电力市场规则产生冲击。

推动新能源与竞争性市场融合、改革电力市场机制适应大规模新能源消纳是世界各国的政策难题，也是学术界的研究热点。新一轮电力体制改革启动后，市场化取得很大进展，在促进新能源消纳方面也取得了长足进步。但新能源大规模市场化消纳仍面临多重挑战：新能源消纳比例的上升对电力市场运行的效率与安全影响将越来越大；新能源市场化消纳需要破解现有的体制机制的约束，与竞争性电力市场融合；新能源支持政策需要向更为市场化方式转型，与电力市场模式相协调；缺乏对辅助服务的合理激励，系统灵活性不足；以省为单位建立电力市场会加剧省级壁垒和市场分割，新能源无法在更大的范围内进行优化配置等。

　　本书研究聚焦促进和适应我国新能源大规模消纳的电力市场机制设计与市场化改革路径。我国电力行业面临从计划向市场、从煤电向新能源的双转型叠加挑战，电力市场改革与市场机制设计一方面应考虑如何推动包括新能源在内的电力企业参与市场竞争、提升行业效率，另一方面应前瞻性考虑如何适应大规模可变性的新能源消纳。电力市场应和新能源消纳统筹设计，通过电力市场化改革促进我国新能源的发展与消纳，通过良好的机制设计应对新能源给电力系统运行带来的挑战，实现电力系统向清洁、高效、安全与可持续发展转型。

1.2　主要内容与研究结论

　　本书的研究思路是将电力市场化改革的一般规律与我国国情相结合，理论与实际相结合，首先从现实出发识别我国建设促进和适应新能源消纳的体制机制障碍，建立理论分析框架并结合我国实际数据实证评估不同电力市场模式在促进和适应新能源消纳方面的表现以及社会成本收益；模拟评估大规模新能源消纳可能给电力市场建设带来的影响；在此基础上结合我国实际情况和国际经验提出适合我国国情的市场机制设计方案与改革路径。本书共分为8章。

1.2.1　主要内容

　　第1章介绍和总结本书的研究问题、主要内容和研究结论。

　　第2章回顾电力市场运行的微观经济学基本原理，阐明竞争性市场边际成本定价原则在配置电力生产与长期投资有效性需要的前提条件，分析新能源的生产成本函数特点与其对现有电力市场理论的挑战，总结各国实践探索并提炼适应高比例新能源的新型电力市场构建原则。

　　第3章从促进新能源发展的视角回顾电力市场化改革取得的进展，分析新能源从保障性收购向市场化交易转变的必要性，介绍各个省（自治区、直辖市）在推动新能源入市的有益探索，提炼新能源全面进入电力市场面临的关键制约因素，分析我国传统电力系统制约新能源可持续发展的体制机制障碍，为第4～第7章的实证分析提供制度背景，也为第8章针对这些关键问题的配套政策的讨论提供现实基础。

第4章实证分析电力市场体系的建立与完善对新能源发展的促进作用。本章利用我国新冠疫情期间电力需求急剧下降的情况作为一个政策实验，采用三重差分方法，识别出辅助服务市场对促进风电和太阳能发电消纳的因果关系，对比分析已经建设辅助服务市场的省份和没有辅助服务市场的省份在风电与太阳能发电消纳方面的差异。研究结果显示，在需求冲击期间，建立辅助服务市场的省份维持了显著较高的间歇性新能源发电水平，相当于需求冲击期间平均月度新能源发电量的9.7%。进一步的估算分析表明，在我国所有省份建立辅助服务市场所带来的年度碳排放减少量可能相当于英国年度碳排放的13%～17%，这一结果显示市场化改革对促进新能源发展的重要作用。

第5章考察大规模新能源接入电力系统情景下电力生产成本的变动趋势与影响因素。本章使用省级面板数据，基于固定效应模型估算到2050年我国各省（自治区、直辖市）用电量的增长。并基于空间约束的成本最小化模型规划了不同地区的新增装机容量，进一步计算实现电力系统零碳化的投资成本。结果表明，我国2050年全社会用电量约为12万亿kW·h，在不考虑其间化石燃料节省以及原有化石能源电厂更新换代节省的情况下，实现电力系统零碳化的总投资成本约为67万亿元，年均成本约为2.25万亿元，约占我国2020年GDP的2%。降低电力系统零碳化投资成本的主要手段是提升风电和太阳能发电的利用率，并推动储能成本的快速降低。如果储能成本可以下降一半，电力系统零碳化的总成本将下降至37万亿元左右。

第6章实证考察新能源对电力批发价格水平和波动性的影响。具体而言，本章建立一个完全竞争的电力市场均衡模型，使用广东省高频真实电力交易数据，通过提高参与电力市场的新能源机组比例，在多情景下模拟测算高比例新能源对电力市场价格、供给充足性等方面的影响。研究发现，高比例新能源电力会降低电力市场价格，增加电力市场价格的波动性，降低燃气机组等高边际成本机组的投资收益率，影响其长期供给。基于广东省的模拟分析结果，对电力市场机制设计和区域市场建设提出政策建议。

第7章考察新能源对容量充足性的影响与应对策略。本章首先对发电厂商的投资决策以及生产决策进行建模，刻画出不同情形下的市场出清结果，包括最优容量、均衡容量、容量扭曲程度及总社会福利变化等，讨论当前电力市场容量投资现状以及出现容量投资不足的具体原因，尤其是新能源的影响。在此基础上依托广东省电力市场的实际数据开展定量研究与数值模拟，刻画出当前广东省的电力容量投资现状以及不同情形下的容量扭曲程度，对不同容量补偿机制的具体实施效果进行量化分析和比较。研究发现，统筹考虑我国基本国情以及当前电力市场建设进程，容量支付机制将成为电力市场建设初期较好的选择，其能够有效地缓解发电企业成本回收压力，对竞争性发电侧现货市场起到了良好的补充作用。

第8章在前面理论分析的基础上，结合我国电力市场化改革进程与新能源发展现状，分析下一步改革的三个关键问题与可行改革方案，从现实出发提出政策建议。第一个关键问题是在推动新能源入市后采取何种政策手段继续支持新能源发展，以何种方式实现新能源绿色价值并与市场机制更兼容，提出推动新能源入市后持续激励投资的配套政策。第二个关键问题是如何完善我国电力市场体系建设，应对高比例新能源带来的短期运行安全、长期容量充足和成本可负担的挑战，以更好地提供灵活性与充足性应对高比例新能源带来的挑战。第三个关键问题是如何处理好市场与政府之间的关系，更好地发挥有为政府在电力规划、市场设计和垄断监管方面的作用。

1.2.2　主要观点

电力市场化改革是一个系统性复杂工程，虽然目前社会各界就新能源对电力市场的冲击与改革的必要性已经达成共识，但具体改革方向和路径仍在探索中，合理的改革方案与实施路径需要一般规律与实际情况相结合。国内外转型经验都显示了构建高比例新能源的新型电力系统任务的艰巨与不确定性。持续推进电力体制改革，加强顶层设计，建立适应新型电力系统的体制机制、适应以新能源为主的电力市场机制是实现电力行业低碳的必要条件。

我国电力行业作为社会主义市场经济的重要组成部分，一直在探索市场化改革的方向。新一轮电力市场化改革已经取得了长足进步，发用电计划全部取消，售电市场有序放开，工商业用户全部进入市场，取消工商业目录电价，所有工商业用户都将通过市场机制购买电力，工商业电价完全由市场机制形成。电力市场体系已经基本建立，形成了以电力中长期市场为主，电力现货市场、辅助服务市场、容量补偿机制等为重要补充的多元化市场架构。电力中长期交易规则进一步完善，交易品种不断创新，市场交易比例持续提高。电力现货市场配套规则不断完善，试点结算试运行周期进一步拉长。电力辅助服务市场覆盖范围进一步扩大，交易品种更加丰富，交易机制进一步优化。容量补偿机制进入探索实践阶段，以有效引导电源投资，保障电力系统长期容量充足性，解决发电搁置成本等问题。

电力市场化改革极大地促进了风电、光伏等新能源发展。虽然固定上网电价和保障性上网制度等政策支持是过去十几年我国风电、光伏等新能源持续快速增长最主要的原因，但随着风电和光伏装机总量与发电占比的提高，市场化机制在促进清洁能源并网消纳方面发挥越来越重要的作用。建立和完善电力现货市场，引导新能源参与市场交易，发挥新能源边际成本低的竞争优势；通过调峰调频等辅助服务市场化，激励火电机组提升电力系统灵活性，促进新能源消纳；通过推动全国电力市场建设在更大范围内配置新能源，在这一系列措施的影响下，可再生能源发电比例不断上升，电源结构明显改善。2024 年，全国可再生能源装机达到 18.89 亿 kW，其中水电累计装机容量 4.36 亿 kW，风电累计并网容量 5.21亿 kW、太阳能发电装机容量 8.86 亿 kW，占全球可再生能源发电总装机容量的比例约为 42.47%，全国可再生能源发电量达 3.46 万亿 kW·h，同比增加 19%，约占全部发电量的 35%。

随着我国新能源快速发展，以保障性收购为主的消纳方式难以为继，需进一步明确新能源进入市场的路径，统筹制定保障与市场相结合的消纳机制。新能源进入电力市场竞争后，波动性大、与需求匹配度低，使得投资收益下降、风险上升，而新能源带来的正的环境外部性无法通过市场化方式实现，降低了企业投资动力，影响碳中和目标的实现。新能源入市是大势所趋，但若不能妥善处理入市与合理收益问题，可能会挫伤新能源发展的积极性。为支持新能源投资，仍需配套支持政策保障可再生能源发电商的合理收益。目前，我国讨论热度最高的支持政策是通过绿证/绿电市场和碳市场来实现新能源绿色价值，作为新能源电量价值的补充，而欧盟新一轮电力市场化改革将差价合约作为主要新能源支持政策。我们认为，绿证/绿电可以作为新能源收益来源的部分补充，但难以提供足够的支持力度，相比之下，差价合约更能够支持新能源发展。当然，两种政策并不互斥，可以同时实施。

高比例新能源给电力系统带来的短期运行安全与长期容量充足安全挑战，需要前瞻性系统设计电力市场体系应对。新能源发电的间歇性和随机性需要电力系统更加灵活并为容量提供足够激励。面对未来建设新型电力系统的艰巨任务，须充分发挥市场在资源优化配置上的决定性作用，完善现有市场建设应对灵活性与安全性的要求。我国 2015 年电力体制改革以来，电力市场基本框架已经建立起来，但仍面临多数省（自治区、直辖市）仍未正式运行现货市场、跨省跨区消纳仍受到省级壁垒限制、价格波动风险管理手段不足等问题，亟须进一步完善市场体系、丰富交易品种。完善的电力市场将涵盖中长期合约、日前合约、现货合约、辅助服务交易、可再生能源配额交易、输电权交易、各类金融衍生品等各种交易品种。丰富的交易品种将极大地增强电力系统灵活性，激发火电机组转换角色，从提供电量转为提供辅助服务与备用电源，以满足不同时段、不同主体、不同目标的市场需求。随着市场进一步发展、市场环境更加成熟、市场基础不断完善，在全面统筹省内与省间交易的基础上，进一步扩大市场主体范围、丰富交易品种，引导市场建设逐步从省间省内的电力市场向全国统一的电力市场演进，并在全国范围内实现电量市场、辅助服务市场、容量市场、输电权市场等各类市场联合优化。

深化电力体制机制改革，建立适应与促进新能源为主体的新型电力系统，需要处理好政府与市场之间的关系，真正做到"有效市场，有为政府"是关键。一方面，构建电力有效市场首先要建立价格信号引导资源配置的信心，相信价格波动是资源稀缺性的反映，在发电和售电环节健全市场体系与市场化价格形成机制，减少政府对价格和交易过程的直接干预，杜绝政府直接将价格作为利益再分配的手段，回归价格信号引导资源配置的本意。另一方面，在促进电力系统向高比例新能源的新型电力系统转型中，既面临传统电力市场的市场力与垄断监管等传统市场失灵问题，又需要解决环境外部性、容量充足性不足等新的市场失灵，因此更需要更好地发挥政府在电力发展规划、市场力监管、自然垄断监管、产业政策与利益协调等方面的作用，实现"有为政府"与"有效市场"的有机结合，通过市场机制、政策激励和科学监管打出组合拳。

|第 2 章| 新能源与电力市场互动影响的理论分析及国际经验

电力行业低碳转型与市场化改革是一个互动的过程，二者相互影响。电力市场机制设计在短期内影响新能源的消纳，长期内影响新能源的投资；反过来，新能源大规模消纳给电力市场有效运行带来新的问题。传统经济学分析认为，电力与很多不能存储的商品或者服务（如酒店客房与飞机票）类似，边际定价原则仍能够最优化配置生产与投资，虽然电力需求弹性较小，但电价（至少是批发市场）会随着供需大幅变化，引导供需平衡，电力市场仍然是有效的，这也是 20世纪 80 年代以来全球电力行业放松管制、推动市场化改革的理论基础。同时，经济学家也意识到电力不同于普通商品的技术经济特性，例如必须依托电网连接电源与负荷，生产和消费必须同时完成，具有很强的外部性特征和集中度较高的市场结构等特点，因此竞争性电力市场交易不会自发出现，电力市场改革需要精心设计与政府有效引导。

新能源规模性接入电力系统使得电力市场化改革更加复杂。传统电力市场原理依托的技术前提是化石能源电力供给的可控性，可以随时根据需求的变化及时调整，且边际成本较高，边际定价理论上能够提供足够的投资激励，保障电力供给安全。但风电与光伏与传统化石能源发电的技术经济特征显著不同，供给很难控制，固定成本占总成本的比例较大，边际生产成本接近 0，给传统电力市场的安全供应、价格波动等方面带来了新的挑战，边际定价原则是否适用也出现了新的争议。各国也在实践中探索如何更好地推动电力市场改革达到促进新能源可持续发展，同时能够有效应对新能源带来的挑战。

本章按照以下结构展开。第 1 节首先回顾电力市场运行的微观经济学基本原理，阐明竞争性市场边际成本定价原则在配置电力生产与长期投资有效性需要的前提条件；第 2 节分析新能源的生产技术特点，以及由此带来的对传统电力市场有效性的挑战；第 3 节总结各国应对这些挑战的实践探索及其对我国电力市场化改革的启示。

2.1 电力市场经济基本原理

2.1.1 传统电力市场工作原理

本节简述传统电力市场工作原理，为下文分析大规模新能源接入电力系统对电力市场的冲击分析提供分析框架。Boiteux（1960）和 Turvey（1968）提出的峰值负荷定价理论为电力市场提供了理论基础，为电力市场设计和电力定价政策的制定提供了重要的参考。

假设电力市场是完全竞争的，电力生产具有不同的技术，如水电、核电、煤电、气电等，各种技术的成本结构并不相同。水电与核电的固定成本较高，但边际成本低；而煤电与气电相对来讲固定成本低，但边际成本较高。受限于资源禀赋等因素，电力供给经常是多种发电技术共同提供。表 2-1 列出了我国各类发电技术的成本结构。

表 2-1 中国各类发电技术的成本结构

电力类型	机组类型	固定成本/（元/kW）	平均固定成本/（元/kW·h）	边际成本/（元/kW·h）
煤电	2×35 万千瓦超临界	4 542	0.039	0.410
	2×66 万千瓦超超临界	3 841	0.033	0.381
	2×100 万千瓦超超临界	3 536	0.031	0.353
气电		2 300	0.034	0.676
水电		13 825	0.153	0.074
核电		17 437	0.089	0.172
风电	陆上风电	5 217	0.094	0.010
	海上风电	13 245	0.237	0.045
光伏	集中式光伏	4 239	0.132	0.022
	分布式光伏	3 975	0.124	0.022

注：固定成本数据整理自《中国电力行业年度发展报告 2023》；煤电和气电边际成本是作者根据《中国电力行业年度发展报告 2023》公布的各类机组的燃料利用强度，结合 2022 年燃料价格估算得出的；水电和核电等机组边际成本根据国际可再生能源署和国际能源署公布的相关报告估算得出

图 2-1 以广东省 2022 年数据为例，展示了完全竞争市场条件下，电力供需曲线和均衡价格的决定。将不同电力生产技术按照边际成本从低到高排序，就形成了电力优序曲线（merit order curve），也是电力短期供需曲线。如图 2-1 所示，供需曲线从左到右，首先是边际发电成本接近零的风电和光伏，其次是边际成本相对较低的水电和核电，再次是边际成本以燃煤为主的煤电机组，最后是边际成本最高的气电机组。需要注意的是，在电力系统供给达到上限容量 K 时，电力生产成本将趋于无穷大。电力市场需求弹性很小，但随时间变化很大，一天之内可能发生巨大变化。

假设在完全竞争市场下，电力需求较低的时段，如果仅由高效率煤电机组就可以满足电力需求，这时市场均衡价格按照该机组的边际成本定价；当需求增加到煤电无法满足时，市场均衡价格将上升到下一种发电技术的边际成本；以此类推，当电力需求极高，达到整个系统装机容量上限时，由于生产成本趋于无穷大，电价将由需求曲线代表的支付意愿所决定。由于需求变动极大，各类发电技术边际成本差异也很大，峰谷电价可能相差很多倍。

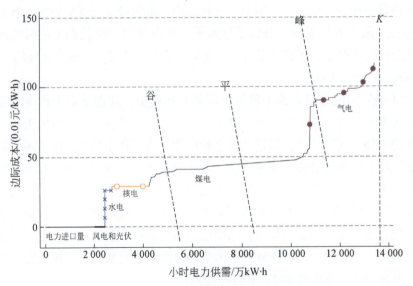

图 2-1　广东省电力供需曲线

图 2-1 现实的短期生产理论与微观经济学中普通商品的最优生产决策并没有本质不同，差异仅在于电力需求变动较快，因此电价变动较大。最优电力生产数量仍然是电力供需曲线的相交点，也就是生产者的边际成本是由消费者的支付意愿决定的，这也是社会总剩余最优的市场均衡结果。

假设行业是自由进入和退出的,长期市场均衡也就是社会福利最优化的电力行业长期的装机容量与发电结构。观察图 2-1,边际机组在需求较高时运行,市场价格由需求曲线决定,如果需求曲线可以较好地刻画消费者的支付意愿,如由为避免停电的支付意愿(Willingness to pay,WTP)或者损失负荷价值(value of lost load,VOLL)决定,获得的价格可能远超过其边际成本,这部分超额收益会吸引新的机组进入,直到其超额利润趋于 0,这时达到行业长期最优装机容量。在高峰时段,当需求超过可用的发电容量时,价格应上涨,直到需求降至可用容量的水平为止。此时价格将等于电力的边际价值;它也可以看作等于发电的边际(可变)成本加上由于容量不足而产生的边际机会成本。以这种方式设定的批发市场价格应该能够为每个发电者提供足够的收入,只要行业拥有合适的容量组合,并且在高峰时段允许价格上涨。

这里揭示出电力市场设计与运行过程中的一个经典问题,如何保证电力容量长期充足,从而保障电力安全。电能价格能够提供长期投资激励的前提条件是在电力需求在容量上限运行时,电力价格能够上涨到足够高,超过边际成本的利润部分而足够覆盖固定成本。但由于多种原因,电价经常会受到管制,批发市场电价存在上限,电价无法上升到足够水平,从而导致机组长期无法回收固定成本,甚至可能出现退出和破产等问题,这就是电力市场设计时需要处理的"丢钱"(missing money)问题。

"丢钱"问题不仅来源于价格上限等管制政策,还源于电力行业本身的外部性和公共品特性以及市场中的信息不对称。其中,外部性体现在电力生产对可靠性和稳定性的高度依赖,但这些安全价值往往难以在市场中准确体现,如果市场机制无法有效地激励提供频率响应、备用容量等服务的供应商,就会导致整个电力系统面临安全风险。信息不对称则出现在市场监管者和市场参与者之间,当缺乏充分的市场监管机制时,某些参与者可能拥有关键信息,能够操纵市场价格或利用信息优势获取不正当收益,从而扭曲市场价格和资源配置,并对其他参与者造成损失。"丢钱"问题在新能源为主的电力市场更加凸显,保障容量供给充足更具有挑战性,本书将在 2.2 节进行论述。

2.1.2 电力作为商品的一般性和特殊性

电力既具有商品的一般性,又有其特殊性。电力的一般性在于在电力交易过程中,人理性决策逻辑不变,权衡取舍和追求自身利益最大化不变,因此上述简单的峰谷电价理论证明了完美市场条件下，市场均衡恰好达到社会最优的产量与投资。供需分析工具依然有用，市场配置的结果仍可以作为一个参照系，来评估目前的资源配置方式是否有效率。

电力作为商品的特殊性体现在两方面：一是电力行业具有独特的技术经济特征；二是电力行业恰好集合了多种市场失灵，这些特殊性为电力市场化改革增加了很多复杂性。

从技术经济特征方面看，首先，传统电力行业供给端储电成本高，新建装机周期长，供给在高峰期面临约束，在产能接近上限时边际成本急剧上升；电力需求弹性较小，同时变动较快，如日内有用电高峰与低谷期。电能不能大规模有效储存，并且要求供需之间瞬时平衡，需要通过调度实现平衡。这些特点会造成电力批发市场价格波动性强，当产量接近产能约束时无法快速调整，需求难以准确预测，轻微右移将导致价格飙升。

其次，电力传输必须遵循基尔霍夫定律（Kirchhoff's laws），这是电路中电荷守恒与能量守恒的体现。基尔霍夫电流定律（KCL）指出，任一电路节点的流入电流总和等于流出电流总和；基尔霍夫电压定律（KVL）指出，任一闭合回路中各部分电压的代数和为零。这两条定律决定了电流与电压在电网中的分布规律，对电力传输构成了基础性物理约束。在电力市场设计中，这种物理约束意味着交易必须在满足潮流计算和系统稳定条件下进行，输配约束使得一价定律很难实现，电力价格具有显著的空间差异性，即节点电价（localtional marginal price），反映了不同地点的边际供电成本。同时，为解决网络瓶颈问题，市场中还需设置拥堵管理机制与传输权制度。总体而言，电力市场必须在物理定律框架内，通过机制设计实现资源配置最优化。

上一节简化的例子忽略了电力生产的空间特性和传输约束。电力需要通过输配电线路传输到终端用户，生产与消费经常空间距离较远。以我国为例，生产电力的资源和发电装机与电力消费负荷地区基本呈逆向分布：76%的煤炭、80%的风能、90%的太阳能资源分布在西部、北部地区，80%的水能分布在西南部地区，但70%以上的电量消耗集中在东部、中部地区。由于电力不可存储，发电与用电几乎同时完成，输配线路容量成为电力交易与调度的约束条件，电力市场设计必须考虑现有的输配电网络带来的物理约束。

物理约束使一价定律无法完美实现。一价定律认为在没有运输费用和官方贸易壁垒的自由竞争市场上，一件相同商品在不同地区出售，如果以同一种货币计价，其价格应是相等的。然而，由于电力系统本身的限制，除了输电成本以外，不同输电节点有阻塞成本和网损成本等，导致输送到不同地区的电力成本无法完全相同。

再次，虽然消费者购买的电力产品以电能量为基本单位，但事实上电力可以看作复合产品，由电能量与辅助服务组合而成。电力辅助服务是指在电力系统中为了保障电力系统的稳定运行和安全性而提供的一系列服务，包括调频服务、电压控制、备用容量、黑启动能力等。这些服务通常是由发电厂、输电网、配电网等部门提供的，是保障电力系统正常运行的关键。消费者购买电能量时，实际上也在购买背后的电力生产过程和提供的辅助服务。电力垂直一体化生产时，电能量生产与辅助服务作为企业内部生产决策一体化决定并不需要区分。电力市场化后，电能量服务与辅助服务会区分开，则由市场分别定价。

电力行业还是集中了多种市场失灵、需要政府强监管的行业。一是负外部性特征。能源品的消费过程中往往伴随着碳排放和环境污染。因此，对于能源公共政策的选择需要面临能源开发与使用的外部性问题。落后的能源生产技术与以煤炭为主的能源消费结构引致的负外部性问题日渐突出，包括地方性温室气体排放、由环境污染导致的居民健康水平的下降、环境治理成本的增加以及其他与能源生产消费相关的社会成本。二是（准）公共品特性。电力作为现代社会的关键资源，具有显著的公共品特征，体现在普遍服务、基础设施和电力安全三个方面。首先，电力是现代生活的必需品。中国特色社会主义要求电力必须覆盖城乡各类用户，尤其是低收入群体和偏远地区居民，其用电权利需被保障。其次，电力也是现代生产不可或缺的投入要素，电力系统本身类似于基础设施，为社会各行业的正常运转提供基本支撑服务。最后，电力安全关系国家能源安全和社会稳定，包括供电可靠性、应急响应和极端事件下的恢复能力，这些不以营利为目的的功能必须由政府主导保障，体现出非竞争性与全社会共享性。三是自然垄断和寡头特征。电力批发市场具有较强的市场力，主要有以下几点原因：第一，电力行业具有自然垄断特性，尤其在输电和配电环节具有较强的规模经济，由少数企业控制高昂的基础设施，导致竞争程度有限。第二，电力需求相对刚性，消费者短期内难以显著改变用电量，生产需实时平衡且无法储存，在需求高峰期，少数发电企业可通过控制供应影响价格。第三，进入电力市场需要大量资本和技术，新竞争者难以快速进入，现有企业可能采取策略阻碍新进入者。第四，网络约束和传输瓶颈导致某些区域在特定时间内的供应商有限，这些供应商可利用瓶颈抬高价格。第五，发电侧市场集中度高，少数公司控制大部分市场份额，可协同或单独影响价格。我们利用赫芬达尔－赫希曼指数（HHI）和集中度指标（CR4）计算各省（自治区、直辖市，不含港澳台及西藏地区）的市场势力，发现我国大部分省（自治区、直辖市）的电力市场呈现出寡头乃至垄断特征（表2-2）。例如，海南仅有华润一个发电集团，处于完全垄断的状态。

当然，市场结构集中并不是市场力的充分条件，但为企业通过协同来影响市场价格提供了便利。另外，由于传输瓶颈和供需即时平衡的特点，市场份额较小的发电企业在电力供需比较紧张时也更容易行使市场力，最为典型的历史事件是2001年加利福尼亚州电力危机。

表 2-2   中国各地电力市场集中度（2020 年）

地区	HHI	CR₄	地区	HHI	CR₄
河南	880	0.495	陕西	1724	0.736
江苏	891	0.508	山东	1736	0.723
新疆	1010	0.517	湖北	1809	0.775
天津	1144	0.56	四川	2034	0.776
山西	1243	0.628	贵州	2248	0.808
辽宁	1283	0.659	江西	2483	0.917
内蒙古	1297	0.588	吉林	2484	0.977
安徽	1300	0.636	云南	2557	0.946
河北	1514	0.668	浙江	2606	0.802
甘肃	1540	0.685	北京	2688	1.000
宁夏	1569	0.687	上海	2771	0.967
广东	1687	0.661	重庆	3070	0.923

专栏　加利福尼亚州电力危机 [①]

加利福尼亚州电力危机发生在2000～2001年，是一场严重的能源危机，对加利福尼亚州经济和居民生活造成了深远影响。加利福尼亚州在20世纪90年代末期推行电力市场改革，试图通过引入竞争来降低电价，但由于监管框架不完善和过渡措施不足，市场设计存在重大缺陷，使得电力供应商和交易商有机可乘。

2000年，由于电力需求激增、天然气涨价、外州供电减少，加利福尼亚州批发电价飙升（峰值电价超过正常电价100倍）。安然等公司操纵市场，人为制造短缺，全州多次轮流停电，太平洋电力等公司因巨额购电成本破产，经济损失超400亿美元。

加利福尼亚州电力危机的直接原因表现在以下三方面。

---

① 资料参考：Borenstein S. 2002. The trouble with electricity markets: understanding California's restructuring disaster. Journal of economic perspectives, 16（1），191-211.

（1）加利福尼亚州大部分电力主要依赖于天然气电厂。在2000年，全球石油价格飞速上涨，加利福尼亚州天然气价格上涨了12～30倍，使加利福尼亚州发电公司的发电成本急剧上涨。

（2）加利福尼亚州2000年夏季气温较高，出现未曾预料到的电力需求大幅增长现象，而同年又遭遇罕见的寒冬，出现冬季用电高峰；再加之1999年美国西部降水量少，水库蓄水不足，水电出力锐减。

（3）加利福尼亚州近10年没有建设大型发电厂，没有扩建输电线路，导致北部和西部两方面输入电能受容量限制，出现供电不足，供需矛盾陡然加剧。

以上原因的确能造成电价上升的局面，但仅仅会导致电价的合理上升，而不会出现如此的天价。加利福尼亚州电力危机的根本原因在于电价体系不完备、交易机构与运行机构协调不力、发电和输电投资严重不足以及不完善的交易模式。根据1996年通过的AB1890法案，电力公司被禁止将高购电成本转嫁给用户，销售电价由政府封顶，导致在批发电价上涨时，电力公司陷入高价买进、低价卖出的困境，造成巨额亏损。此外，加利福尼亚州电力市场的运行由多个机构负责，协调困难，影响效率。放松电力管制的政策降低了投资者对发电和输电设施投资的动力，加上环保法规的严格限制，导致加利福尼亚州在多年内没有建设新的大型发电厂。交易模式方面，加利福尼亚州采用的"双边交易模式"取消了电力库的中长期合同机制，使发电商能够行使市场力，导致市场剧烈波动和批发电价大幅上涨。这些因素共同作用，最终引发了加利福尼亚州电力危机。

加利福尼亚州电力危机的后果十分严重。居民和企业面临高昂的电费账单，经济活动受到冲击，加利福尼亚州政府不得不采取紧急措施应对危机，包括实施临时电价上限、签订长期购电合同以及动用财政资源援助受影响的居民和企业。最终，加利福尼亚州政府加强监管、推进电力基础设施建设和引入更多可再生能源，逐步缓解了危机，恢复了电力市场的稳定。

加利福尼亚州电力危机也为我们的电力市场建设提供了启示。价格合理的可靠的电力供应对现代社会的正常运作非常重要。开放电力市场的前提是不能危及供电可靠性。合理的电力市场结构、运行规则及有效的监管和调控十分重要。随着经济的发展，负荷的增加，要保证有足够的动力来鼓励投资建造新的发电厂，始终确保有充分的发电容量。另外，要加强输电系统建设和尽可能实现系统互联，扩大市场覆盖范围，使尽可能多的发电机组能够参与市场竞争，从根本上减小发电企业具有的市场力。

现实中不存在完全竞争市场。市场作为资源配置的手段，也会受到各种条件的限制，会造成负的外部性、垄断等市场失灵的情况出现。市场本身无法解决这些问题，因此需要政府的介入。对应来看，现实中市场势力需要政府进行抑制，来提高竞争程度；搭便车的问题需要政府提供公共品，如国防、教育、科研等；负外部性的问题需要政府减少，如减污降碳等；信息不对称的问题需要政府来解决，如信息公开、建立预期等。

更科学的宏观调控和更有效的政府治理，同市场发挥配置资源的决定性作用并不矛盾。因此，市场在资源配置中起决定性作用，并不是不需要政府的作用，相反还必须重视发挥政府的作用。

2.2 高比例新能源给电力市场有效性带来新的挑战

2.2.1 新能源发电技术经济特点

新能源发电的第一个特点是边际成本极低。如表 2-1 所示，新能源成本结构的特点是固定成本占到 85% 左右。新能源发电的第二个特点是生产具有极强的不确定性、可变性、间歇性和随机性。由于新能源发电极大地依赖气候条件，同时当前大规模储能技术还未发展成熟，气候变化的不确定性会导致新能源发电存在波动性，从而产生较大的预测偏差。例如，光伏白天发电迅猛，特别是中午，但晚上无法发电；风电晚上出力比白天好一些，而这两者的出力与负荷特点匹配的程度相差较远新能源发电的第三个特点是新能源发电具有时间和空间的集中性。我国风能与太阳能资源可以概括为资源总量丰富，但区域分布不均衡。根据中国气象局第四次风能资源普查结果，我国陆地风能资源可开发量约 23.8 亿 kW，海上风能资源可开发量约 2 亿 kW。风能资源比较集中，"三北"地区（华北、东北和西北）以及东南沿海地区、沿海岛屿潜在风能资源开发量约占全国的 80%。风能资源与煤炭资源的地理分布具有较高的重合度，与电力负荷呈逆向分布（国家能源局，2012）。太阳能总辐射资源丰富，根据中国气象局发布的《2023 年中国风能太阳能资源年景公报》，年平均水平面总辐照量约为 $1496.1 kW \cdot h/m^2$，在区域分布上，我国西部地区的太阳能资源优于中东部地区，与电力负荷也呈现出逆向分布的关系（图 2-2）。

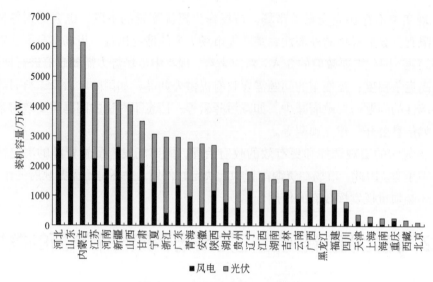

图 2-2   风电与光伏的开发情况

注：数据整理自中国电力企业联合会

2.2.2   高比例新能源接入给电力市场带来的影响

2.1 节介绍了传统电力市场工作原理。新能源接入电力市场后，会对电力平衡、市场价格和投资激励产生影响。图 2-3 为高比例风光接入后的电力市场供给需求曲线。

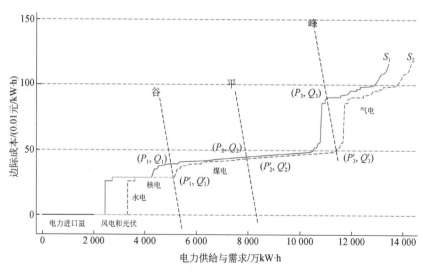

图 2-3   高比例风光接入后的电力市场供给需求曲线

首先，高比例新能源会降低电力市场的均衡价格。当发电方和用电方明确供给和需求的报价之后，电力交易中心将按照升序排列供给报价、按照降序排列需求报价，形成电力市场交易电量。由于新能源机组使用自然资源（风能、太阳能等）发电，该类机组可以以极低的运行成本发电，这也使得新能源机组可以提交近乎 0 元的报价。"优序效应"使得供给曲线向右移动，在新能源电力小于电力总需求时，电力市场理论上可以全额消纳新能源电力。而由于电力需求曲线缺乏弹性，供给曲线的右移会使电力均衡价格明显下降，但交易电量仅小幅度增加。因此，由于"优序效应"和新能源机组低边际成本特性，新能源消纳会降低电力市场均衡价格。如图 2-3 所示，曲线 S_1 是由不同边际成本的机组累加形成的初始供给曲线，曲线 S_2 是在曲线 S_1 的基础上增加新能源机组的供给量后形成的新供给曲线。而由于新能源机组对高边际成本机组的替代，部分高边际成本机组选择退出市场，即最大供给量减少。二条需求曲线为不同时段对电力的需求情况。当新能源电力渗透率提高后，供给曲线由 S_1 移动至 S_2。在平段时间的需求曲线下，均衡点从 (P_2, Q_2) 变为 (P'_2, Q'_2)，变化幅度不大，电力市场均衡受新能源电力渗透率的影响较小；而在谷段和峰段的需求曲线中，均衡点由 (P_1, Q_1) 和 (P_3, Q_3) 分别移动至 (P'_1, Q'_1) 和 (P'_3, Q'_3)，即电力均衡价格出现明显下降。因此，当新能源电力渗透率提高导致需求曲线与更低的供给曲线相交时，电力均衡价格会受到影响。随着新能源电力渗透率不断增加，电力均衡价格下降幅度将更明显。另外，新能源电量占比增加，减少了化石燃料的燃烧和二氧化碳的排放量。化石燃料使用和碳排放限额压力因此降低，对其交易价格施加了下行压力，从而降低了剩余化石燃料机组的发电成本。化石燃料机组的报价降低会进一步降低电力市场的均衡价格。

其次，高比例新能源会增加电力市场价格的波动性。风电、光伏机组出力受风力、光照等自然因素影响较大。当新能源机组发电能力提高，且电力负荷下降时，电力市场均衡价格会大幅度下降；而当新能源机组发电能力降低，且电力负荷又升高时，电力市场均衡价格又会大幅度上升。当突然无风无光时，风电、光伏机组将不能足额生产竞价时提交的电量，会导致电力市场出现短缺，临时调用机组或使用高边际成本机组维持电力系统稳定会提高电力均衡价格。因此，随着新能源电力渗透率的提高，电力市场价格稳定性会受到严重的影响。

不仅如此，新能源电力渗透率提高后，扣除新能源发电后的剩余需求负荷变化快速而剧烈，呈现"鸭子曲线"甚至"深谷曲线"形状。"鸭子曲线"是指在使用新能源电力时，一天中尖峰负荷与可再生能源发电量之间存在明显落差。

但随着光伏等新能源电力渗透率进一步提高，白天光伏的出力大幅提升，需要通过传统能源满足的剩余需求负荷将进一步减少，剩余需求负荷曲线将转变为更加陡峭的"深谷曲线"，从而造成短时内更剧烈的价格波动。

图 2-4 展示的是 2017～2020 年青海光伏发电量大增之后，各时段对传统电力负荷需求的曲线。可以看出，随着光伏发电量的提高，白天对传统能源的需求将大幅降低，市场出清价格较低，但随着时间推移，光伏发电能力逐渐消失，对传统电力的需求将急剧上升，从而加剧电力市场价格波动。因此，"鸭子曲线"和"深谷曲线"的情况会拉大电力市场价格的极差，加剧电力市场的波动性。

最后，高比例新能源会降低电力供给的充足性。新能源电力渗透率的提高需要完善的电网基础设施，否则突然增加的风力资源、光照资源会使电网系统出现阻塞，影响电量正常传输。另外，在电力市场机制下，市场长期以边际成本出清，高边际成本机组无法获得高于平均成本的收入，会出现"收益不足"（missing money）现象，长期"收益不足"将导致其退出电力市场。而且随着新能源电力渗透率的不断提高，电价的不断下降对高边际成本机组的盈利能力形成巨大的压力，高边际成本机组长期面临淘汰的风险。如图 2-3 所示，当新能源机组对高边际成本机组形成替代时，最大供给量有所减少，市场需要支付平均成本，才能留住这部分高边际成本机组，平均成本与边际成本的差额即"收益不足"的部分。同时，如果没有合理的处理方式，"收益不足"现象将引起"市场缺失"（missing

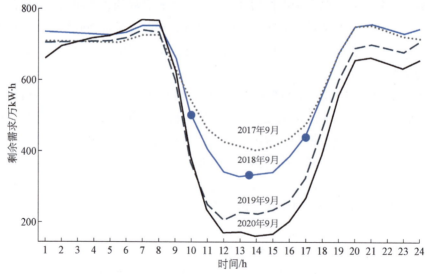

图 2-4　青海电力剩余需求从"鸭子曲线"到"深谷曲线"

注：剩余需求为用电量扣除风电和光伏的发电量

market）现象。受新能源电力渗透率不断提高的影响，更多的高边际成本机组选择退出市场，当新能源电力出力能力降低时，即没有充足的自然资源支持发电时，电力市场将出现供给不足的现象。如图 2-3 所示，当供给曲线 S_2 面临的高峰需求更高时，可能没有足够的供给满足尖峰电力需求，电力市场将出现失衡情况。

2.2.3　电力市场改革需要应对的挑战

高比例新能源接入条件下我国电力市场运作面临着提升电力系统灵活性、保障电力供给充足性、解决输电资源稀缺性、合理评估并疏导系统消纳成本四个主要挑战。

1. 提升电力系统灵活性

一方面，由于新能源的间歇性和波动性，电力系统平衡模式发生变化，当突然无风无光时，风电、光伏机组将不能生产满足全社会需求的电量，会导致电力市场出现短缺，需要临时调用传统能源机组、储能设施等灵活性资源维持电力系统供需平衡。"鸭子曲线"或者"深谷曲线"显示随着新能源电力渗透率的提高，对电力系统灵活性要求越高。

另一方面，电力商品本质上是多种服务实时组合形成的复合商品，因此稳定的电力供给不仅包括电能量，还需要保持系统频率和电压稳定以保证电能质量。以新能源为主体的新型电力系统的动态特征具有全新的、更加复杂的动力学特征，其低惯量、低阻尼、弱电压支撑等特征明显，同时面临的频率越限风险、电压失稳风险和宽频振荡新型失稳风险增加。这些风险意味着发电机组原本不重要的一些特性（如爬坡能力、快速反应能力以及转动惯量的提供能力）开始变得重要。类似的功能在传统的电力系统中由化石能源机组在出力过程中"附带"提供，但随着新能源电力渗透率的提高，这类特性变得重要且稀缺，应该设计相应的市场促成交易。否则，难以激励具有这些特性的机组发挥其作用。

目前，我国电力系统灵活资源相对稀缺。相较于同期西班牙、德国、美国的灵活性电源占比分别为34%、18%、49%，我国灵活性电源占比不足6%。"十三五"期间，我国规划布局了 2.2 亿 kW 的煤电灵活性改造项目，但规划目标完成率仅为38.33%。按照"十四五"与"十五五"年均新增风电和光伏装机 1.1 亿 kW 测算，2025 年我国电力系统调节资源缺口达 2 亿 kW，亟须挖掘储能侧、负荷侧灵活性资源，多方互济以增强系统灵活调节能力。

2. 保障电力供给充足性

虽然新能源出力的波动性和间歇性导致灵活性资产的重要性显著提升，但目前的电力体制设计缺乏对灵活性资产容量建设的投资激励。由于新能源的燃料成本接近于零，其参与电力市场会对价格产生下行压力，降低了化石燃料发电企业的收益，削弱了他们投资新产能的动力，在电力储能没有经济性之前，传统发电技术在保障系统稳定性和灵活性方面仍然发挥着至关重要的作用，因此从长期来看，电力系统供给充足性面临威胁。当前的市场机制无法保障电力系统长期容量的充足性，更无法解决目前大量新能源接入导致火电机组产生发电搁置成本的问题。

激励灵活性资产进行投资，首先要保证电力系统主体可以有效回收这些资产的投资成本。与其他市场类似，绝大多数电力市场实行边际成本定价方式，电价主要由峰时负荷定价控制。峰时负荷定价理论要求价格反映边际成本，即现货价格回收边际成本，稀缺性租金回收投资成本。但新能源边际成本几乎为零，降低了电能量市场出清时的电价，进而会降低稀缺性租金，不利于灵活性资产投资成本的回收；另外，大多数的电力市场都设有价格上限，无法充分反映灵活性资产的稀缺性，进一步降低了稀缺性租金。二者共同导致灵活性资产投资激励不足，降低了系统灵活性资产的充足性。

3. 解决输电资源稀缺性

我国风光等新能源主要分布在西部和北部等地区，与用电负荷逆向分布。同时，风光等资源受自然条件影响，发电时间也很集中。这种发电的空间与时间的集中性对输配电网基础设施的建设和完善提出了更高的要求。由于地理位置的限制，如果想要实现新能源发电并网，可能需要修建新的输电线路或增加现有基础设施（电网加固）的容量，以便将电力从生产中心（风光资源丰富区）输送到负荷地点，而现有输电线路在长度和覆盖范围上均显不足。发电时间集中也可能导致交易集中在某些时点进行而出现输电堵塞的情况。另外，由于分布式新能源接入导致的电力系统源荷界限模糊化，输电资源进一步变得稀缺。

4. 合理评估并疏导系统消纳成本

新能源给电力市场带来的挑战还有"新能源悖论"，即新能源批发价格虽在下降，但零售价格却在上升。如图 2-5 所示，德国新能源批发价格从 2012 年开始下降，但是其零售价格一直在上涨。德国政府官方报告指出的原因是可再生能源附加费用一直在上涨。图 2-6 展示的是美国的情况，Greenstone 进行了实行配额制前后的比较，也发现可再生能源零售价格有了较大增长。

图 2-5　2012 ～ 2020 年德国电力采购成本和 EEG 税

注：70% 的一年期未来（基数），30% 的一年期未来（峰值）（截至 2030 年 12 月 19 日）
资料来源：EEX（2019）、Bundesnelzagentur（2019）

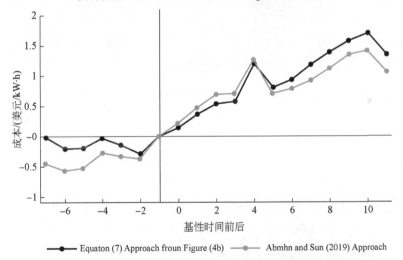

图 2-6　美国新能源成本：批发价格下降 vs. 零售价格上升

资料来源：Greenstone and Nath，2017

对于新能源成本的分析，目前更多地聚焦在发电侧成本。例如，实现平价上网，这说明新能源在发电侧具有一定竞争力。但这并不是新能源发电的全部成本，我们的关注点应该转向全系统的消纳成本。消纳成本也与新能源的三个特点紧密相关。出力随时间变化产生系统匹配成本，短期波动性与出力的不确定性产生平衡成本，出力随空间变化导致电网投资成本，再加上额外的系统性成本，它们共同构成了新能源消纳总成本。

从图 2-7 可以看出，在传统电力市场中，备用容量成本也是存在的，但随着越来越多的新能源进入市场，备用容量成本将上升。另外，过度生产（over production）也会使成本上升。而根据 Heptonstall 和 Gross（2020）对现有估计新能源消纳成本的四十多篇文献的回顾，新能源消纳成本随渗透率提升而增加，当渗透率为 20% 时，成本的中间值大概是 0.2 元 /kW·h（图 2-8）。

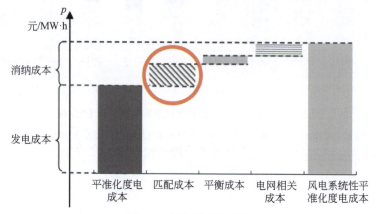

图 2-7　新能源成本结构

资料来源：Ueckerdt et al.，2013

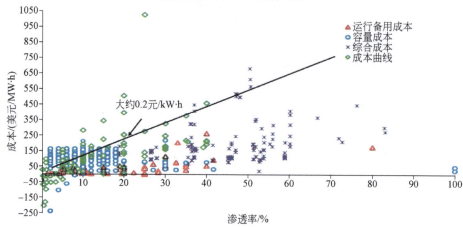

图 2-8　消纳成本与渗透率的关系

资料来源：Heptonstall and Gross，2020

　　国内的电力市场也呈现出类似趋势。部分省份的电力市场已经设计运行了辅助服务市场，尤其在新能源装机比较多的省份。如图 2-9 所示，对于新能源装机比例较高的省份，其辅助服务费用占上网电费的比例较高，其中西北区域电力辅助服务补偿费用最高。

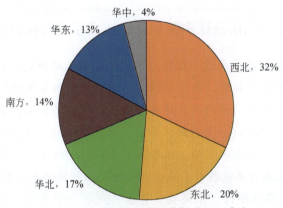

图 2-9　国内辅助服务费用分析（2018 年）

资料来源：国家能源局

　　新能源出力特性改变了电力系统的物质基础和运营模式，为高比例新能源接入条件下的电力系统带来新的变化。新能源的特性（间歇性、波动性和空间异质性）导致了以新能源为主体的电力系统需要在匹配、平衡和基础设施上投入额外的技术手段、操作或设施，才能达到电力系统的灵活性要求和容量充裕供电可靠性要求（图 2-10）。使用不同的技术手段、操作或设施会带来不同的消纳成本。

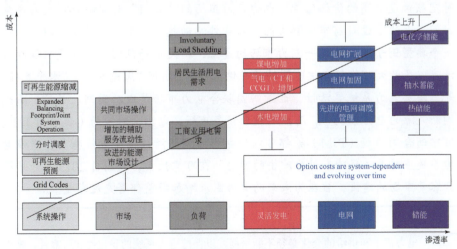

图 2-10　不同消纳技术手段的相对成本

从本质上看，新能源消纳问题是解决新能源利用过程中的短期灵活性问题[①]和长期容量充足性问题，新能源消纳成本是在解决新能源消纳问题过程中产生的成本。随着新能源电力渗透率的提高，解决消纳问题需要的技术手段越多、越复杂，产生的消纳成本越高。

专栏 消纳高比例新能源的技术手段与相对成本

应对高比例新能源渗透率给电力系统运营带来的挑战，有两个主要解决问题思路：增加电力系统"源网荷储"各个环节主体或改进电力市场的制度设计。两种思路决定了六种具体技术手段：电源侧增加灵活发电装机；电网侧扩张、加固和优化调度；负荷侧探索需求侧管理机制；储能侧新建储能设施；优化系统操作；建立有效市场。六种技术手段的相对成本不同，需要提前进行规划，以优化电力系统投资，确保满足短期和长期的电力需求。

（1）**优化系统操作**。系统操作员在实践中"干中学"的优化操作和有效市场机制的设计可以释放巨大的灵活性资产，并且通常会带来比需要改变电力系统物理主体更低的经济成本。系统操作员可以通过较短时间内的出力预测（通过天气等指标）和负荷预测（通过经验上的负荷结构）从更接近实时变化的视角做出优化调度决策。这种系统操作节省了昂贵的储能设备成本，最具有经济可行性。

（2）**建立有效市场**。改进市场机制设计和扩大市场范围也可以相对较小的成本增加电力系统的灵活性。电力系统可以通过市场机制的设计呈现出时空颗粒度更高的价格信号。电力日前市场的"关门"时间越接近交易发生时间，无法通过日前市场解决的供需意外波动越小，系统的灵活性越高。另一个典型例子是区域统一电力市场的建立，扩大市场范围、实现统一调度出清可以尽最大可能整合该地区的所有供需资源，实现"风光互补""水光互补"等，增加电力系统灵活性，北欧四国联合电力市场是成功案例。另外，高比例新能源的电力系统中，有效的辅助服务市场、电力金融市场（澳大利亚）、可中断合同市场（PJM）等都可以为电力系统灵活性提供量价指导，增强电力系统应对系统风险和外生冲击的能力。在可靠性上，英国自2013年开始探索容量市场的建设，旨在为未来的电力需求增加提前部署充足容量。

[①] 电力需求和供给的变化必须不断平衡，以保持电力系统的稳定性和可靠性。操作灵活性指的是电力系统应对这些变化的能力。

（3）**需求侧响应和储能**。需求侧管理和需求响应使消费者能够参与基于价格信号的负荷控制。针对不同用户群体在不同时间遭遇停电所承受的损失大小，政府可以实行需求侧管理和有序用电；智能电表和实时定价机制也有利于消费者对电力价格做出反应；峰谷电价和阶梯电价以相对实时定价更小的操作成本和设备要求达到引导符合转移的目的。需求响应可能相对便宜，但需求响应的成本受响应时间、响应用户类别、消费者预期和感知能力等异质性因素的影响。

在高比例新能源电力系统中，需求侧响应被赋予了新的内涵——用户可以作为"产消者"通过接入智能电网或能源互联网提供灵活储能设备，一个典型的例子是电动汽车的蓄电池的实时充放电。随着交通领域零碳化改革的深入，电动汽车的普及度将大大提高，千家万户的汽车发电机就是一个个小型蓄电池，即电化学储能设备，这些设备连入电网平台后可以为电力系统的实时平衡提供灵活性资产。

（4）**灵活发电资产**。传统能源机组和可调度的新能源机组（如生物质和地热能机组）能够根据剩余负荷快速增加或减少输出，提供系统灵活性。这些灵活资产能够迅速关闭、启动和爬坡，并在新能源高水平出力期间以较低水平高效运行。我国已经进行了火电厂的灵活性改造，并设有旋转备用、调峰辅助服务市场等机制，提供灵活发电资产。应对高比例新能源电力系统，新建和改造的大型发电设备以及较小规模的分布式发电机组（如微型热电联产机组）可以提供灵活发电服务，但这些资产的投资和维护成本相对较高。另外，如何确定灵活发电资产的最优规模、如何为这些资产的投资提供有效激励，也是有待解决的问题。

（5）**电网建设**。新能源资源禀赋与负荷中心的地理错配导致了高比例新能源电力系统必须面临输配电线路的扩张和改造，这部分投资成本是巨大的，因为大多数风电和光伏电厂都修建于远离市区的"无人区"或者海上。即使输电线路的距离足够，也需要改造新的输配电元件以适应高比例新能源电力系统中高电力电子设备的特点。

（6）**新建储能设施**。不易储存性是电力商品的重要特征之一，正因为其不易储存，保障电力供求的实时平衡显得格外困难（也因此才需要大量的系统灵活性投资）。采用储能设备可以实现电能量的短期储存，主要方式包括抽水蓄能、压缩空气储能和电化学储能三种。储能设施的新建成本高于消纳其他新能源技术手段的成本，因为储能技术尚不成熟、储能过程面临能量损失且满足高比例新能源电力系统灵活性和可靠性的储能容量需求巨大。

六种技术手段的组合使用可以应对新能源出力特性引致的电力系统安全运营的挑战，不同技术手段会产生不同的消纳成本。

首先，优化系统操作、建立有效市场、需求侧响应、电网建设、灵活发电资产和新建储能设施可以解决新能源发电间歇性问题，但会产生系统平衡成本。新能源具有间歇性，难以准确预测或调控。平衡成本是与新能源发电的不确定性和预测误差相关的成本。发电的不确定性和预测误差要求进行更大规模的旋转备用。新能源发电量的不确定性也可能导致常规发电厂的爬坡和循环增加，发电厂调度效率低下。总体而言，系统平衡成本更高。

其次，优化系统操作、建立有效市场、需求侧响应、电网建设、灵活发电资产和新建储能设施可以解决新能源发电时间波动性问题，但会产生系统匹配成本。匹配成本指新能源出力与需求相匹配所引致的成本，即由新能源以外的其他能源提供剩余需求负荷的成本。剩余需求负荷是指波动的需求负荷曲线与波动的新能源出力的差值，需要由常规电厂或储能设备来满足。由于需求负荷是变动的，新能源发电是波动性的，这就要求常规电厂或储能设备能够足够快速、灵活地运行来保证电力供需平衡。由于新能源出力波动与负荷曲线不完全匹配，以高比例新能源为主体的电力系统中剩余需求负荷的波动性往往更强，系统平衡机制由"确定性发电跟踪不确定负荷"转变为"不确定发电与不确定负荷双向匹配"，提供剩余需求负荷的匹配成本通常更高。

最后，电网建设可以解决新能源发电空间异质性问题，但会产生电网相关成本。电网相关成本通常由输配电成本反映，传统电力系统也包括这部分成本。受资源禀赋限制，新能源电力对输配电网基础设施的建设和完善提出了更高的要求。由于地理位置的限制，如果想要实现新能源发电并网，可能需要修建新的输电线路或增加现有基础设施（电网加固）的容量，以便将电力从生产中心（风光资源丰富区）输送到负荷地点。远程资源如分布式光伏发电和海上风电可能需要对配电网进行更大量投资。另外，传统电力系统的控制资源主要是同步发电机等同质化大容量设备。而在以高比例可再生新能源为主体的电力系统中，海量新能源电力和电力电子设备从各个电压等级接入，控制资源呈现碎片化、异质化、黑箱化、时变化等特点，传统电网设施难以适应，需要新增控制设施，这也增加了电网相关成本。

2.3 面向高比例新能源的电力市场的国际经验

虽然欧盟、英国、美国等地都有了较为成熟的电力市场机制，但消纳新能源电力，特别是高比例新能源电力，仍然给电力市场设计带来了冲击与挑战。面对快速发展的新能源，需要改革电力市场机制，需要新的电力市场设计来应对高比例新能源电力带来的挑战。这既是各国政策者面临的实际挑战，又是学术前沿问题。

2.3.1 英国

英国电力市场化改革一直走在世界前列。2022 年 7 月，英国针对 2035 年建成零碳电力系统，发起新一轮电力系统设计意见征集草案（Review of Electricity Market Arrangements，REMA），希望实现英国电力系统从化石能源到非化石能源的平稳过渡。本轮 REMA 提出了五个领域的挑战，包括净零批发市场建设（a net zero wholesale market）、大规模低碳电源投资（mass low carbon power）、系统灵活性（flexibility）、容量充足性（capacity adequacy）和运行安全性（operability），以及这五个方面潜在的措施与方案（图 2-11）。

针对批发市场设计方面，REMA 提出了一系列潜在改革措施，既包括偏保守的措施，如自调度到中央调度的调度安排变更、减少结算周期和关口关闭时间以增加市场的时间粒度，通过节点电价更好反映电力生产位置信息，激励更有效的投资区位选择等渐进式改革措施；也包括一些对现有市场设计的根本性变化，例如将市场从统一市场变为根据发电技术的特性来划分的分割市场（split market），价格形成机制由按清算结算（pay as clear）改为由报价结算（pay as bid）。

针对如何激励低碳发电技术的投资，REMA 讨论的措施包括差价合约设计（contract for difference）、发电商低碳义务（a decarbonisation obligation on electricity suppliers）等。针对增加系统容量充足，包括容量市场到战略储备（strategic reserve model）、集中或者分散的可靠性选择模式（centralized/decentralized reliability option model）、针对性招标（target tender）等。针对增强系统灵活性，REMA 聚焦两个核心问题：一是增加批发市场价格信号的时空颗粒度以更好调动已有的灵活性资源，二是通过保障收入或是在容量市场中嵌入拍卖、发电商义务等方式激励灵活性资源投资。针对增强系统运行安全，主要措施是优化辅助服务市场设计①。

电力批发市场-定价区域	全国定价		区域定价		节点定价	
电力批发市场-技术架构	统一市场			按特性的分割市场		
电力批发市场-平衡机制	全国统一调度			先地方后全国调度		
电力批发市场-价格形成	按出清价结算机制			按报价结算机制		
电力批发市场-调度模式	自调度模式			集中调度模式		
大规模低碳电力支持机制	现行差价合约机制	更市场化差价合约机制	基于预期发电的差价合约	发电商义务	收益上下限	荷兰式补贴
灵活性	优化的容量市场机制	增强灵活性的容量市场	供应商义务（含碳价格支持）			等效确定容量拍卖
容量充裕性		容量补偿	集中的可靠性期权	分散的可靠性期权	目标拍卖	战略备用
系统运行	维持现状	维持现状增强版	地方市场	改进差价合约/容量市场设计	联合优化	定向支持机制

图 2-11 英国第一轮 REMA 改革措施

虽然各国电力行业从化石能源向可再生能源转型时面临的挑战类似，遵循的理论基础大体相同，但资源禀赋、电力行业存量、制度条件等各不相同，因此各国在不同约束条件下最终采取的改革方案与路径各不相同。REMA 总结提议的措施可以看作是对现有讨论的一个全面梳理。

专栏 "双电力市场"设想

改变现有的电力市场出清方式迫在眉睫。新的出清方式应当发挥不同机组对电力系统的作用。随着新能源渗透率的增加，传统化石燃料机组的作用将由提供电量服务向提供电力服务转变，主要承担需求响应和系统平衡的任务；新能源的绿色价值应在电价中得到体现，从而形成市场化的投资激励。为解决上述问题，相关研究围绕构建新能源发电市场和传统化石能源发电市场展开讨论。

---

① 在意见征求后，2024 年 3 月，英国政府发布了第二轮 REMA 征求意见稿，去除了对其中一些措施。

　　"双电力市场"一种可能的实现方式是按照市场出清方式进行划分。考虑到不同机组的特性,可以将其区分为"可用"市场(as available market)和"按需"市场(on demand market)。根据字面意思,"可用"市场是针对受自然资源等限制比较大的资源,如风电、光伏等,该类机组只能在风光资源可用时发电,除非主动弃风弃光,否则不能主动响应需求变化;"按需"市场包含了对电力需求进行响应的机组,如煤炭、天然气等传统化石能源机组。相较于CfD,"按需"市场和"可用"市场相当于为化石能源和可再生能源划定了两条赛道(根据其成本构成和运行特点进行区分),使其在各自的赛道里竞争,彼此不会影响。两个市场采用不同的定价方式,既能够反映传统化石能源电力服务的价值,又能体现新能源电量服务和绿色价值。两个电价互不影响,从而使得电价充分体现供需信息,释放投资潜力。

　　原则上,"可用"市场的定价将基于投资周期内的平准化成本,以便发电企业收回投资和运营成本。在短期内,参与该市场的机组主要有两部分收入来源:一部分来自补贴或其他形式的资助(主要针对已经投资建成享受国家补贴的可再生能源机组),另一部分则来源于市场。现阶段对新能源机组的补贴逐渐退坡,政府可以根据长期边际成本为"可用"市场设定一个参考价格,发电商可以在"可用"价格的溢价基础上参与拍卖,从而既保证了收益率,又为补贴退坡提供了一个途径。

　　"按需"市场的一个典型特征为边际成本驱动市场出清价格,可纳入的资源包括化石燃料发电厂、在高峰负荷时段运行的水电站、需求响应和电力储存(与可再生能源分开)。这些机组可以针对需求变化实现有效调度,满足各个时间的不同需求。由于调整发电量时边际成本也会变化,因此调度的顺序是按照边际成本由低到高排序,即"优序调度"。从某种意义上来说,这个市场将是一个剩余市场,提供平衡整个系统所需的电力。在短期内,"按需"市场上可能存在短缺的情况,此时会导致市场出清价格高于边际成本;长期而言,消费者管理自己的需求能力将逐步提升,以尽量减少自身对"按需"市场的依赖。因此,未来"按需"市场规模可能会缩小,但成交价格可能会上升。

　　"双电力市场"另一种可能的设计是按照参与的市场周期进行划分。新能源电力波动性较大,可以限制其仅参与中长期交易,从而减少短时间内波动带来的不利影响,起到兜底的作用;而传统化石燃料机组可以依赖其灵活性参与现货和中长期市场,仍然承担电力平衡的作用。电价的结算可以采取加权计算方式，即新能源与传统机组分别形成出清价格，而全市场的出清价格为两种电力按照发电量的比例算出的加权价格。

无论采取何种分割市场与出清结算的方式，由于几乎为零的可变成本和较低的平准化成本，新能源发电市场出清价格一般会更低。结合碳定价机制，结算电价可能更多地包含新能源电力的环境溢价。传统化石能源机组所在的市场受燃料价格波动的影响，价格可能在短期内处于较高的水平，且波动性也较大。长期来看，根据前面的分析，化石能源市场交易规模可能会缩小，此时参与市场的多为更灵活、技术更先进的机组，其可以在短时间内快速响应需求。相应地，边际成本会增加，因此出清价格可能会提升。但对于消费者而言，如果对两个市场进行分割，消费者可以根据自己的用电需求以及偏好，合理规划自己的用电计划和购电行为，从而最大限度地减少电力消费支出，提高自身福利水平。

2.3.2 欧盟

当前，欧洲的电力市场设计主要关注短期市场，采用现货市场和统一电力市场作为主要架构。然而，随着欧盟将温室气体减排目标提高至 2030 年至少减少 57%，并将可再生能源目标提高至 45%，为了加速实现碳中和目标，欧盟各国需要不断推进能源生产的清洁化和消费的电气化。具体而言，需要扩大可再生能源发电规模，并增加对非化石燃料灵活性资源（如储能和需求响应）的投资，以减轻可再生能源的波动性对电力系统运营的影响。此外，需要将可再生能源较低的发电成本传导到电价上，推动交通、供暖和制造业等领域的电气化，以促进碳减排。

然而，在当前的电力市场设计下，实现这些目标面临诸多挑战。随着可再生能源规模的扩大，电力批发价格面临下行压力，负电价现象在欧洲已屡见不鲜。这种情况削弱了人们对可再生能源投资的动力。目前欧盟电力市场虽然能有效地发现短期电能量价格，推动跨境电力交易和备用共享，在引导供需平衡和最优运行调度方面发挥了一定作用，但对于灵活性资源容量价值的发掘不足，导致长期市场缺乏流动性，难以充分发挥对冲价格风险、平抑价格波动和形成稳定投资信号的作用。

因此，在目前的改革草案中，完善长期市场的流动性和可靠性，充分体现非化石燃料灵活性资源的价值，并为其提供合理的投资回报，提高电力市场的长期效率和可持续性，成为关键的改革方向。

1. 欧洲电力市场改革草案

欧盟委员会为了减少居民、产业和投资者对短期电价波动的担忧，提出了针对电力市场规则设计的市场改革提案。这一提案修订了欧盟第2019/943号法规（电力法规）、第2018/2001号指令（RED Ⅱ）和第2019/944号指令（电力指引），旨在通过立法措施使电价更加独立于化石燃料价格，并激励非化石燃料灵活性服务的发展，同时加强对消费者的保护。具体而言，欧盟委员会提出了以下建议。

1）调整交易时间和规模，提高短期市场效率

为了提高短期市场的效率，欧盟委员会建议调整交易时间和规模。虽然欧盟不考虑改变短期市场的边际定价模式，但完善市场规则可以提高市场的流动性和竞争程度，确保各种资源以高效的方式得到利用。由于可再生能源发电具有不可调度性，其参与短期市场（包括日前市场、日内市场和平衡市场）的能力较弱。为了解决这个问题，欧盟委员会建议将欧洲跨区日内市场关闸时间设置得更接近实时，从而让更多的可再生能源发电机组有机会参与短期市场。此外，欧盟委员会还建议将日前市场和日内市场交易的最低竞标规模设定为100kW或更低，为小规模可再生能源和储能等灵活性资源提供更多的交易机会。

2）改进长期电能量市场和容量市场机制，通过长期市场释放稳定的投资信号

为了促进长期投资，欧盟委员会提出了一系列措施。

首先，鼓励可再生能源发电商签订长期购电合同和政府授权的差价合约（CfDs），以减少短期价格波动。这样既确定了可再生能源发电商的稳定投资收益，又为消费者提供了可负担的电力供应，使各市场主体共享可再生能源的低成本优势。

长期购电合同由发电商与用户或零售商签订，旨在确保稳定收入。欧盟委员会建议通过建立担保机制、完善评估标准、引入供应商强制对冲条款等方式，降低长期购电合同履约风险，并推动长期购电合同市场的发展。这将为可再生能源发电商提供更稳定的收益来源，增强其投资和扩大可再生能源产能的动力。

双向差价合约由政府和发电商签订，由政府承担差价的风险。改革草案建议政府公共支持计划必须采用双向差价合约的形式，且仅适用于对低碳、运营成本低且稳定的发电技术（如风能、太阳能和核能等）的新投资。双向差价合约必须合理设置执行价格（strike price）、参照量（reference quantity）和参照价格（reference price），以防止过度补偿和不合理的产能扩张。通过这种方式，政府将提供激励，促使发电商增加对可再生能源的投资，并确保其获得合理的回报。同时，可以将高价时段回收的市场收益返还给终端消费者，实现公平和可负担的电力供应。

其次，欧盟委员会希望创建低碳容量补偿机制，激励对非化石燃料灵活性资源的投资。改革草案建议修改容量市场相关规则，设定更低的碳排放上限和增加灵活性要求。更低的碳排放上限意味着只有那些满足低碳要求的发电资源才能够参与容量市场；灵活性要求确保储能和需求响应等非化石燃料灵活性资源能够在电力系统中提供灵活性支持，并从中获得相应的收益。此外，草案还建议各成员根据欧洲能源监管合作署（ACER）定期提供的系统灵活性需求评估建议，制定各自的非化石燃料灵活性资源发展目标，并建立基于容量补偿的支持计划，以促进非化石燃料灵活性资源的投资和有效运行。

3）改革草案还针对家庭和中小企业保护提出了以下改进建议

（1）提供固定价格零售合同：为了降低家庭和中小企业的能源成本，草案建议提供固定价格的零售合同，使消费者能够享受可再生能源的低成本优势，并提供可预测性和稳定性。

（2）紧急状态下的价格干预：在紧急状态下，草案建议对家庭和中小企业进行价格干预，以保障其供电需求，并确保电力市场的稳定运行。

2. 欧盟成员对草案的争议

在欧盟电力市场改革草案的制定过程中，不同成员在现行市场设计的有效性以及改革方向上存在严重分歧。法国、西班牙等成员支持一种"颠覆性"的电力市场改革，主张将电价与天然气价格脱钩。然而，德国、丹麦等成员持保守和谨慎态度，主张对现有市场架构进行微调，以避免过度干预对电力市场正常运行造成干扰。改革草案公布后，以法国与德国为代表的两方分歧仍然无法弥合，集中在以下几方面。

首先，政府授权合约是否应适用于现有发电商的问题。作为核电大国，法国希望通过双向差价合约支持延长现有核反应堆的使用寿命。法国认为核能是能源转型的关键发电资源，应与可再生能源一起得到承认。然而，德国等成员反对这一方案，担心核电补贴会挤占对风能、太阳能等可再生能源发电项目的投资，从而影响可再生能源的发展。此外，一些较小的成员也担忧法国核电部门因获得更多补贴而在工业竞争中处于优势地位。

2023 年 6 月 30 日，时任轮值主席国瑞典提出了一个妥协的方案，即在新投资至少涵盖投资后资产价值的 50%，且设施使用寿命至少延长 10 年的情况下，才适用政府授权合约。瑞典希望通过这一方案缓解其他成员对法国核电部门获得巨额补贴的担忧，但该提议仍未能获得认可。

另一个争论焦点是煤电补贴。波兰等成员表示，在淘汰煤电的过程中，他们需要更大的灵活性支持，并希望延长国家对煤电的补贴以确保能源安全。这些国家希望将煤电补贴延长至 2025 年以后。瑞典提出了一个提议，即在某些条件下允许欧盟国家延长对燃煤机组的容量补贴机制，以激励燃煤机组提供备用容量。根据该提议，波兰可以将燃煤机组的容量补贴计划延长至 2028 年。然而，德国、卢森堡和西班牙等成员反对该提议，认为这将阻碍欧洲实现脱碳目标。

在既要保证各成员电力供应安全，又要维持欧盟内部公平竞争环境的背景下，欧盟认为各成员需要更多时间对电力改革草案进行讨论。针对核电和煤电补贴方案的谈判将继续，以寻求共识并平衡各方利益。

2.3.3　美国

美国国土面积广大，新能源发展情况与电力市场结构的区域差异性较大，政策和监管主要由各州自行制定，联邦层面的统一政策相对较少，各州之间的政策差异较大。

1. 针对激励长期投资充足的市场设计改革

美国各电力市场中，加利福尼亚州和得克萨斯州新能源比例较高，关于两个电力市场设计的一个关键问题是如何激励长期投资，得克萨斯州市场依靠"仅能量市场"（energy only market）稀缺性定价，加利福尼亚州采用容量机制（Botterur and Auer，2018）。

原则上，能量市场和运营储备市场的收入应足以为适当的发电容量投资提供激励，这是所谓"仅能量市场"的前提。然而，电力市场价格的下降使得现有发电商难以获利，这导致了关于是否需要容量机制的再次讨论，容量机制是额外的补偿方案，旨在提供发电投资和系统可靠性的激励。如图 2-12 所示，容量机制可分为基于价格和基于数量的两类机制。这两类机制都存在于欧洲，一些国家长期依赖容量支付或战略储备，而其他国家则引入容量市场或义务。然而，欧洲许多国家仍然依赖于"仅能量市场"设计。在美国，有四个电力市场依赖于集中式容量市场，有两个依赖于容量责任制，而得克萨斯州的市场（ERCOT）是唯一的"仅能量市场"。当前的情况明确地反映出在维持可靠性的最佳方式上并不存在共识。

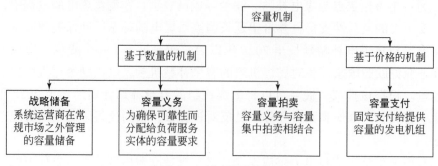

图 2-12　容量机制概述

无论选择哪种容量机制，电力市场设计中最重要的挑战是在短期市场建立良好的价格形成机制。更加明确的价格形成机制将更好地促使供应、需求和能源储备之间的系统灵活性得到激励。可以通过增加对市场价格的需求响应来实现这一点，以更好地反映消费者的偏好和对电力支付的意愿。一个尤为重要的问题是当供应不足时价格会怎样变化，稀缺性额外收益对于资金成本回收至关重要。通过需求参与以及管理机制（例如使用需求曲线来计算运营储备价格，而非固定的运营储备要求），可以改善稀缺性定价。此外，将针对新能源的技术特定激励机制转变为对碳排放的适当定价也将是有益的。这将增加排放技术的成本，而不是压低大宗电力的价格。

2. 提高灵活性的市场设计

1）提升发电的灵活性

传统的热电厂,如燃煤、燃气、核电等,通常需要较长的启停时间和爬坡时间,不能快速响应电力需求的变化,而且有较高的最小技术出力限制,不能在低负荷下运行。这些特点使得传统热电厂难以适应新能源的波动性和不确定性,容易造成过量发电或供不应求的情况。而新型的发电机,如燃气轮机、内燃机、微型燃气轮机等,具有启停快、爬坡快、最小技术出力低等特点,能够灵活地调节发电量,与新能源相互配合,平衡电力系统的供需。因此,为了提升发电的灵活性,提高系统的调峰能力、调频能力和负荷平移能力,平衡新能源的波动性和不确定性，可以修订和热电厂的长期合约，逐渐减少传统热电厂的发电量，同时使用响应时间更短的新型发电机取代旧发电机。另外，需要提升对光电、风电的预测能力，可以利用先进的气象模型和观测数据，对光电和风电的发电量进行预测，并将预测结果作为市场运营和调度的输入参数。

2）提升需求响应和负载转移的能力

可以利用分时电价、实时电价使高峰时段的需求转移到闲时。分时电价是一种电费的计费方式，其中电费根据一天中的时间、季节和日期类型（工作日或节假日）而有所不同。电价在高峰时段较高，在非高峰时段较低，高峰时段通常定义为下午 4:00 ~ 9:00。分时电价通过鼓励在新能源（如太阳能和风能）可用的时段使用能源来支持更清洁的电网，并缓解高峰时段的负荷压力。加利福尼亚州从 20 世纪 80 年代以来对所有大型企业客户采取分时电价的方式，自 2009 年起对小型企业使用分时电价的方式，自 2019 年逐步对住宅用户采取分时电价的方式。

3）提升储能容量

加利福尼亚州通过制定和实施各种储能激励政策（如储能目标、投资税收抵免、自发自用计划、需求响应计划等），鼓励用户侧、发电侧和输电侧部署储能系统。储能可以平滑可再生能源的波动性、随机性和间歇性，提高新能源的利用率和可靠性，降低电网的不平衡成本和排放量。另外，储能可以提供多种电力系统服务，如调峰、调频、调相、稳定电压、事故备用等，提高电网的安全性和稳定性。

4）提升新能源预测能力

在应对新能源可能带来的波动性方面，PJM 致力于提高预测能力，例如，从短期来看，需要提前 5min 到一周预测非批发太阳能分布式发电产生的输出；从长期来看，着眼于太阳能定价和政策的趋势，预测每年将安装太阳能发电系统的数量，持续 15 年。另外，还允许包括新能源在内的各类电源、储能、需求侧响应等资源参与容量市场，提前 3 年组织目标年的首次容量市场竞价，后续再组织多次追加竞价。在辅助服务方面，通过辅助服务市场以及偏差惩罚等激励各类资源积极调整系统不平衡量，同时激励发电机组提高控制水平，有助于调节由光伏、风电等新能源带来的波动。

2.3.4 对中国的启示

通过观察欧美电力市场可以发现，电力市场正在从以化石能源为主的 1.0 版本演进到以新能源为主体的 2.0 版本。我们总结了适应高比例新能源的电力市场改革设计的几个原则。

第一，理想的市场设计应该能够为稀缺资源定价，能够反映出所有的成本与收益。为了应对新能源的特性，电力市场设计变化的核心在于如何使市场出清价格更精准地反映出供需变化。因此，市场出清价格背后的时间和空间颗粒度越来越重要。例如，针对灵活性要求，市场交易的产品时间颗粒度要求从几分钟到几年不等；容量市场机制可以保障长期供给能力；节点电价的使用将更好地引导投资的区位选择；整合运行实时市场与辅助服务市场。

第二，市场应有足够的灵活性来容纳新技术。新型能源体系将不仅仅依赖于风电光伏，还需要其他新型能源、新型储能、需求响应等新技术，市场设计要能够适应这种快速变化的趋势，定价机制与规则应当透明，确保所有市场参与者，无论是传统能源还是新能源，都在公平的条件下竞争，获取合理回报，激励技术创新，促进新模式、新业态发展。

第三，政府政策应该技术中立并与市场激励相容。以新能源为主体的电力市场仍存在市场失灵的现象，需要政府政策干预。以新型储能为例，在技术层面仍属于探索阶段，技术创新具有极强的不确定性，在技术路线尚不明确、多种技术竞争的情况下，既需要产业政策引导新型储能产业进行技术创新，又应做到技术中性，产业政策激励与市场激励相容，主要依靠市场选择技术，补贴应更偏重于公共品属性较强的研发阶段的激励；政府通过建设基础设施、制定规则等方式，规范市场的有效运作；确保监管框架灵活，能够迅速适应技术变革，如简化新技术的市场接入程序和标准。

|第3章| 新能源发展视角下的新一轮电力市场改革进展与挑战

2015年3月，《中共中央 国务院关于进一步深化电力体制改革的若干意见》的发布标志着我国电力市场新一轮改革启动，加快我国电力行业从"计划"走向"市场"的进程。电力低碳转型是本轮电力体制改革的目标之一。第2章分析指出，新能源的间歇性、随机性、波动性需要其他化石能源发电机组与需求侧能够快速调整以应对。随着我国新能源发电总量与占比越来越高，传统以计划为主的电力体制无法有效激励灵活性，对新能源可持续发展的制约也更为明显。2009～2017年，一直困扰着新能源发展的问题是消纳难题。新一轮电力体制改革以来，电力市场化改革取得实质性进展，市场体系逐步建立并完善，全国统一电力市场持续推进，市场逐步取代计划成为电力生产消费配置的主要手段，并突破省级壁垒、在更大范围内进行配置，新能源消纳难题也逐步缓解。本章从促进新能源发展的视角首先回顾制约我国新能源可持续发展的体制机制障碍，针对这些方面梳理2015年以来电力市场化改革取得的进展，分析新能源从保障性收购向市场化交易的必要性，总结各个省（自治区、直辖市）在推动新能源入市的有益探索，提炼新能源全面进入电力市场面临的关键制约因素，为本书第4～第7章的实证分析提供制度背景，也为第8章针对这些关键问题的配套政策的讨论提供现实基础。

本章按照以下结构展开。第1节分析传统电力体制如何制约新能源可持续发展；第2节总结电力市场化改革进展与挑战；第3节分析新能源参与电力市场的进展与挑战。

3.1 传统电力体制制约新能源可持续发展

我国新能源从 2009 年开始进入高速发展阶段，但直到 2019 年，消纳难题一直困扰着新能源发展。如图 3-1 所示，这一期间弃风现象出现两个周期，"弃风率"在 2012 年创纪录高达 17% 后，2013 ～ 2014 年出现短暂下降；2015 ～ 2016 年又重新攀升，2017 年后连续两年下降。如图 3-2 所示，大规模弃光是从 2014 年开始的，2014 ～ 2016 年弃光率均高于 10%，2017 年后弃光率开始下降。新能源消纳难题逐步缓解恰好也是在新一轮电力市场化改革取得实质性进展，市场体系逐步建立之后。本书将在第 4 章实证分析市场化改革对新能源发展的促进作用，本节简单总结传统以计划为主的电力体制制约新能源消纳、阻碍新能源发展的原因。

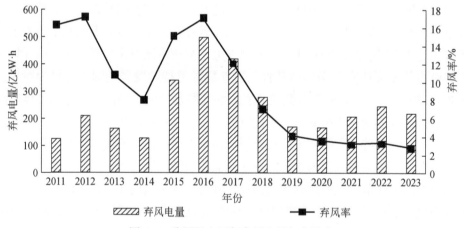

图 3-1 我国风电历年弃风电量与弃风率

资料来源：国家能源局

自中华人民共和国成立至改革开放初期，我国电力实行发电、输电、配电、售电四个环节垂直一体化政府垄断经营，即"独家办电"体制。2002 年，国务院发布了电力体制改革的纲领性文件《国务院关于印发电力体制改革方案的通知》（国发〔2002〕5 号），拉开了电力市场化改革的序幕。此轮改革破除了电力行业政企不分、厂网不分等一体化体制，重组了发电和电网企业，并试行了竞价上网，初步形成了电力市场主体多元化竞争格局。但是，2015 年新一轮电改之前的电力体制仍是以计划管理体制为主，主要表现在发电项目投资需要审批、

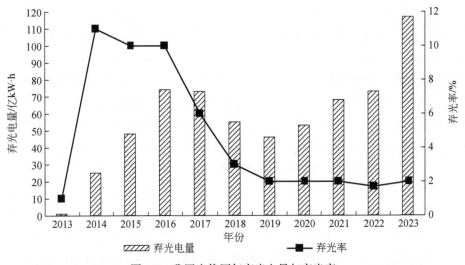

图 3-2　我国光伏历年弃光电量与弃光率

资料来源：国家能源局

电力生产由各级政府实行计划管理、电价执行标杆上网电价。发电计划管理即政府根据电力需求向发电企业分配生产数量，以同类型机组年平均利用小时数相等为原则，也就是"三公调度"原则。标杆上网电价实际上是将发电企业看作公共事业部门，实行收益率监管，上网电价体现了不同地区和不同类型机组的发电成本的差异性。售电仍然是由电网公司独家垄断，售电价格由政府制定。传统电力体制具有鲜明的计划色彩，距离党的十八大提出的更大程度更广范围发挥市场在资源配置中的基础性作用的要求仍有很大距离，存在很多深层次矛盾和问题。

正如第2章所分析的，新能源与传统化石能源发电具有不同的技术经济特征，间歇性、随机性、波动性需要电力系统呈现较强的灵活性，化石能源发电与需求侧能够快速调整以应对新能源的波动性。传统电力体制无法适应大规模新能源消纳，主要表现在以下几方面。

3.1.1　电力配置以计划为主，难以适应新能源发电的高可变性

在 2015 年新一轮电力体制改革启动之前，我国电力运行长期以计划调度为主，体现出高度行政化的配置方式。这种以计划为核心的电力调度机制，虽然在保障电网安全运行和电量稳定供应方面发挥了一定作用，但其刚性强、灵活性差的特征日益暴露出与新能源高波动性、强不确定性的特征之间的矛盾。

传统调度方式遵循所谓的"三公调度"原则，即"公开、公平、公正"。这一调度原则强调对年代相仿、类型和容量相近的机组安排基本相同的利用小时，电厂与电网之间必须严格执行已签订的合同，并努力保持各发电企业电量完成进度的大致一致。这种计划色彩浓厚的运行机制，实质上使得电厂的调度优先级与其发电成本、能效水平、环境影响等关键因素脱钩，未能建立起以经济性和清洁性为导向的资源优化配置机制。发电计划主要由省级政府部门制定并通过年度发电计划进行管理，由各级电网公司进一步分解为月度和日调度计划并组织执行。因此，各类发电机组的出力被纳入计划框架之中，缺乏动态调整机制。

尽管2007年起国家开始推行"节能调度"，鼓励按照能耗、排放水平和可再生属性对机组进行优先排序调度，理论上应当优先调度风电、光伏等可再生能源资源，同时优先安排大容量、低能耗、低污染的清洁煤电机组获得更多发电小时，以期降低系统的平均供电煤耗。然而，在现实运行中，由于计划体制的约束，这一目标往往难以实现。一些高能效机组并未获得与其性能相匹配的发电小时，反而仍有部分能效差、排放高的"落后"机组由于计划安排的惯性仍然承担较多发电任务，削弱了节能调度的成效。

对于新能源而言，其发展更受制于计划运行机制的制约。虽然近年来各地在年度电力平衡方案中逐步为风电、光伏等新能源预留了部分电量空间，旨在支持新能源的全额保障性并网，但由于新能源具备显著的波动性和间歇性，其出力受天气和光照条件等自然因素影响较大，具有高不确定性。尽管预测技术有所进步，但风电、光伏的可预测性一般不超过72小时，且短期预测误差仍不可忽视。这种不确定性与电力系统对实时平衡的严格要求形成冲突，在计划调度机制下，很难为这类资源安排长期发电计划，只能在日前甚至实时调度层面进行部分调整。另外，我国电源结构长期以煤电为主，系统运行方式必须优先考虑其技术特性。燃煤机组具有启动时间长、启动成本高、频繁启停风险大的特点，难以承担频繁调峰任务，因此调度部门往往需提前一个月安排机组的启停、检修和组合计划，难以在短期内随新能源出力波动进行快速响应。因此，这种高度前置、僵化的运行安排显然无法满足新能源快速增长的需要，导致其"多发满发"难以实现。

3.1.2 电价政府制定，无法提供适应新能源消纳的激励机制

在2015年电力体制改革之前，我国电价体系以政府审批为主，体现出强烈的计划经济色彩。这种行政主导下的电价机制在保障电力行业基本稳定运行的同

时，也严重制约了新能源发电的竞争力，特别是其"边际成本低"的核心优势难以有效发挥。

首先，在发电侧，我国长期实行固定的上网电价政策。上网电价由政府按区域统一制定的"标杆电价"执行，依据该区域的社会平均成本、合理利润和税费进行核定。此外，上网电价与燃料价格之间实施"煤电联动"机制，在煤炭价格大幅波动时进行有限调整。整个机制以成本加成定价为基础，缺乏市场供需信号的反映，导致新能源电力即使具备极低的边际发电成本，也无法在价格上获得竞争优势。销售侧则依据用户类型由政府统一制定"目录电价"，而输配电价则长期处于不透明状态，其差价主要体现在平均上网电价与终端销售电价之间的价差上，电网损耗由电网公司自行内部消化。整体而言，电价结构中，发电环节所占比重最大，各环节价格均为政府定价，市场信号被大大削弱。

其次，单一的固定上网电价机制不利于发电企业根据系统需要灵活调节发电行为，尤其抑制了企业提供容量支持与辅助服务的积极性。在以"电量付费"为核心的收入机制下，发电企业的收益主要来源于所发电量，而非其在保障电力系统可靠性、调峰调频方面的"容量价值"或"服务价值"。例如，煤电虽然本质上是高排放能源，但其灵活调节性能却是支撑水电、风电和光伏等间歇性能源多发、满发的重要保障资源。随着风电、光伏等波动性资源的大量接入，电力系统对辅助服务的依赖显著增强，尤其是在调峰、调频、调压和旋转备用等方面的技术要求不断提升。但新一轮电改前辅助服务机制仍停留在 2005 年出台的《电力并网运行管理规定》和《电力辅助服务管理办法》等政策基础上，服务种类少、价格机制单一，补偿不足。无法合理激励各类资源参与系统灵活性提升，间接影响了新能源的有效接入与消纳。

再次，在用户侧，销售电价机制的"刚性"则进一步阻碍了需求侧响应的实现。所谓需求响应，是指电力用户根据市场价格信号或外部激励，在用电高峰期主动减少用电或在低谷期主动增用，从而帮助系统实现负荷平衡并提升新能源电量的消纳空间。国外经验表明，分时电价、峰谷电价等市场化电价政策是推动用户侧参与的重要工具。而我国现行目录电价制度结构固化，价格水平与实时供需关系脱节，缺乏价格弹性，难以反映电力系统的边际成本变化，也难以激励用户行为改变。

尤其是在风电资源丰富但负荷基础薄弱的"三北"地区，峰谷差大、电力外送受限、风电弃风率高等问题长期存在。然而，上述地区普遍尚未建立分时电价机制，用户没有动力在低谷时段增加用电，进一步加剧了新能源电力的消纳难题。尽管吉林、内蒙古等地尝试推进"新能源供热"示范项目，利用低谷风电供热以提高资源利用率，但因缺乏与之配套的供热价格机制，难以在更大范围内推广。

此外，电力需求响应长期缺乏价格政策支持，也未形成有效的激励机制。由于终端用户无法获得准确的价格信号，他们对于电网调节、负荷转移的参与积极性不高，导致负荷侧的潜力长期被忽视，灵活负荷尚未成为新能源并网的重要支撑力量。

3.1.3 以省为单位实行电力平衡，制约新能源跨省跨区优化 配置

我国风能和太阳能资源总量巨大，但其区域分布极不均衡，呈现"资源在西部、负荷在东部"的结构性矛盾。风电资源主要集中在"三北"地区（华北、东北和西北）和西部干旱、高海拔地区，光伏资源则高度集聚于西北、西南的高原和沙漠地带，而这些地区工业基础薄弱、人口密度低、电力负荷增长缓慢，导致本地消纳能力严重不足。相较之下，东中部地区电力消费需求大、增长快，但本地新能源资源相对匮乏。

这一"西电东送"结构性特征决定了大规模新能源开发必须依赖跨省跨区输电实现远距离资源配置。然而，长期以来我国电力体制以"省为单位"实行电力平衡，即由各省独立制定发电和电力调度计划。跨省跨区电力交易主要服务于国家能源战略的实施，尤其是"西电东送"等重大工程，体现出强烈的政策导向性。此类交易以政府间协议和年度计划安排为主，计划性特征明显，新能源输送任务也主要依托此类战略性通道来完成。这种以行政边界为主的运行机制，在客观上形成了"省内平衡优先、省间互济有限"的格局，数据显示，2014年全国跨省区电量交易量为8842亿kW，仅占全国总用电量的16%左右。

新能源受此机制影响尤其大。由于风电、太阳能发电的输出波动性强、不确定性高，其上网与调度需更强的系统灵活性和区域协调性。但省域电力系统以年度计划为核心的运行模式，使得新能源发电难以跨省进入更大范围的电力市场。即便具备技术可行性，制度层面的障碍仍难打破。一方面，省级电网公司主要职责是保障本省供需平衡，在缺乏统一市场机制和利益共享机制的情况下，对于"外来电"尤其是不稳定的新能源电力存在排斥性倾向。另一方面，地方政府出于地方经济发展、税收和就业等综合考虑，普遍优先调度本地电源、保护本地发电企业，从而形成了"区域壁垒"。

尤其在新能源装机集中度最高的"三北"地区，由于本地用电负荷有限、灵活性资源不足，在省域范围内很难实现新能源"应发尽发"，弃风弃光现象长期存在。为解决这一问题，国家早期提出"集中开发、远距离输送"的思路，并通过"西电东送"战略构建了跨区输电通道，但若无配套的制度和市场机制予以保障，物理通道的建设并不能自动转化为资源优化配置的通道。

3.2　电力市场化改革进展与挑战

3.2.1　发展新能源是本轮电力体制改革的重要目标

2015年3月，《中共中央 国务院关于进一步深化电力体制改革的若干意见》的发布标志着我国电力市场新一轮改革启动，加快我国电力市场由"计划电"向"市场电"的转变。此次改革以"管住中间、放开两头"为改革思路，即加强对自然垄断环节的电网企业的科学监管，提高电网企业的管理和运行效率，促进可竞争环节的发电端和售电端市场竞争，完善电力市场建设，充分发挥市场在电力资源配置中的决定性作用。

2015年新一轮电力体制改革是在党的十八大提出全面深化改革总目标的背景下，电力领域贯彻落实全面深化改革要求的重要举措。党的第十八届中央委员会第三次全体会议明确提出全面深化改革的总目标是完善和发展中国特色社会主义制度、推进国家治理体系和治理能力现代化，实现了改革由局部探索、破冰突围到系统集成、全面深化的转变，开创了我国改革开放新局面，标志着中国特色社会主义进入新时代。在全面深化改革的总目标要求下，深化电力体制改革事关我国能源安全和经济社会发展全局。新一轮电力体制改革的目标是建立健全电力行业"有法可依、政企分开、主体规范、交易公平、价格合理、监管有效"的市场体制，努力降低电力成本、理顺价格形成机制，逐步打破垄断、有序放开竞争性业务，实现供应多元化，调整产业结构、提升技术水平、控制能源消费总量，提高能源利用效率、提高安全可靠性，促进公平竞争、促进节能环保。

2020年，在"双碳"目标的背景下，我国提出构建以新能源为主体的新型电力系统。习近平总书记在中央财经委员会第九次会议上，对碳达峰、碳中和做出重要部署，强调要构建以新能源为主体的新型电力系统，明确了"双碳"背景下我国能源电力转型发展的方向。实现"双碳"目标是一场广泛而深刻的经济社会系统性变革。能源行业碳排放占全国碳排放总量的 80% 以上，电力行业碳排放占比超过 40%。实现"双碳"目标，能源是主战场，电力是主力军。

2022 年，在构建新发展格局、加快建设全国统一大市场的总体背景下，国家发展和改革委员会、国家能源局提出建设全国统一电力市场。建设全国统一大市场是构建新发展格局的基础支撑和内在要求。加快建设全国统一电力市场体系，有利于实现电力资源在更大范围内共享互济和优化配置，提升电力系统稳定性和灵活调节能力，推动形成适合中国国情、有更强新能源消纳能力的新型电力系统（图 3-3）。

党的二十大报告指出，立足我国能源资源禀赋，坚持先立后破，有计划分步骤实施碳达峰行动。完善能源消耗总量和强度调控，重点控制化石能源消费，逐步转向碳排放总量和强度"双控"制度。推动能源清洁低碳高效利用，推进工业、建筑、交通等领域清洁低碳转型。深入推进能源革命，加强煤炭清洁高效利

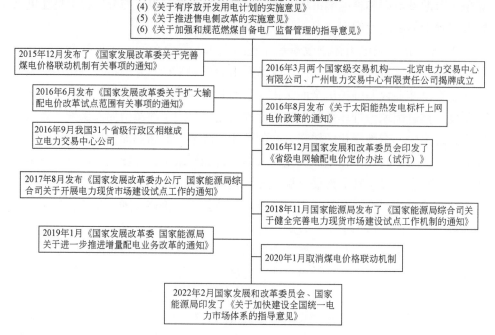

图 3-3　新一轮电力体制改革以来的政策梳理

用，加大油气资源勘探开发和增储上产力度，加快规划建设新型能源体系，统筹水电开发和生态保护，积极安全有序发展核电，加强能源产供储销体系建设，确保能源安全。完善碳排放统计核算制度，健全碳排放权市场交易制度。提升生态系统碳汇能力。积极参与应对气候变化全球治理。电力作为工业、交通等领域的重要投入要素，其清洁低碳对于全产业链具有重要意义。现阶段电力行业清洁低碳发展的主要手段是发展可再生能源。高比例新能源的接入是新型能源系统的重要组成部分，也是能源转型的重要举措。

3.2.2 电力市场化改革促进新能源发展

电力市场化改革极大地促进了风电、光伏等新能源发展。虽然固定上网电价和保障性上网制度等政策支持是过去十几年我国风电、光伏等新能源持续快速增长最主要的原因，但随着风电和光伏装机容量与发电占比的提升，市场化机制在促进清洁能源并网消纳方面发挥越来越重要的作用。建立和完善电力现货市场，引导新能源参与市场交易，发挥新能源边际成本低的竞争优势；通过调峰调频等辅助服务市场化，激励火电机组提升电力系统灵活性，促进新能源消纳；推动全国电力市场建设，在更大范围内配置新能源。在一系列措施下，新能源发电比例不断上升，电源结构明显改善。2023 年，全国可再生能源发电装机容量年内连续突破 13 亿 kW、14 亿 kW 大关，达到 14.5 亿 kW，占全国发电总装机容量的比例超过 50%，其中水电、风电、光伏装机容量均超 4 亿 kW（图 3-4），海上风电装机容量 3650 万 kW，稳居全球首位。可再生能源发电量达 3 万亿 kW·h，约占全社会用电量的 1/3，其中风电光伏发电量占比已达 14% 以上。

1. 电力市场体系架构已经建立

产业组织理论指出，要让市场竞争发挥作用需要满足几个基本条件：市场有足够多的买家和卖家、市场进入退出壁垒低、市场交易可达成、竞争公平有序。与这些观点相一致，新一轮电力体制改革明确在可竞争环节实行市场化改革，通过实行"四个有序放开"（有序向社会资本放开售电业务、有序向社会资本放开增量配电投资业务、有序放开公益性和调节性以外的发用电计划、有序放开输配以外的竞争性环节电价），在发电侧建立批发市场、在售电侧消除进入壁垒，引入竞争，建立多买多卖的市场竞争格局，形成市场化的电价形成机制，实现市场对电力进行有效配置的基础性地位。

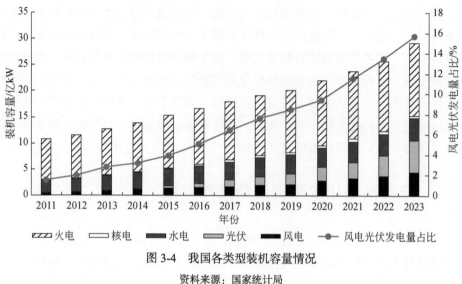

图 3-4 我国各类型装机容量情况

资料来源：国家统计局

沿着这一改革方向，电力市场化改革已经取得了长足进步。发用电计划全部取消，售电市场有序放开，工商业用户全部进入市场。取消工商业目录电价，所有工商业用户都将通过市场机制购买电力，工商业电价完全由市场机制形成。电力市场主体数量持续增长，到 2024 年底，全国各电力交易机构注册的市场主体数量累计突破 65 万家，其中发电企业超过 3 万家，电力用户超过 61 万家，售电公司超过 3300 家。

我国本轮电力市场化改革经过 10 年多的实践，已基本形成了以电力中长期市场为主，以电力现货市场、辅助服务市场、容量补偿机制等为重要补充的市场架构（图 3-5）。电力市场交易体系不断完善，电力交易品种持续丰富，有效推动电力市场化改革红利的释放。

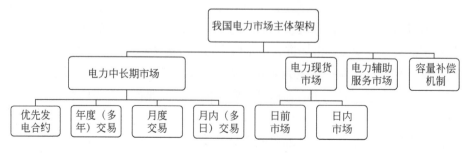

图 3-5 我国电力市场架构

自 2015 年启动的新电力改革以来，各省（自治区、直辖市）一直在探索电力的中长期市场，大多数省份要求中长期市场交易占市场交易电力的 90%～95%。2016 年底，中央政府首次发布了关于中长期市场的基本交易规则，规范了各地中长期市场的交易行为，进一步推动了中长期市场的发展。除西藏外，目前所有其他省（自治区、直辖市）都已建立中长期市场。

（1）电力中长期交易规则进一步完善。2020 年 6 月，国家发展和改革委员会、国家能源局联合印发《电力中长期交易基本规则》，修订后的规则文件进一步规范了中长期交易市场的运作体系，丰富了交易品种，有效满足市场交易需求。当前，中长期交易主要通过双边协商、集中竞价、挂牌交易等形式，开展多年、年、季、月及月内多日的电力交易。新修订的规则文件重点从市场准入退出、交易组织、价格机制、安全校核、市场监管和风险防控等方面进行补充，并提出"滚动撮合交易"和"允许探索容量市场和容量补偿机制的设计"等方式，丰富了交易组织形式，增强了中长期交易稳定收益、规避风险的"压舱石"作用。

（2）现货市场建设逐步深入。由于现货市场能够充分发挥价格信号引导作用，并作为中长期市场的定价基准，其在电力市场改革中扮演着关键角色。我国通过设立改革试点推进电力现货市场建设，分别于 2017 年和 2021 年选定了两批共 14 个地区作为现货市场建设试点①。目前第一批试点长周期结算试运行形成了连续运营的现货市场，其中山西、广东现货市场已于 2023 年 12 月转为正式运行，第二批试点已全部启动模拟试运行，非试点地区现货市场全覆盖趋势也正在逐步形成。当前，电力现货市场的运行经验不断丰富，配套规则机制不断完善。2023 年国家发展和改革委员会、国家能源局相继联合印发《电力现货市场基本规则（试行）》和《关于进一步加快电力现货市场建设工作的通知》，为电力现货市场建设提供了科学指引，为多地现货市场建设明确了时间表，提出推动分布式新能源上网电量参与市场，探索"新能源 + 储能"等方式，允许适当放宽中长期合同签约比例，将绿电交易纳入中长期交易范畴。

（3）辅助服务市场建设日趋完善。一是体现在覆盖范围进一步扩大，基本形成了统一的辅助服务规则体系。2021 年，国家能源局印发《电力辅助服务管理办法》和《电力并网运行管理规定》，开启我国辅助服务市场顶层设计的新架构。截至 2022 年底，我国电力辅助服务实现了六大区域、33 个省区电网的全覆盖，

---

① 2017 年选定了南方地区（以广东为首）、内蒙古西部、浙江、山西、山东、福建、四川和甘肃 8 个地区作为第一批电力现货市场建设试点，2021 年将上海、江苏、安徽、辽宁、河南和湖北扩大为第二批现货市场试点。

统一的辅助服务规则体系基本形成，除西藏外各省（自治区、直辖市）都发布了基于市场的辅助服务的运营规则。二是随着新型电力系统建设加快，电力辅助服务市场规模不断扩大。截至 2023 年 6 月，参与电力辅助服务的装机容量约 20 亿 kW，2023 年上半年全国电力辅助服务费用达 278 亿元，约占上网电费的 1.9%，辅助服务费用总量显著增长（图 3-6）。三是交易品种更加丰富，交易机制进一步优化。目前，各辅助服务市场的交易品种包括调峰、调频、无功调节、备用等，各市场根据自身情况会设计不同交易品种。在交易机制方面，多数市场采用单向报价、集中竞争、日内按需调用的原则，并考虑与电能量市场的联合出清以及与省（自治区、直辖市）间辅助服务市场的相互衔接。除了常规电源外，储能、虚拟电厂等新型市场主体也逐步参与辅助服务市场。

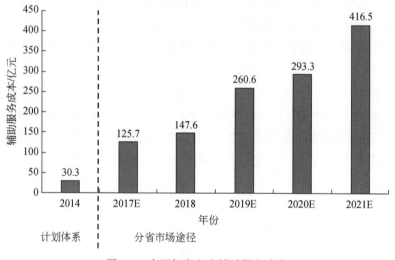

图 3-6　中国年度电力辅助服务成本

注：2014 年和 2018 年的数据来源于国家能源局，2017 年、2019～2021 年的数据由天风证券股份有限公司估算得出

　　（4）容量补偿机制逐渐落地。随着可再生能源比例的增加，为了充分体现煤电对电力系统的价值，并激励对煤电的投资，部分省市陆续开展了容量补偿机制的探索性工作，山东、广东等地较早实施容量补偿机制。2020 年 4 月，山东省发展和改革委员会印发《关于电力现货市场燃煤机组试行容量补偿电价有关事项的通知（征求意见稿）》，成为全国首个单独对燃煤机组容量补偿电价进行规定的省份，容量补偿电价按机组市场发电量进行补偿，向所有市场化用户收取。2020 年 11 月，广东省能源局、国家能源局南方监管局发布了关于征求《广东电

力市场容量补偿管理办法》（试行，征求意见稿），总体思路为根据各机组的有效容量给予合理补偿，补偿价格由政府根据市场运行情况动态调整，费用在用户和售电公司之间进行分摊。2023年11月，国家发展和改革委员会、国家能源局联合印发《关于建立煤电容量电价机制的通知》，将全国范围内煤电机组的定价机制由单一制电价调整为两部制电价，各省（自治区、直辖市）容量电价水平按照回收煤电机组30%～50%固定成本的方式确定。

2. 市场化取代计划成为资源配置的主要手段

（1）市场化交易电量持续大幅增长，交易品种不断丰富。自9号文发布以来，市场主体规模迅速扩大，市场化交易规模逐年扩大。2023年全国市场化交易电量已达56 679.4亿kW·h，同比增长7.9%，占全社会用电量的比例为61.4%。与此对比，在新一轮电改前的2014年，全国市场化交易电量仅为3000亿kW·h，占全社会用电量的比例仅为5.4%（图3-7）。从电网公司经营区域来看，2023年，国家电网区域各电力交易中心累计组织完成市场交易电量44 433.6亿kW·h，占该区域全社会用电量的比例为61.1%，其中北京电力交易中心组织完成省间交易电量合计为10 879.5亿kW·h；南方电网区域各电力交易中心累计组织完成市场交易电量9317.7亿kW·h，占该区域全社会用电量的比例为59.2%，其中广州电力交易中心组织完成省间交易电量合计709.9亿kW·h；内蒙古电力交易中心累计组织完成市场交易电量2928.1亿kW·h，占该区域全社会用电量的比例为77.3%。

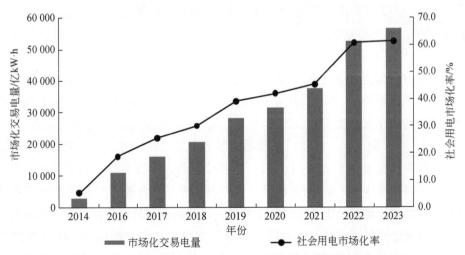

图3-7　2014～2023年全国市场化交易电量及占全国用电量比例情况

注：根据中国电力企业联合会发布数据及 https://news.bjx.com.cn/html/20210708/1162862.shtml 获取数据整理

（2）市场化电价机制正在形成。2019 年以前，国家按省级单元统一核定燃煤发电标杆上网电价，统一省级单元的燃煤电厂均执行该单元的标杆电价，并以煤电联动机制为基础对电价进行调整，但调整的浮动和频率都较为有限。2019 年 10 月，《关于深化燃煤发电上网电价形成机制改革的指导意见》出台，将现行燃煤发电标杆上网电价机制改为"基础价＋上下浮动"的市场化价格机制。2021 年 10 月，国家发展和改革委员会出台的《进一步深化燃煤发电上网电价市场化改革的通知》要求燃煤发电电量原则上全部进入电力市场。在用户侧，工商业用户原则上已全部进入市场，不再执行工商业目录销售电价，零售市场日趋完善。用户可直接与发电厂商签订合同，或委托售电公司参与市场。风电、光伏等可再生能源已取消补贴，进入全面平价时代，且通过现货市场、中长期市场、绿电专场交易等逐步参与市场。

（3）市场化改革提升了电力系统运行效率。本轮改革前，各省级政府和电网公司确定本省（自治区、直辖市）所有煤电机组的发电小时数。随着调度机制由三公调度转为基于市场化调度，高效煤电机组发电小时数显著增加，有效地降低了平均发电煤耗，减少了污染排放，提升了高效机组利用率。Xiang 等（2023）使用广东煤电机组运行数据研究发现，电改后机组容量每增加 1MW，发电小时数增加 0.62h，而改革前，小容量机组平均反而获得了更多发电小时数。

3. 全国统一电力市场正在形成

（1）积极建设区域性电力市场，南方地区电力市场已开始试行运营。在 2022 年初，中央政府发布了关于建设全国统一电力市场的指导文件，提出到 2030 年基本完成全国统一电力市场体系的建设。我国已在国家电网区域和南方电网区域分别建立了两个电力交易中心，用于建设区域性电力市场，南方地区率先建立了区域电力市场。2016 ～ 2021 年，南方地区累计进行了超过 2500 亿 kW·h 的跨省市场化交易。2022 年 7 月，南方地区电力市场开始试行运营。

（2）中长期市场、现货市场和辅助服务市场已开始进行一系列市场整合尝试。跨省中长期市场于 2022 年 3 月开始连续运营，2022 年，跨省交易的总电量达到了 1.04 万亿 kW·h。南方地区（以广东起步）电力现货市场于 2018 年在全国率先开始试行运营，于 2021 年 11 月进入连续运营阶段，目前已连续运营超过一年。国家电网区域的跨省电力现货市场于 2022 年 1 月试行运营，截至 2022 年底，交易的电量累计为 27.8 亿 kW·h。21 个地区的 6000 多个发电企业参与了跨省现货电力销售。在南方地区，从 2021 年开始，区域调峰市场、储备市场和尖峰市场的试行运营相继启动。四川和重庆在2022年整合了辅助服务市场，发电厂可以向其他省份提供辅助服务。

（3）在中长期市场上，跨省电力交易规模逐年增加。2012～2019年，我国跨省电力交易规模（不含蒙西电网区域）从7298亿kW·h增长到12 884亿kW·h，且同比增长率始终为正。2022年，北京电力交易中心完成省间交易电量13 047亿kW·h，同比增长5.0%，省间交易平均价格为356.67元/MW·h[①]。

（4）省间电力现货市场已启动试运行，总体运行平稳。2021年11月22日，国家电网有限公司正式印发了《省间电力现货交易规则（试行）》，这一规则的印发标志着我国向构建"统一市场、两级运作"的电力市场体系又迈出了坚实的一步，是我国电力现货市场建设的重要里程碑。2022年1月1日，省间电力现货市场启动试运行。国家电网有限公司数据显示，2022年省间现货市场全年累计交易电量278亿kW·h，日均成交电量0.88亿kW·h，单日最大成交电量超过1900万kW。从售电侧来看，21个地区累计超过6000家新能源、火电和水电企业参与省间现货售电。其中，风电、火电集中在"三北"地区，光伏集中在西北、华北地区，水电集中在西南地区。新能源企业在省间现货市场通过"报量报价"方式参与交易。从购电侧来看，25个省级电网企业按照地方政府要求参与省间现货购电。从电源类型来看，全年火电成交量最多，其次是水电、风电、光伏。春季以新能源为主，度夏和度冬期间以火电为主，5～6月、10～11月西南水电大发时期以水电为主。从交易均价看，现货市场在夏冬季用电高峰时段较高，其余月份均低于中长期市场。2022年，省间现货市场清洁能源累计成交电量133.1亿kW·h，减少风电、光伏弃电47.7亿kW·h，在新能源装机容量增长超过7000万kW的情况下，仍保持了97%以上的利用率。

（5）跨省电力辅助市场逐步发展，有助于资源优化配置。2022年7月6日，川渝一体化辅助服务市场正式启动，当日通过日前市场交易电量达到118万kW·h，川渝两地调峰资源首次实现跨省优化配置。随后，川渝两地的水电厂、火电厂等市场主体将在市场化机制的激励下积极参与调峰资源的跨省配置。

3.2.3　电力市场促进与适应新能源可持续发展面临的问题

第一，政府与市场边界不清，政府监管不足与不当干预并存。目前，电力市

---

① 数 据 来 源：https://pmos.sgcc.com.cn/pxf-settlement-outnetpub/#/pxf-settlement-outnetpub/columnHomeLeft MenuNew。

场建设缺乏对市场势力的内涵、防范和抑制的详细规定和说明，竞争性环节的监管在政策层面上尚不完善。随着电力市场的建立，越来越多的发电企业正投身市场，与电力用户进行直接交易。在优胜劣汰的市场竞争机制下，市场份额较大的企业极容易操纵市场势力或与其他发电企业串谋以限制产量，同时抬高价格，进而谋取利润。从实际情况来看，电力市场的市场势力问题较为突出，体现在国有企业和地方性龙头企业拥有较高的市场集中度，一定程度上给予了发电厂商实践市场势力的空间。2016年以来，受煤价快速上涨、煤电产能过剩、市场竞价加剧等因素叠加影响，煤电企业生产经营陷入困境。国务院国有资产监督管理委员会于2019年底发布《中央企业煤电资源区域整合试点方案》，由五大发电集团牵头，在甘肃、陕西、新疆、青海、宁夏5个试点区域实施煤电资源整合，形成"一省一企"格局。虽然这一措施缓解了煤电企业的经营压力，但不利于竞争性电力市场的建立。

第二，地方政府对电价直接干预较为普遍，价格向终端用户传导渠道尚不通畅。电价经常被地方政府作为宏观调节和利益再分配的重要手段，对电价大幅波动的担忧使得地方政府从价格形成机制、交易过程等方面对市场进行干预。各省（自治区、直辖市）电力市场均设定了批发市场价格上下限，虽然价格上下限的设定具有必要性，出发点是为了防范市场力和价格大幅波动。但我国部分省（自治区、直辖市）电力市场上限过低，缺乏科学依据，更多作为利益分配的手段，削弱了价格信号作用。批发市场价格波动上下限为20%，上游燃料价格波动无法完全传导到终端用户。

第三，市场体系与规则尚不完善，无法为灵活性与充足性提供足够激励。电力是一个复杂的系统产品，电力有效市场是一个市场体系，包括电能量市场、辅助服务市场、容量补偿市场（或补偿机制）和输配容量分配机制等，各个市场相互影响，需要协同发展。而当前我国各类市场建设进展不一，相比于电能量市场，辅助服务市场和容量补偿市场等仍不完备，市场机制间的协调性不足，难以形成有效的市场体系。例如，如果仅仅建设电能量市场，尤其在有最高价格限定的情况下，可能无法对长期投资产生足够激励，从而影响长期电力供给充足性。所以需要配套相应的辅助服务与容量补偿机制，激励发电机组提供容量与调节服务，使得有效市场下的价格机制充分反映机会成本，合理引导长期投资。

随着新能源比例提升，电力系统消纳成本增加，对调峰、调频、备用等服务的需求日益增大。但现有辅助服务市场和容量补偿机制难以促进新能源消纳，电力系统调节能力较弱。因此，在推行电能量市场建设的同时，需加快建设辅助服务市场，近期以省内为主、以省间辅助服务市场为补充开展，并实现辅助服务市场与现货电能量市场的协调运作。

解决新能源机组不稳定性的成本由电力市场参与各方承担，需要合理量化与疏导新能源电力的系统消纳成本。这需要进一步完善容量补偿市场、辅助服务市场、电力金融市场等，产生合理价格信号，以反映所有电力服务价格。新能源大规模并网导致更多高成本机组失去发电机会，合理的补贴才能使得这些机组选择以辅助备用的形式参与电力市场。通过合理的价格信号引导生产、消费与投资行为，市场可以为灵活性提供恰当的补偿，才能够提供足够激励保障长期供给。

第四，电力市场建设主要以省为单位进行，不利于电力行业效率提升与低碳转型。长期以来，我国电力行业地区分割特征明显，形成了以省为单位的电力供需平衡格局，即按省级单元对能源电力发展规划、经济运行和安全生产等进行管理。同时，电力供给主体以国有企业为主导，其规划决策更容易受到各省政府稳就业、保税收等经济社会发展目标的影响，导致各地倾向于使用当地电力。2015年启动的新一轮电力市场化改革，为激发各省份的改革动力，从省级市场起步，在中央政府所提供的一般性指导方针下，由各省级政府负责电力市场改革。由于各省份在资源禀赋、发用电结构与经济发展阶段具有较大的现实差异，因此市场模式选择各具特点，市场交易规则差异较大，逐渐演变成了以省内交易为主的省级市场。虽然市场化交易逐步取代计划交易，但超过80%的市场交易量仍是省内交易，2021年省间电力直接交易电量仅占全国的6.2%。另外，省间电力交易主要是中央政府统筹的重大项目与战略，在定价机制上通常采用省间政府协商年度计划与价格的方式，尚未形成市场化定价机制，因而全国市场一体化程度较低。

我国发电资源区域分布不均衡，76%的煤炭分布在北部和西北部，80%的水能分布在西南部，绝大部分风能、太阳能分布在西北部。省间电力交易在我国的发展仍不成熟，难以实现有效的省间调峰，需要建立更大范围的电力市场。跨省电力交易有利于发挥市场的资源配置作用，促进西北部、西南部地区清洁能源消纳，实现更广范围内的资源优化配置。需加强电力市场顶层设计，重点完善跨省电力市场建设目标、规模和时序统筹，建立跨省电力市场交易体制、辅助服务机制及价格传导机制，提高跨省输电通道利用率和跨省电力交易信息披露及时性和透明度，促进跨省电力交易规模进一步扩大。

3.3 新能源参与电力市场的进展与挑战

长期以来，新能源发电一直实行全额保障性收购，但随着新能源占比越来越高，未来将作为新型电力系统的主体电源，全额保障性消纳已经无法维系，新能源电力势必需要进入市场。2022年1月，国家发展和改革委员会、国家能源局印发的《关于加快建设全国统一电力市场体系的指导意见》（以下简称《指导意见》）提出要提升电力市场对高比例新能源的适应性，完善适应高比例新能源的市场机制，有序推动新能源参与电力市场交易，到2030年，新能源要全面参与电力市场。本节分析新能源从保障性收购向市场化交易的必要性，总结各个省（自治区、直辖市）在推动新能源入市的有益探索，提炼新能源全面进入电力市场面临的关键制约因素，为后面针对这些关键问题的配套政策的讨论提供现实基础。

3.3.1 新能源电力从保障性收购向市场化交易的必要性

首先，全额保障性收购制度很难真正落实，有损政府公信力。从实际制度执行情况看，全额保障性收购全面落实难度持续增加，个别省份在实际执行中难以达到国家规定的最低保障收购年利用小时数，且以低于国家有关政策明确的电价水平收购，特别是"保价不保量"和"保量不保价"问题时有发生，不利于保障发电企业的合法权益。

其次，保障性收购扭曲价格信号，造成市场无效率，抬高电力成本。通常来说，电力市场资源配置范围越广、竞争越充分，资源优化配置的效率越高。新能源电力参与市场后，按照市场规则形成分时电价、承担调节成本，能够实现新能源发电的真实价值，激励新能源企业主动提高自身预测精度与功率调节能力，同时公平承担系统调节成本。在新能源占比较高的地区，若新能源一直不参与市场，仅作为边界条件，则将出现因市场"割裂"导致的市场价格信号偏离，且随着新能源度电成本的下降，在保障性收购的支持下新能源电力将无序发展，进一步降低电力市场资源优化配置效率，由此带来更高的电力系统综合成本，造成常规机组承担不公平责任，终端用能成本上升。

最后，新能源电力保障性收购是不平衡资金的重要来源之一，制约市场化改革深入推进。我国电力系统中实际存在市场定价与政府定价"双轨制"，由此带来各自的发用电需求不匹配，一定程度上也要求逐步放开新能源入市。2021年10月，《国家发展改革委关于进一步深化燃煤发电上网电价市场化改革的通知》（发改价格〔2021〕1439号）下发后，明确要求推动工商业用户全部进入市场。仅有居民（含执行居民电价的公益性事业用户等）、农业用户（非市场化用户）不参与电力市场，执行政府定价，该部分电量不到全社会用电量的20%。随着"双碳"目标下新能源发电的快速增长，超过非市场化用户用电增速，若新能源电力仍不参与电力市场，将导致政府定价的新能源电量实际由市场化用户消纳，随着电网代理购电规模的不断缩小，政府定价电量与市场化电量的价差引起不平衡资金，将降低市场资源优化配置效率。因此，在山西、甘肃等新能源占比较高的地区，由于新能源电力保障性收购（政府定价）电量有限，随着新能源装机容量的快速增加，平均到每个新能源场站，实际能够执行的保障性利用小时数将逐渐降低。

3.3.2 新能源电力参与市场现状

1. 新能源电力上网电价定价方式

我国新能源电力上网电价的定价方式经历了从补贴到平价再到市场的过程。风电的上网电价标杆化始于 2009 年 7 月，之后经历了 3 次电价下调。直至 2018 年，新增核准的集中式风电项目应全部通过竞争方式配置和确定上网电价，并于 2019 年 5 月明确将标杆上网电价改为指导价，之后到 2021 年，新核准的陆上风电项目开始实行平价上网。光伏发电的上网电价标杆化始于 2011 年 7 月，经历了 6 次电价下调，直至 2019 年 7 月，集中式光伏电站开始改为指导价上网，又在 2020 年进行了一次下调，之后到 2021 年新备案的集中式光伏电站、工商业分布式光伏项目开始实行平价上网。

2021 年 4 月，国家发展和改革委员会、国家能源局发布的《关于进一步做好电力现货市场建设试点工作的通知》提出要引导新能源项目 10% 的预计当期电量通过市场化交易竞争上网，其市场化交易部分可不计入全生命周期保障收购小时数，并且要尽快研究建立绿色电力交易市场，推动绿色电力交易，这标志着我国正式开始从国家层面推动新能源电力入市。

市场化交易主要分为中长期市场和现货市场，绿电交易也是中长期交易的品种之一，主要是平价项目参与。目前，国内新能源发电的消纳模式有：保障性收购、保障性收购＋市场化交易两种。其中，保障性收购是新能源电力占比低的地区以"保量保价"收购为主，执行批复电价；新能源电力占比较高的地区以"保障性消纳＋市场化交易"结合方式消纳新能源电力，其中"保量竞价"电量参与电力市场，由市场形成价格。根据《中国能源报》报道，截至 2022 年 5 月，已有超 20 个省（自治区、直辖市）的新能源参与到电力市场化交易中[①]。北京电力

---

① http://paper.people.com.cn/zgnyb/html/2022-05/16/content_25918542.htm。

交易中心统计，截至 2022 年底，国网经营区域内新能源市场化交易电量已达到其全部发电量的 34.68%。

2. 新能源电力市场化交易机制

目前，新能源电力市场化交易政策可大致分为：全电量能入尽入、行政规定部分电量入市（保护措施）、直接开展绿电交易、全电量保障性收购 / 入市比例极低四类。

全电量能入尽入地区是指新能源占比较高 / 消纳压力较大的地区（目前只有青海），明确除特殊项目（扶贫、特许经营权、存量光热发电项目，光伏应用领跑者基地保障利用小时以内发电量除外）外，新能源企业全部参与市场交易。

行政规定部分电量入市（保护措施）地区是指新能源占比较高 / 装机容量增速较高的地区，这些地区可按照新能源占比情况分为三档：第一档地区包括甘肃、吉林、冀南（河北）、黑龙江、宁夏、内蒙古等，新能源占比相对较高，风光利用率均相对偏低；第二档地区包括新疆、辽宁、山西、广西、陕西、山东、福建，新能源占比低于前述地区，位于中档，风光利用率高低并存；第三档地区包括广东、云南、四川，新能源占比相对较低，风光利用率相对较高。从政策表述来看，对于新能源占比较高 / 消纳压力较大或装机容量增速较高的地区，明确除优先发电量之外全部入市或规定较低的优发电量比例；对于新能源占比位于中游或新能源占比较高且光伏比例较大的地区，政策态度较为保守或规定较低的入市比例。

直接开展绿电交易以及全电量保障性收购 / 入市比例极低的地区是指新能源占比较低 / 消纳能力较强 / 电价承受能力强的地区。其中，北京、浙江、安徽、贵州、湖北、天津、上海、海南新能源占比均较低，且消纳能力较强，其新能源发电量占比均在 10% 以下，且多数省（自治区、直辖市）风光利用率达到 100%。江苏虽然新能源占比位于中游位置，但一方面其电力供需偏紧，消纳能力较强，另一方面作为沿海较发达地区，其电价承受能力也相对较强。

3.3.3　新能源电力参与市场面临的关键制约因素

第一，新能源发电企业在现货市场面临的价格较低，也难以通过中长期市场锁定收益和管理风险，因此入市后收益下降，风险上升。新能源电力由于生产比较集中，无法调节，在发电较多时市场价格相应较低，因此在现货市场上获得的价格较低。2023 年 5 月，山东出现了现货市场负电价情况，欧盟在 2023 年夏天也经历了大规模负电价情况（European Union Agency for the Cooperation of Energy Regulators，2024）。由于间歇性和波动性的影响，精准预测出力曲线极具挑战性，因此需要通过中长期交易锁定收益，管理风险。我国大部分省份采用不分时段的中长期交易机制。在这种机制下，合同双方仅约定合同期内的总电量和同一电价，执行时发电曲线由交易和调度机构按照一定规则进行分解，所有电量均按照中长期合同中的同一价格执行。以风电为例，往往在无风时，电力现货价格高；有风时，电力现货价格低。然而，风电出力缺乏规律性，与气象条件高度相关。在风小时，风电出力如果无法达到事先约定的曲线水平，就只能在现货市场高价买电来完成交割。而在大风的情况下，风电出力可能远远超过中长期曲线，大量电量在现货市场以低价甚至地板价卖出。这都将拉低新能源企业的最终结算电价。甘肃的实践印证了上述担忧，通常 5 月是甘肃风电出力较多的时节，但是 2021 年 5 月的风比往年 5 月的风小了很多。风电企业因这一预测偏离，产生了大量按照现货价格结算的偏差电量，由此给风电企业带来了巨额亏损。

第二，辅助服务费用的疏导与分摊方式亟须更明确合理的规则。新能源发电效率的提升伴随着发电综合成本的上升，由于煤电、新能源发电的角色定位发生了变化，辅助服务费用（包括储能等灵活性调节措施）的激增不容忽视。中国电力企业联合会发布的《电力行业碳达峰碳中和发展路径研究》显示，由于新能源属于低能量密度电源，电源和储能设施年度投资水平大幅上升。据测算，相比 2020 年，2025 年、2030 年、2035 年发电成本将分别提高 14.6%、24.0%、46.6%。随着新能源电力入市，以及新能源电力高比例增长带来的辅助服务费用大幅上涨，辅助服务费用的分摊争议日益激烈。在新型电力系统下，需要同时依赖新能源和煤电才能满足用户用电需求，这意味着煤电需要频繁启停，为新能源提供调峰服务，这种转型可能导致煤电机组最低负荷降至 40% 甚至 20%，度电成本大幅提高。虽然国家正在着力打造电力辅助服务市场，增加新能源电力调峰成本的分摊主体，但截至目前，电力调峰 60% 的费用仍由火电集团负担，电力集团年度亏损在 200 亿元以上。因此，如何解决新能源电力参与辅助服务费用分摊、按什么比例分摊的问题，已经迫在眉睫。

第4章 | 辅助服务市场建设促进新能源消纳的实证分析

　　促进新能源发展是新一轮电力体制改革的重要目标。电力市场改革与新能源发展是一个互动的过程。伴随着风电、光伏规模的逐渐扩大，二者相互影响。电力市场规则与结构短期内影响新能源的消纳，长期内影响新能源的投资；反过来，新能源发电规模的扩大也对电力市场有效运行提出了挑战。本章考察电力市场体系的建立与完善对新能源发展的促进作用。具体而言，本章对比分析已经建设辅助服务市场（ASMs）的省（自治区、直辖市）和没有辅助服务市场的省（自治区、直辖市）在风电与光伏消纳方面的差异。利用我国新冠疫情期间电力需求急剧下降的情况作为一个政策实验，采用三重差分方法，识别出辅助服务市场对促进风电和光伏消纳的因果关系。研究结果显示，在需求冲击期间，建立辅助服务市场的省（自治区、直辖市）维持了显著较高的间歇性新能源发电水平，其相当于需求冲击期间月度平均间歇性新能源发电的9.7%。进一步的估算分析表明，在我国所有省（自治区、直辖市）建立 ASMs 所带来的年度碳排放减少量可能相当于英国年度碳排放量的13%～17%，这一结果显示市场化改革对促进新能源发展的重要作用。

　　本章按照以下结构展开：第1节介绍研究背景与相关文献；第2节介绍实证模型和数据；第3节讨论估计结果并进行一系列稳健性检验；第4节就进一步完善辅助服务市场进行讨论。

4.1　政策背景与文献综述

　　传统上，我国的电力系统主要以计划为基础，即使在经历了数轮重组和改革后，政府在投资、生产和定价方面依然发挥着主导作用（Wang and Chen，2012；Pollitt，2020）。2015 年，我国启动了一轮新的市场导向改革，其中一个目标是通过建立基于市场的资源配置机制提高效率并推动电力部门的脱碳。与我国其他行业的市场化改革一样，电力部门的改革是分阶段推进的；复杂的电力市场体系的建设被分解成几个阶段，并在不同的省（自治区、直辖市）以不同的速度实施。实物中长期市场首先在所有省（自治区、直辖市）建立，而辅助市场和现货市场在少数省（自治区、直辖市）进行试点，然后扩展到全国。

新能源比例的提升对电力系统的灵活性要求也更高，对辅助服务的需求越来越多。由于新能源的间歇性和波动性，电力系统平衡模式发生变化，当突然无风无光时，风电、光伏机组将不能足额生产满足全社会需求的电量，会导致电力市场出现短缺，需要临时调用传统能源机组、储能设施等灵活性资产，以维持电力系统供需平衡。另外，稳定的电力供给不仅仅包括电能量，还需要保持系统频率和电压稳定以保证电能质量，电力商品本质上是多种服务实时组合形成的复合商品。以新能源为主体的新型电力系统具有全新的、更加复杂的动力学特征，低惯量、低阻尼、弱电压支撑等特征明显，同时面临的频率越限风险、电压失稳风险和宽频振荡新型失稳风险增加。这些风险意味着发电机组原本不重要的一些特性（如爬坡能力、快速反应能力及转动惯量的提供能力）开始变得重要。类似的功能在传统的电力系统中由化石能源机组在出力过程中"附带"提供，但随着新能源渗透率的提高，这类特性变得重要且稀缺，应该设计相应的市场促成交易。否则，难以激励具有这些特性的机组发挥其作用。

在改革之前的计划体系中，提供辅助服务主要是发电厂的义务，在 2006 年之前是没有报酬的。从 2006 年开始，辅助服务的提供开始按照预先确定的补偿方案进行支付，但补偿率较低，且而辅助服务的价值未由市场确定。随着新能源电力份额的增加，低的非市场补偿率已不能为灵活发电厂提供足够的激励，以提供足够的辅助服务。迫切需要基于市场的价格信号来准确反映辅助服务的社会价值和服务提供成本的增加，以引导发电厂进行灵活性改建并填补服务缺口。在这个背景下，辅助服务市场政策首次在 2014 年发布，并于 2015 年在东北地区（包括黑龙江、吉林和辽宁）生效，随后在 2017～2019 年扩展到其他 13 个省（自治区、直辖市）。到 2020 年底，除了西藏外，所有省份都发布了基于市场的辅助服务的运行规则（表4-1）。7 个省（自治区、直辖市）于 2020 年发布了运行规则，自 2021 年生效。自市场建立以来，辅助服务成本增加了十多倍，从 2014 年的 30 亿元增加到 2021 年的 416 亿元，占我国电力成本的比例大约为 1.5%。

展望未来，新能源的技术特性决定了辅助服务需求与成本将在未来持续攀升，亟需通过市场机制合理分摊与激励。

表 4-1　各省（自治区、直辖市）建立辅助服务市场的时间及运行规则

发文年份	政策文件	省（自治区、直辖市）
2016	《东北地区辅助服务市场运行规则》	黑龙江、蒙东、吉林、辽宁
2017	《福建调峰服务市场交易规则》	福建
	《山东辅助服务市场运行规则》	山东
2017	《山西变频调速服务市场运行规则》	山西
	《新疆辅助服务市场运行规则》	新疆
	《浙江省电力体制改革综合试点方案》	浙江
2018	《安徽调峰服务市场运行规则》	安徽
	《京津唐变频调速服务市场运行规则》	北京、河北、天津
	《甘肃辅助服务市场运行规则》	甘肃
	《广东变频调速服务市场运行规则》	广东
	《江苏调峰服务市场交易规则》	江苏
	《宁夏辅助服务市场运行规则》	宁夏
2019	《重庆调峰服务市场交易规则》	重庆
	《海南调峰服务市场交易规则（征求意见稿）》	海南
	《河南调峰服务市场交易规则》	河南
	《陕西辅助服务市场运行规则》	陕西
	《四川自动发电控制服务市场交易规则》	四川
	《青海辅助服务市场运行规则》	青海
2020	《广西调峰服务市场交易规则》	广西
	《贵州调峰服务市场交易规则》	贵州
	《湖北调峰服务市场交易规则》	湖北
	《湖南辅助服务市场运行规则》	湖南
	《江西辅助服务市场运行规则》	江西
	《沪峰调控服务市场交易规则》	上海
	《云南变频调速服务市场运行规则》	云南

　　太阳能资源的发电占比增加带动了对灵活性发电资源需求的增长，以满足电网的能量平衡。发电出力的大幅波动要求提供额外的辅助服务来满足新的调节

要求并维持系统频率。此外，可变技术还带来了对惯性需求的挑战，因为可再生资源逐渐取代同步资源。

本章聚焦建立 ASMs 对消纳新能源的作用。ASMs 按市场确定的价格支付能源供应商提供实时快速调整服务的成本。从概念上讲，这与电力发电本身的市场是不同的，因为输出调整本身会在电力发电成本的基础上产生额外的费用。与投资储能设备和电力输送相比，市场改革成本较低。自亚当·斯密以来，看不见的手在有效分配资源方面一直是经济学的核心问题。电网管理者与潜在服务提供者之间的信息不对称表明，基于命令的辅助服务提供安排往往偏离成本效益。相反，由 ASMs 提供的有效价格信号激励化石燃料发电厂通过技术改造提高灵活性，并填补服务缺口，从而促进新能源消纳。

2020 年 3 ～ 4 月我国城市新冠疫情封锁期间暂时的企业关闭为我们提供了一个高新能源发电份额的场景。具体而言，新冠疫情导致电力需求外生下降，引发实时电力供应下降。由于各种支持新能源的政策，这种由需求驱动的供应下降使化石燃料发电出力下降。新能源发电比例的增加给电网安全带来了压力。在没有 ASMs 足够补偿的情况下，未上网的化石燃料或水电发电厂，即出力可以在一定程度上人为控制的发电厂，由于提供此类服务涉及高昂的成本，不愿意随时按需停机和调整发电量，从而降低了新能源发电水平。

本研究的估计结果表明，相较于没有 ASMs 的省级电网，在新冠疫情需求冲击期间，拥有 ASMs 的省级电网能够维持来自间歇性新能源的额外 $1.6 \times 10^8 \text{kW}$ 的电力发电，大致相当于需求冲击期间平均每月间歇性新能源发电量的 9.7%。结果通过了一系列稳健性检验，如控制省际电力传输的有限性，并剖析其他政策可能带来的潜在混淆效应。重要的是，结果表明，如果全国各省（自治区、直辖市）都建立 ASMs，减少碳排放量的年度效果相当于英国年度碳排放量的 13% ～ 17%。在我国建立 ASMs 节省的能源成本也在 23 亿～ 31 亿美元 /a。更一般地说，ASMs 可以在未来更具经济效益地帮助电网面对高比例新能源消纳的挑战。

本节试图对现有文献与政策讨论做出三点贡献。

第一，我们补充了关于新能源消纳和电力市场改革的相关文献。尽管新能源发展可以实现相当大的碳减排（Borenstein，2002），但间歇性新能源的消纳问题已经在相关实证研究和工程模拟中被证明是昂贵的（Gowrisankaran et al.，2007）。虽然扩大输电能力和储能设备投资可以缓解间歇性问题，但仍然过于昂贵。相反，成本较低的市场创新，如在实时电力市场中考虑需求侧响应的随机能源调度，可能有所助益。

第二，我们量化了辅助服务市场化的作用，为电力市场改革效果评估相关文献提供了有益补充。文献已经发现在改革批发市场或将生产与输电分离之后出现可观的成本节省情况，但并未讨论其中辅助服务的作用。这些成本节省的最常见原因包括在拆分后对价格信号更敏感、在批发市场中的价格竞争压力，以及电厂与监管机构之间的代理问题的消除。在我国的特定背景下，相关研究评估了 2015 年电力市场改革对电力生产、电力发电效率、电力部门经济效率和电价的影响。结果表明，电力市场改革或者说一般的基于市场的电网运营也可以通过促进清洁新能源的消纳来产生可观的社会效益，有效补充了这些文献。

第三，我们的研究也丰富了减排方式的相关文献。环境法规（Khanna and Zilberman，2001）、能源效率计划和碳汇的公共投资已被证明在减排方面是有效的。我们通过量化在一个大型碳排放国家建立 ASM 可以带来的非同寻常的碳减排潜力来补充这些文献。鉴于中国碳排放的庞大份额，即使碳排放量的小幅下降也会对全球二氧化碳减排进程具有重要意义。此外，新能源发电能力成本的下降引发了一大波支持新能源的政策，如美国和中国的新能源组合标准（renewable portfolio standard, RPS），但这些命令和控制政策的真实效果是复杂的（Greenstone and Nath，2020）。相反，本研究表明，在拥有薄弱电网基础设施的发展中国家，建立一个与间歇性新能源相容的市场可能是更为重要的第一步。2012 ～ 2017 年 ASM 建立之前，中国风电光伏弃电现象极为严重，部分说明了不谨慎实施 RPS 政策的代价。

4.2　实证模型与数据

4.2.1　数据

除了从政府文件中获取的政策数据（表 4-1 和附录 1），我们结合三个权威部门的数据 [国家统计局提供的按能源来源划分的月度电力发电数据，海关总署提供的月度贸易价值数据，美国国家海洋和大气管理局（NOAA）提供的月度气象信息] 进行分析。数据集涵盖了 2018 ～ 2020 年我国 30 个省级行政单位（不包含港澳台和西藏）。电力发电数据不包括每年的 1 月和 2 月，因为春节一般在这两个月，用电量明显少于其他月份。

如图图 4-1 所示，2020 年 5 月我国新确认的新型冠状病毒感染例数量急剧减少，并在随后的几个月保持在较低水平，除了 7 月和 8 月。然而，7 月和 8 月新确认的病例增加并没有导致生产停滞。如图 4-2 所示，2020 年 7 月和 8 月的总发电量仍然可与 2018 年和 2019 年同期相类似，与自 5 月以来总发电量上升趋势一致。因此，我们认为 2020 年 3～4 月是新型冠状病毒感染的高峰期。以 5 月为截止点，我们比较了 3～4 月发电量与 6～12 月发电量之间的差异。本研究中用于分析的最终样本包括 810 个观测值（30 个省份 ×9 个月 ×3 年）。

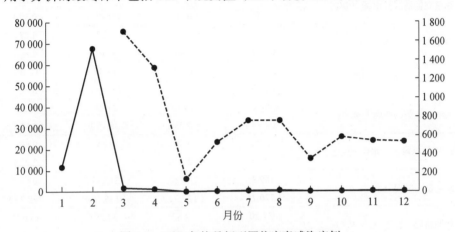

图 4-1　2020 年按月新型冠状病毒感染病例

注：实线表示 1～12 月新型冠状病毒感染病例数，以主轴衡量。虚线表示以次轴衡量的 3～12 月新型冠状病毒感染病例数。
资料来源：https://doi.org/10.7910/DVN/MR5IJN

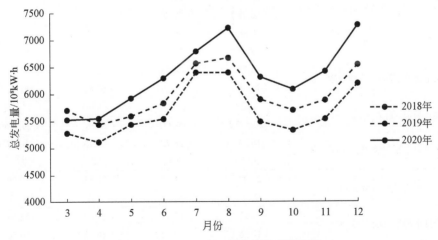

图 4-2　2018～2020 年按月的总发电量

注：总发电量包括火力发电厂和非火力发电厂的发电量，并包括中国所有省级行政单位的发电量

关键变量的描述统计信息见表 4-2。2018 ～ 2020 年，拥有 ASM 的省（自治区、直辖市）数量增加了 47%，非水电的新能源即风能和太阳能的平均新能源组合标准 (RPS) 份额在同一时期增加了 2%。与此同时，间歇性新能源（风能和太阳能）的发电增长速度（9%）远远快于火电机组的增长速度（36%）。

表 4-2　描述性统计

项目	2018 年	2019 年	2020 年	所有
是否建立辅助服务市场（0/1）	0.30	0.57	0.77	0.54
	(0.46)	(0.50)	(0.42)	(0.50)
是否建立日前市场（0/1）	0.27	0.27	0.27	0.27
	(0.44)	(0.44)	(0.44)	(0.44)
非水电新能源的最低配额 /%	10.13	11.38	12.39	11.30
	(5.20)	(5.75)	(6.33)	(5.84)
非水电新能源的激励配额 /%	9.18	10.32	11.25	10.25
	(4.74)	(5.23)	(5.75)	(5.32)
2017 年发电量比（水电 / 火电）†	0.86	0.86	0.86	0.86
	(2.22)	(2.22)	(2.22)	(2.22)
总发电量 /10^8kW·h	189.85	200.86	212.84	201.18
	(120.76)	(127.22)	(135.75)	(128.24)
间歇性新能源发电 /10^8kW·h	11.20	12.82	15.26	13.09
	(12.16)	(13.05)	(15.20)	(13.61)
火电发电 /10^8kW·h	137.49	144.12	149.80	143.80
	(111.91)	(114.61)	(120.41)	(115.67)
水力发电 /10^8kW·h	32.63	33.72	36.95	34.43
	(66.33)	(67.30)	(77.15)	(70.36)
核能发电 /10^8kW·h	8.49	10.11	10.66	9.75
	(19.18)	(22.12)	(23.38)	(21.62)
总发电量与需求之差 /10^8kW·h	−3.77	−4.53	−5.32	−4.54
	(71.88)	(78.19)	(93.83)	(81.72)
国际贸易值 / 百万美元	13,122	13,032	13,761	13,305
	(20,557)	(19,771)	(20,582)	(20,284)
一个月日平均气温 /℃	16.54	16.72	16.13	16.47
	(9.77)	(9.55)	(9.80)	(9.70)
一个月平均日最高温度 /℃	21.02	21.41	20.53	20.99
	(9.38)	(9.20)	(9.42)	(9.33)
一个月平均日最低气温 /℃	12.22	12.17	11.89	12.09
	(10.55)	(10.32)	(10.55)	(10.46)
月日平均风速 / (m/s)	2.35	2.31	2.30	2.32
	(0.55)	(0.50)	(0.53)	(0.53)

项目	2018 年	2019 年	2020 年	所有
月日平均降水量 /mm	2.49	2.39	2.74	2.54
	（2.31）	（2.56）	（3.08）	（2.67）
月累计降水量 /mm	75.19	72.99	83.76	77.31
	（70.89）	（78.02）	（94.23）	（81.67）
滞后一个月累计降水量 /mm	77.78	74.00	92.00	81.26
	（73.64）	（77.18）	（93.11）	（82.02）
滞后两个月累计降水量 /mm	79.48	77.37	91.53	82.79
	（73.26）	（77.55）	（91.78）	（81.39）
滞后三个月累计降水量 /mm	79.99	76.18	90.13	82.10
	（73.57）	（78.61）	（90.49）	（81.31）
观测值	270	270	270	810

4.2.2 识别策略

新冠疫情冲击，以及省级电力市场中 ASM 建设状况的差异，为我们提供了通过省级年月级别的电力发电数据使用三重差分（DDD）设计评估 ASM 对新能源消纳效果的识别策略。具体而言，我们将每个省份月组合视为一个"横截面"单位。对于每个单位，我们有 2018 ~ 2020 年的三年面板数据。三重差分的第一重差分将 2020 年省份月组合的新能源比例与 2018 年和 2019 年相比较，即新冠疫情期与非新冠疫情期的比较。由于疫情管控封锁在 2020 年 5 月之前生效，第二重差异比较了 5 月之前和之后的月份的可再生份额（处理组和对照组的横截面单位）。上述两重差异的比较显示了在新冠疫情冲击影响的月份中，所有省份的平均可再生发电比例的变化。通过比较上述差异在拥有 ASM 和没有 ASM 市场的省份之间的差异，我们能够测试在新冠疫情管控封锁期间 ASM 的存在是否有助于省级电力网保持较高的间歇性新能源发电占比。

识别 ASM 效果的另一种策略是采用双重差分（DID）方法，利用各省份之间分阶段的 ASM 进行推断。然而，这种替代方法的问题在于拥有 ASM 的省份与没有 ASM 的省份不存在系统性差异。这种选择问题可能导致两个省份之间可再生份额的时间趋势不同，这可能会导致 DID 估计有偏。DDD 策略通过探索外生的新冠疫情冲击，允许在拥有 ASM 省份和没有 ASM 的省份之间存在不同的时间趋势，只要它们在新冠疫情管控封锁前后保持相似。

由于新冠疫情外生地降低了经济活动，从而减少了电力需求，高成本的火力发电应该比低成本的间歇性新能源在电力系统的边际顺序中下降更多。我们使用新冠疫情的高峰期双重差分策略来检验这一假设。特别是，如果月份 m 为 3 月或 4 月，则令 $\mathrm{CM}_m=1$，如果年份 t 为 2020 年，则令 $\mathrm{CY}_t=1$。新冠疫情的高峰期，即 2020 年 3 月和 4 月，正如图 4-1 和图 4-2 所证明的那样，因此对应于 $\mathrm{CY}_t \cdot \mathrm{CM}_m=1$。使用每个省份的月度观测作为基本观测单位，我们的基准估计方程如下：

$$G_{imt}=\alpha_{im}+\beta_{it}+\delta(\mathrm{CY}_t \cdot \mathrm{CM}_m)+X_{imt}+\varepsilon_{imt} \tag{4-1}$$

式中，G_{imt} 为省份 i 在月份 m 和年份 t 的总电力发电量（G_{imt}^{total}）或间歇性新能源发电量（$G_{imt}^{\mathrm{renewables}}$），单位为 $10^8\mathrm{kW} \cdot \mathrm{h}$；$\delta$ 为我们感兴趣的参数，捕捉了新冠疫情对总发电量或间歇性新能源发电量的影响；α_{im} 为省份–月份固定效应的集合，不随年份变化，捕捉了省份特征、月份特征和省份特定月份特征的混杂效应。每个省份的稳定天气条件在很大程度上由 α_{im} 控制；β_{it} 为一组年份固定效应，捕捉了适用于所有省份的常见年度趋势以及每个省份的特定年度趋势，β_{it} 控制了年度内可能在一年内保持不变的发电和输电能力等供应特征，α_{im} 和 β_{it} 也分别充分吸收了 CM_m 和 CY_t。X_{imt} 为包括省际电力输送（总发电量和需求之间的差异）和国际贸易规模（出口价值加进口价值）的控制变量向量。省际电力输送通常由中长期合同管理，不太可能对需求或供应冲击产生迅速反应。然而，由于对未来新型冠状病毒引发的冲击的担忧，它可能在以后进行调整。我们还控制国际贸易规模，因为 2020 年不同月份全球范围内新型冠状病毒的传播可能通过国际贸易影响每个省份的月度生产和电力需求。ε_{imt} 为误差项。由于电力和能源政策通常在省级实施，标准误以省级单位进行聚类。由于省级集群数量较小，标准误通过原始聚类自助法（wild cluster bootstrap）计算得到（Roodman et al.，2019）。

在主要分析过程中，我们不估计新冠疫情对火电和水电供应的影响，原因有三：第一，本研究主要关注风能和太阳能等间歇性新能源的消纳。第二，与主要受当前局部气象条件影响的间歇性新能源相反，自有各省份和上游地区的当前和过去气象条件都可以改变水电的发电量。由于我们无法准确识别所有水电站的上游地区，使用 CM_m 来确定新冠疫情冲击对水电发电的影响可能会被与月度 CM_m 指标部分相关的上游气象条件的变化污染。在附录 2 的最后两列中，我们使用 CY_t 现在表示 2018 年，使用新冠疫情之前的年份即 2008 年和 2009 年，以水电发电为因变量估计方程（4-1）。结果表明，在处理和对照月份之间，2018 年和 2019 年水电发电趋势存在显著差异，这可能是由于其他相关省份未观察到的天气冲击的趋势不同，如上面所讨论的。第三，虽然间歇性新能源发电的差异小而不显著，如附录 2 所示，但在我国，水电和火电之间存在较强的替代关系，甚至在新冠疫情之前就存在。一种能源来源的估计偏差可能会影响对另一种能源的估计。

正如前面所述，虽然由新冠疫情需求冲击引起的总发电量下降主要来自高成本的火力发电减少，但随之而来的电网灵活性降低也可能对维持间歇性新能源发电施加压力。ASM 虽然无法导致对新冠疫情冲击的不同需求响应，但通过提供更稳定的电力系统，它们可能有助于维持更高比例的低成本间歇性可再生电力发电。令 $ASM_i=1$ 表示省份 i 在 2020 年之前的任何一年建立了 ASM。在控制了年固定效应的情况下，我们采用如下三重差分方法，比较拥有 ASM 省份和没有 ASM 的省份在维持疫情管控期间的间歇性新能源发电方面的差异：

$$G_{imt}=\alpha_{im}+\beta_{it}+\gamma_{tm}+\theta(CY_t \cdot CM_m \cdot ASM_i)+X_{imt}+\varepsilon_{imt} \tag{4-2}$$

式中，γ_{tm} 为年 – 月固定效应的集合，如果省份 i 在 2020 年之前已经开始运行 ASM，则 $ASM_i=1$。其他变量的定义与方程（4-1）中的定义相同。α_{im}、β_{it} 和 γ_{tm} 不仅吸收 ASM_i、CY_t 和 CM_m，还吸收这三个变量中任意两个变量之间的交互作用。θ 为捕捉 ASM 调节效应的感兴趣的参数。

ASM 建立的时机差异可能导致一个问题，根据 Callaway 和 Sant' Anna（2021）以及 Goodman-Bacon（2021）的思路，即 ASM 的效果可能因其建立的年份而异。Callaway 和 Sant' Anna（2021）以及 Goodman-Bacon（2021）认为，在双重差分设计中，异质性处理效应可能导致估计结果偏差。虽然本研究应用了 DDD 设计，但它们的论点逻辑同样成立。因此，本研究还直接测试 ASM 调节效应是否因其建立年份而异。具体而言，本研究估计方程（4-2）对不同年份建立 ASM 的省份。特别是，具有 ASM 的省份被分为三组，根据 ASM 建立年份（在 2018 年之前建立并在 2018 ~ 2020 年运营，2018 年建立并在 2019 ~ 2020 年运营，2019 年建立并在 2020 年运营）。接下来，分别将具有 ASM 的三组与没有 ASM 的省份进行比较。特别是，没有 ASM 的省份类似于 Callaway 和 Sant' Anna（2021）DID 设计中的"从未处理组"。这使得我们能够调查在全样本中估计的平均影响是否代表了不同年份建立的 ASM。

最后，我们通过在方程（4-2）中添加额外的控制变量来展示 ASM 的估计平均影响的稳健性，这导致以下估计方程：

$$G_{imt}=\alpha_{im}+\beta_{it}+\gamma_{tm}+\theta(CY_t \cdot CM_m \cdot ASM_i)+\sigma_1(CY_t \cdot CM_m \cdot P_{it})+\sigma_2(CM_m \cdot P_{it})$$
$$+W_{imt}+X_{imt}+\varepsilon_{imt} \tag{4-3}$$

式中，W_{imt} 为包括一个月内的平均每日风速、月度累积降水、一个月内的平均每日降水、一个月内的平均每日温度、一个月内的平均每日最高温度和一个月内的平均每日最低温度的本地气象变量向量；P_{it} 为包括存在日前现货市场和 PRS 要求（最低配额和激励配额）的政策变量向量。尽管我们研究期间的各省份是否具有日前市场在这段时间内不变，但每个省份在 2018～2020 年的年度 RPS 配额不同。因此，疫情管控的高峰月份 CM_m 和 PRS（P_{it}）之间的交互作用不能被各种固定效应（α_{im}、β_{it} 和 γ_{tm}）吸收，并在方程（4-3）中明确引入。

4.3 实证结果

4.3.1 新冠疫情冲击的影响

为确保 2020 年 3 月 /4 月和其他月份的电力供应在新冠疫情之前有平行的趋势，我们首先专注于 2018～2019 年的子样本，并将方程（4-1）中的 CY_t 替换为指示 2018 年的二进制变量。表 4-3 的面板 A 中的估计结果显示，在 2020 年之前的处理（3 月 /4 月）和对照月份之间，在总发电量和间歇新能源发电量方面没有显著差异。

表 4-3 新冠疫情的影响

项目		总发电量		可再生发电量	
		（1）	（2）	（3）	（4）
面板 A：趋势前检验（2018～2019 年数据）	2018 年 * 处理月份	−1.827 [0.574]	−2.337 [0.374]	−0.090 [0.776]	−0.109 [0.728]
	样本数	540	540	540	540
	R^2	0.997	0.997	0.991	0.992
面板 B: 辅助服务的影响（2018～2020 年数据）	2020 年 * 处理月份	−15.983*** [0.000]	−14.682*** [0.000]	0.453 [0.178]	0.377 [0.245]
	样本数	810	810	810	810
	R^2	0.995	0.995	0.989	0.989
控制变量	省份 * 月度固定效应	是	是	是	是
	省份 * 年度固定效应	是	是	是	是
	省间传输	否	是	否	是
	国际贸易	否	是	否	是

注：发电量以 $10^8 kW \cdot h$ 计算。面板 A 显示了 covid 前常见趋势测试的结果。面板 B 显示了双重差分分析的结果。标准误差按省（自治区、直辖市）聚类。由于聚类数量较少，根据 Roodman 等（2019），本书采用韦伯加权和 10 000 次重复的野生聚类方法计算标准误差。P 在方括号中报告。*** 在 1% 水平上显著

在面板 A 的结果支持平行趋势假设的情况下，我们接下来估计方程（4-1），并在表 4-3 的面板 B 中呈现回归结果。我们发现新冠疫情显著降低了总发电量，不管在回归中包含哪些控制变量（第 1 和 2 列）。平均而言，总发电量下降了 1.47×10^9 kW·h（第 2 列），相当于其在表 4-2 中报告的 2×10^{10} kW·h 的样本均值的 7.4%。另外，总供应的下降似乎并没有影响间歇性新能源的发电（第 3 ～ 第 4 列），表明在负面需求冲击期间，电力系统保持足够的灵活性以维持间歇性新能源的利用。这种灵活性可能部分来自某些创新的市场安排，如 ASM 的运营，我们将在 4.3.2 节中探讨。

4.3.2 ASM 的影响

表 4-4 展示了使用三重差分法估计方程（4-2）的回归结果。在考查 ASMs 的影响之前，我们再次通过 2018 ～ 2019 年的子样本检验平行趋势假设。在没有新冠疫情的情况下，省（自治区、直辖市）之间没有 ASMs 的时间趋势没有系统

表 4-4 辅助服务市场的影响（三重差分）

项目		总发电量		可再生发电量		
		（1）	（2）	（3）	（4）	（5）
面板 A：趋势前检验（2018 ～ 2019 年数据）	2018 年 * 处理月份 * 辅助服务市场	5.147 [0.443]	0.820 [0.313]	0.487 [0.365]	0.833 [0.308]	0.544 [0.299]
	样本数	540	540	540	540	540
	R^2	0.997	0.992	0.992	0.992	0.992
面板 B：辅助服务的影响（2018 ～ 2020 年数据）	2020 年 * 处理月份 * 辅助服务市场	5.336 [0.520]	1.688*** [0.007]	1.682** [0.012]	1.691*** [0.007]	1.629*** [0.008]
	样本数	810	810	810	810	810
	R^2	0.996	0.990	0.990	0.990	0.990
控制变量	省份 * 月度固定效应	是	是	是	是	是
	省份 * 年度固定效应	是	是	是	是	是
	年份 * 月度固定效应	是	是	是	是	是
	省间传输	是	是	是	是	是
	国际贸易	是	是	是	是	是
	2017 年发电比例 * 2020 年 * 处理月份	否	否	是	否	否
	滞后 1 ～ 3 个月的累积雨量	否	否	否	是	否
	水力发电	否	否	否	否	是

注：发电量以 10^8 kW·h 计算。面板 A 显示了 covid 前趋势检验的结果。面板 B 为 DDD 分析结果。标准误差按省类聚类。由于聚类数量较少，根据 Roodman 等（2019），本书采用韦伯加权和 10 000 次重复的野生聚类方法计算标准误差。P 在方括号中报告。*** 在 1% 水平上显著。** 在 5% 水平上显著

性的不同（面板A）。

相比之下，面板B中报告的主要结果指向ASMs对在新冠疫情冲击期间维持新能源发电具有积极影响。虽然在总发电量方面，拥有ASM和没有ASM的省份之间没有显著差异（第一列），但拥有ASMs的省份间歇性新能源发电水平维持在$1.688 \times 10^8 \text{kW} \cdot \text{h}$，大致相当于新冠疫情冲击期间平均每月间歇性新能源发电量的9.7%（第二列）。

由于没有ASM的省份通常使用的是比拥有ASMs的省份更多的水电（总发电量的35% vs. 12%），在没有ASM的省份中，水电是在所有能源中下降最多的（附录3），我们还将跨省的能源结构差异视为潜在偏误我们ASMs效果估计的因素。因此，我们逐个将三个与水电相关的变量添加到控制变量（X_{imt}）集中，以测试我们估计的稳健性。第一个变量是水电与火电发电比例，用于2017年捕捉在研究期之前一个省份水电和火电的相对重要性。由于此变量不包含时间变化，因此在回归中与$CY_t \cdot CM_m$交互项。第二个变量是滞后1~3个月的累积降水。虽然滞后的降水不能完全捕捉影响水电发电的天气条件，但控制此变量可进一步减少由于与水电相关的遗漏变量引起的偏误，从而帮助我们测试ASMs对间歇性新能源的估计效果是否随水电发电的变化而变化。第三个变量直接是水电的实际发电量。同样地，我们测试当水电发电的潜在偏误完全受到控制时，ASMs对间歇性新能源的估计效果是否会发生变化。表4-4的最后三列表明，具有不同初始能源结构（第三列）、水电估计的潜在偏误（第四列）和水电实际发电量（第五列）的情况下，新冠疫情在拥有ASMs和没有ASMs的省份之间的不同效果是稳健的。

如在3.2节中详细讨论的，遵循Callaway和Sant'Anna（2021）和Goodman-Bacon（2021）的做法，如果ASMs的效果因省份之间的ASM建立年份而异，则估计的ASM的调节效应可能存在偏误。为了缓解这一担忧，表4-5通过ASM的建立年份估计方程（4-2）的回归结果。在附录4的结果始终支持平行趋势假设的情况下，表4-5的面板A~C报告了分别在2018年之前建立ASMs的省份、2018年建立ASMs的省份及2019年建立ASMs的省份的主要结果：表4-5中有两个观察结果：首先，与混合估计类似，ASMs对总发电量没有任何显著影响，但成功地维持了较高水平的间歇性新能源发电，不管建立年份如何。其次，由于点估计在$1.4 \times 10^8 \sim 1.7 \times 10^8 \text{kW} \cdot \text{h}$变化，三个组的ASMs对间歇性新能源的影响是可比较的，并且它们都与全样本回归（表4-4）中的$1.688 \times 10^8 \text{kW} \cdot \text{h}$的点估计相当。因此，完整的DDD设计是有效的，我们将在后续分析中专注于全样本回归。

表 4-5 辅助服务时间建立年份的异质性

项目		总发电量		可再生发电量		
		（1）	（2）	（3）	（4）	（5）
面板 A：2018 年前建立	2020 年 * 处理月份 * 辅助服务市场	2.475 [0.762]	1.603** [0.032]	1.536* [0.051]	1.596* [0.053]	1.391* [0.097]
	样本数	432	432	432	432	432
	R^2	0.996	0.990	0.990	0.990	0.990
面板 B：2018 年建立	2018 年 * 处理月份 * 辅助服务市场	−6.862 [0.517]	1.669* [0.061]	1.662* [0.065]	1.661* [0.054]	1.630* [0.068]
	样本数	405	405	405	405	405
	R^2	0.997	0.986	0.986	0.986	0.986
面板 C：2019 年建立	2020 年 * 处理月份 * 辅助服务市场	4.700 [0.393]	1.683* [0.079]	1.683* [0.081]	1.726* [0.077]	1.700* [0.075]
	样本数	351	351	351	351	351
	R^2	0.998	0.978	0.978	0.978	0.978
控制变量	省份 * 月度固定效应	是	是	是	是	是
	省份 * 年度固定效应	是	是	是	是	是
	年份 * 月度固定效应	是	是	是	是	是
	省间传输	是	是	是	是	是
	国际贸易	是	是	是	是	是
	2017 年发电比例 * 2020 年 * 处理月份	否	否	是	否	否
	滞后 1 ~ 3 个月的累积雨量	否	否	否	是	否
	水力发电	否	否	否	否	是

注：发电量以 $10^8 kW·h$ 计算。标准误差按省聚类。由于聚类数量较少，根据 Roodman 等（2019）的研究，本书采用韦伯加权和 10 000 次重复的野生聚类方法计算标准误差。P 在方括号中报告。** 在 5% 水平上显著；* 在 10% 水平上显著

  表 4-6 呈现了根据本地气象条件和其他政策（如是否存在日前现货市场和 RPS 要求）对方程（4-3）进行控制的回归结果。由于 RPS 包含两个配额，我们分别在面板 A 和面板 B 中报告每个配额的回归结果。尽管添加更多控制变量将点估计从 $1.688 \times 10^8 kW·h$（表 4-4）降低到 $1.4 \times 10^8 \sim 1.5 \times 10^8 kW·h$，ASMs 仍然一致地被估计为对间歇性新能源的发电具有积极效应。

表 4-6　控制本地气象条件和其他政策的结果

项目		总发电量		可再生发电量		
		（1）	（2）	（3）	（4）	（5）
面板 A：以最低额度衡量的新能源组合标准	2020 年 * 处理月份 * 辅助服务市场	5.315 [0.588]	1.501** [0.025]	1.407* [0.052]	1.463** [0.028]	1.360** [0.048]
	样本数	810	810	810	810	810
	R^2	0.996	0.991	0.991	0.991	0.991
面板 B：以激励限额衡量的新能源组合标准	2020 年 * 处理月份 * 辅助服务市场	5.280 [0.597]	1.507** [0.026]	1.414** [0.047]	1.469** [0.026]	1.367** [0.046]
	样本数	810	810	810	810	810
	R^2	0.996	0.991	0.991	0.991	0.991
控制变量	省份 * 月度固定效应	是	是	是	是	是
	省份 * 年度固定效应	是	是	是	是	是
	年份 * 月度固定效应	是	是	是	是	是
	省间传输	是	是	是	是	是
	国际贸易	是	是	是	是	是
	2017 年发电比例 * 2020 年 * 处理月份	否	否	是	否	否
	滞后 1 ~ 3 个月的累积雨量	否	否	否	是	否
	水力发电	否	否	否	否	是
	天气控制变量	是	是	是	是	是
	2020 年 * 处理月份 * 日前市场	是	是	是	是	是
	2020 年 * 处理月份 * 新能源组合标准	是	是	是	是	是
	处理月份 * 新能源组合标准	是	是	是	是	是

注：发电量以 10^8kW·h 计算。两个面板的估计方程相同，只是控制变量列表中的省级 RPS 指标为面板 A 中的"最低指标"，而面板 B 中的省级 RPS 指标为"激励指标"。天气控制包括当月平均日风速、月累计降水量、月平均日降水量、月平均日气温、月平均日最高气温、月平均日最低气温。标准误差按省聚类。由于聚类数量较少，根据 Roodman 等（2019）的研究，本书采用韦伯加权和 10000 次重复的野生聚类方法计算标准误差。P 在方括号中报告。** 在 5% 水平上显著；* 在 10% 水平上显著

4.3.3　辅助服务市场与其他市场类型的互动

我们进一步探讨 ASMs 与其他市场导向的安排在促进间歇性新能源消纳方面的潜在互动。包括中国在内的许多发展中国家的电力市场改革的一个重要元

素是建立日前电力现货市场，电力交易协议是由交易各方在电力交付前一天自愿达成的。借助相对准确的天气预报，反映第二天新能源发电潜力和变异性的日前市场电价引导有能力的电厂适当安排其爬坡活动，这也有助于维持高新能源占比组合。

从理论上讲，这两个市场应将我们的样本省份划分为四类：没有任何市场的省份、只有 ASMs 的省份、只有日前现货市场的省份以及两个市场都有的省。然而，在实践中，由于现货市场通常是在 ASMs 之后建立的（图 4-1），因此样本没中有只有日前现货市场的省份。在方程（4-3）中，我们用两个二进制变量替换，一个指示只有 ASMs 的省份，另一个指示两个市场都有的省份，将它们与没有任何市场的省（自治区、直辖市）进行比较。

在表 4-7 中呈现的回归结果表明，在建立了 ASMs 的条件下，日前现货市场对新能源消纳的影响相对有限，这是根据两个面板中前两行的三重差异项的类似系数判断的。这并不是说日前现货市场在其他方面不重要。事实上，已有文献广泛记录了建立现货市场对提高发电厂的生产效率和提高电网级配售效率的影响（刘等，2022）。然而，在重大目标下消纳间歇性新能源，如为了在我国及时实现"双碳"目标，已经建立 ASMs 的地区可能会考虑基于计划现货市场之前进一步改进辅助服务的市场规则。这在我国尤为重要，因为许多省级电网内的日前现货市场建设在许多方面仍处于初级阶段。

表 4-7　辅助服务市场与日前现货市场的互动

项目		总发电量		可再生发电量		
		(1)	(2)	(3)	(4)	(5)
面板 A：以最低额度衡量的新能源组合标准	2020 年 * 处理月份 * 仅辅助服务市场	5.315 [0.589]	1.501** [0.028]	1.407** [0.047]	1.463** [0.026]	1.360** [0.041]
	2022 年 * 处理月份 * 辅助服务和日前市场	−5.861 [0.487]	1.663** [0.022]	1.615** [0.046]	1.678** [0.018]	1.542* [0.050]
	样本数	810	810	810	810	810
	R^2	0.996	0.991	0.991	0.991	0.991
	系数差异性检验					
	自抽样 P	0.117	0.823	0.783	0.773	0.801
面板 B：以激励额度衡量的新能源组合标准	2020 年 * 处理月份 * 仅辅助服务市场	5.280 [0.596]	1.507** [0.029]	1.414** [0.049]	1.469** [0.027]	1.367** [0.049]
	2022 年 * 处理月份 * 辅助服务和日前市场	−5.903 [0.471]	1.666** [0.022]	1.619** [0.039]	1.682** [0.018]	1.546** [0.041]

续表

项目		总发电量		可再生发电量		
		(1)	(2)	(3)	(4)	(5)
面 板 B：以激励额度衡量的新能源组合标准	样本数	810	810	810	810	810
	R^2	0.996	0.991	0.991	0.991	0.991
	系数差异性检验					
	自抽样 P	0.122	0.822	0.786	0.770	0.806
控制变量	省份 * 月度固定效应	是	是	是	是	是
	省份 * 年度固定效应	是	是	是	是	是
	年份 * 月度固定效应	是	是	是	是	是
	省间传输	是	是	是	是	是
	国际贸易	是	是	是	是	是
	2017 年发电比例 * 2020 年 * 处理月份	否	否	是	否	否
	滞后 1～3 个月的累积雨量	否	否	否	是	否
	水力发电	否	否	否	否	是
	天气控制变量	是	是	是	是	是
	2020 年 * 处理月份 * 日前市场	是	是	是	是	是
	2020 年 * 处理月份 * 新能源组合标准	是	是	是	是	是

注：发电量以 10^8 kW·h 计算。天气控制包括当月日平均风速、当月累计降水量、当月日平均降水量、当月日平均气温、当月日平均最高气温、当月日平均最低气温。标准误差按省（自治区、直辖市）聚类。由于聚类数量较少，根据 Roodman 等 (2019) 的研究，本书采用韦伯加权和 10 000 次重复的野生聚类方法计算标准误差。P 在方括号中报告。** 在 5% 水平上显著；* 在 10% 水平上显著

4.3.4　关于碳排放和运营成本的讨论

为了量化 ASM 对碳排放的影响，我们研究了间歇性新能源与火电之间的替代关系。在控制了总发电量和各种固定效应（省 * 月、省 * 年和年 * 月固定效应）之后，我们对火电或水电的发电量进行回归，以量化它们之间的相关性。回归结果如表 4-8 所示。除了全样本（第一、第二列）之外，还使用没有 ASM 的省份的样本（第三、第四列），与在 2020 年暴发新冠疫情之前的样本省份（第七、第八列）进行了相关性的测试。

表 4-8　间歇性新能源与其他能源之间的相关性

项目	全样本		未建立 ASMs		2020 年前建立 ASMs		2018 ~ 2019 年	
	总发电量 (1)	可再生发电量 (2)	总发电量 (3)	可再生发电量 (4)	总发电量 (5)	可再生发电量 (6)	总发电量 (7)	可再生发电量 (8)
可再生	−1.064***	0.157	−1.189	0.249	−0.866****	−0.026	−1.136****	0.270
发电量	[0.000]	[0.302]	[0.219]	[0.797]	[0.000]	[0.645]	[0.00]	[0.529]
样本数	810	810	189	189	621	621	540	540
R^2	0.998	0.996	0.968	0.995	0.999	0.998	0.999	0.998
控制变量 省份*月固定效应	是	是	是	是	是	是	是	是
省份*年固定效应	是	是	是	是	是	是	是	是
年*月固定效应	是	是	是	是	是	是	是	是
总发电量	是	是	是	是	是	是	是	是

结果显示，间歇性新能源发电与火电发电之间的相关性非常接近 −1，不同列之间在 −1.2 ~ −0.9。相比之下，间歇性新能源发电与水电之间的相关性略为正，但在统计上不显著。因此，新能源的消纳主要替代了来自火电厂的高排放的电力发电，而不是其他更清洁的能源。

我国 1MW·h 的火电发电平均排放 0.9t 二氧化碳，我们的估算结果表明，在一个省级单元建立 ASMs 每个月可减少的碳排放量在 129 600 ~ 172 800t。如果在我国的所有省份都建立了 ASMs，年度碳减排量可能达到 4700 万 ~ 6200 万 t，相当于我国电力行业年度碳排放量的 1.1% ~ 1.4%，或相当于英国年度碳排放量的 13% ~ 17%，年度节省的运营成本在 23 亿 ~ 31 亿美元。

值得注意的是，我国当前 ASMs 发送的价格信号只能正确传达提供电网灵活性的私人价值，即通过降低电网运营成本获得的价值；然而，如果没有适当的碳价格，这类服务的社会价值将在很大程度上得不到充分补偿。从 2021 年开始，电力部门已纳入国家碳配额交易计划。尽管当前水平较低，但在"碳中和"目标催化下，碳许可价格有望持续上升。ASMs 与其他基于市场的电网安排以及加强以市场为基础的碳调控政策之间的合作可能会以更具成本效益的方式推动中国的脱碳进程。

4.4　关于完善辅助服务市场的进一步讨论

辅助服务一直以来发挥着维持电力系统安全、稳定运营的基石作用，对于应对电力系统的瞬态波动、负荷波动和电力质量问题至关重要。随着间歇性新能源发电比例的增加，辅助服务的相关费用上升。2018 年我国内地除西藏外，参与电力辅助服务补偿的发电企业共 4176 家，装机容量共 13.25 亿 kW，补偿费用共 147.62 亿元，占上网电费总额的 0.83%。2019 年上半年，除西藏外，参与电力辅助服务补偿的发电企业共 4566 家，装机容量共 13.70 亿 kW，补偿费用共 130.31 亿元，占上网电费总额的 1.47%（国家能源局，2020）[1]。2022 年初，英国国家电网电力系统运营商公布的数据显示，2021 年英国电力系统平衡成本达到 26.5 亿英镑，相比 2020 年增长了 48%，在一定程度上提高了终端用电成本。

我国电力市场化改革过程中，辅助服务正在经历定价与费用分摊机制从计划到市场的转型。本章结论显示辅助服务市场化对促进新能源发展的积极作用，但受限于数据与方法，研究仅仅比较了是否有辅助服务市场省份的新能源消纳效果，对辅助服务市场具体的设计无法进行深入分析，尤其是辅助服务品种、提供主体、价格形成方式和如何向用户疏导等都会影响辅助服务市场的有效性，进而影响终端电价和用户负担。

转型过程中，值得关注的一个问题是如何完善辅助服务市场化定价与分摊机制。随着新能源装机比例的不断提升，系统消纳成本也将逐渐增加。2021 年底国家能源局修订发布了《电力并网运行管理规定》与《电力辅助服务管理办法》，提出"分摊机制应该遵循'谁提供、谁获利；谁受益、谁承担'的原则"。按照"谁受益、谁承担"的原则，辅助服务费用传导至用户侧是业内呼吁已久的发展方向，但是否所有费用都应该并能够及时疏导至用户？这里需要讨论的是辅助服务是私人品还是公共品的属性。纯粹市场定价的产品是不需要考虑分摊机制的，因为供需双方在价格博弈中已经决定了成本与收益的分配：一般而言，价格上涨时，价格弹性较小的一方相对弹性较大的一方承担的上涨更多，这与税收负担有类似的地方。随着改革的深化以及未来风光等新能源比例的上升，辅助服务的定价与费用分摊应该进一步向市场化决定方向推进。但由于电力系统的技术复杂性，部分辅助服务具有系统（准）公共品属性，这时需要政府制定合理的分担规则。政府

---

① 国家能源局尚未公布 2019 年、2020 年及 2021 年全国电力辅助服务总体情况报告。

职责应该从定价与分摊的决策者转型为市场规则的制定者与监管者，包括市场准入和服务标准等规则的制定、辅助服务与电能量市场联合优化设计以及市场竞争性（市场力）的监管等，目标是以合理的价格信号引导企业提供辅助服务，最小化辅助服务成本，提升系统效率，最大化社会收益。现阶段需要进一步考虑的是如何实现辅助服务与电能量市场联合优化设计、辅助服务市场的区域整合以及市场竞争性（市场力）的监管，真正实现市场化决定资源配置的优势。

　　本章也展示了建立和完善市场体系、通过市场机制设计增加电力系统的灵活性是成本较低的提升新能源消纳的方式。未来以新能源为主体的新型电力系统对灵活性的需求将大幅增加。电力系统可以通过市场机制的设计发出时空颗粒度更高的价格信号。例如，电力批发市场的日前市场的"关门"时间越接近交易发生时间，无法通过日前市场解决的供需意外波动越小，系统的灵活性越高。另一个典型例子是区域统一电力市场的建立，扩大市场范围、实现统一调度出清可以尽最大可能整合该地区的所有供需资源，实现"风光互补""水光互补"等，增加电力系统灵活性，北欧四国联合电力市场是成功案例。另外，高比例新能源的电力系统中，有效的辅助服务市场、电力金融市场（澳大利亚）、可中断合同市场（PJM）等都可以为电力系统灵活性提高量价指导，增强电力系统应对系统风险和外生冲击的能力。

第5章 新能源对我国电力成本的影响分析

电力是现代社会基本的生产要素与生活必需品，电力价格稳定是我国建设新型能源体系的政策目标之一。新能源虽然发电成本持续下降，但为应对其间歇性、随机性与波动性，需要配套新的储能设施与输配电网，因此对最终电力成本的影响需要深入分析。本章探究建设新型能源体系目标下电力生产成本的变动趋势与影响因素。具体而言，我们使用 2000～2020 年的省级面板数据，基于固定效应模型估算到 2050 年我国各省（自治区、直辖市）用电量的增长。使用空间约束的成本最小化模型规划不同地区的新增装机容量、储能容量和输电线路，在此基础上估算实现电力系统零碳化的投资成本。结果表明，预计到 2050 年我国全社会用电量约为 12 万亿 kW·h，在不考虑 30 年间化石燃料节省以及原有化石能源电厂更新换代的节省时，实现电力系统零碳化的总投资成本约为 67 万亿元，年均成本约为 2.23 万亿元，约占我国 2020 年 GDP 的 2%。在考虑 30 年间火电厂的燃料节省以及对原有电厂的替代时，实现碳中和的净投资成本约为 52 万亿元，年均成本约为 1.73 万亿元，约占我国 2020 年 GDP 的 1.7%。电力系统零碳成本中储能设施的新建成本占比最高，达到 80% 以上。降低电力系统零碳化投资成本的主要手段是提升风电和太阳能发电的利用率，推动储能成本的快速降低。如果储能成本可以下降一半，电力系统零碳化的总成本将下降至 37 万亿元左右。

本章按照以下结构展开：第 1 节介绍研究背景与关键事实；第 2 节介绍评估模型与数据；第 3 节讨论估计结果并分析影响估算成本的关键因素；第 4 节针对储能发展进行讨论。

5.1 研究背景与关键事实

想要准确估算我国电力系统零碳化的投资成本，需要明确我国电力系统的一些基础事实。这些事实影响我国电力系统实现零碳化的具体路径，也影响本研究的估算方法和关键假设设置。

第一，我国电力系统装机容量巨大，发电结构以煤炭为主。我国目前约有22亿kW的发电能力，每年提供约7万亿kW·h的发电量。2019年各能源品种装机容量比例和发电量比例见表5-1，反映出了我国电力系统的几个明显特征：①燃煤机组以51.8%的装机规模提供了60%以上的发电量，煤炭消费长期以来占据我国能源消费主体地位。②天然气机组的装机容量比例高于其发电量比例，主要原因是燃气机组爬坡速度快。③太阳能发电和风电的装机容量比例远高于其发电量比例，反映了二者的低容量因子和较低的平均利用小时数。

表 5-1　2019我国电力系统装机与发电结构　　　　　　（单位：%）

电源类型	装机容量比例	发电量比例
煤炭	51.8	62.2
天然气	4.5	3.2
核能	2.4	4.8
水能	17.8	17.8
太阳能	10.2	3.1
风能	10.5	5.5
生物质能	不足 0.02	1.5
地热能	不足 0.02	不足 0.01
石油	0.1	不足 0.02

资料来源：《中国电力统计年鉴 2020》

第二，清洁能源机组中只有风电和太阳能发电机组适合大规模地推广。实现电力系统零碳化需要由清洁能源机组替代全部的化石能源机组进行发电。由我国装机结构和发电结构可知，以产出衡量的清洁能源的替代规模高达70%，这要求可大规模推广的电源类型必须具备资源充沛、技术可行且具有成本优势三个特征。清洁能源机组包括风电、太阳能发电、水电、核电、生物质能发电、地热能发电、潮汐能发电等。其中，水力发电依赖于自然空间的限制，还要承担调峰、蓄能等社会角色，全国可开发容量不足7亿kW·h，目前发展已经饱和，不符合资源充沛特征。

核电开发仍有核废料安全处理尚未解决的问题，且铀资源数量有限，不具备大规模推广的前景。生物质能、地热能、潮汐能的发展受制于技术限制，都不具备大规模推广以替换化石发电机组的潜质（王鑫，2020；Heal，2017；2019；2022；生态环境部核与辐射安全中心，2020；BCG，2021）。

与之相反的是，风电和太阳能发电依赖的自然资源是风力和太阳辐射，在自然界中来源广泛，且具有技术和经济上的可行性。2020 年我国风电和太阳能装机容量约占总装机容量的 24%，仅次于煤电和水电。风电和太阳能发电经济成本的迅速降低也反映了技术的日益成熟。根据国际可再生能源署的报告[①]，由于规模经济效益和学习曲线的溢出效应，2010 ~ 2019 年全球光伏发电（PV）、聚光太阳能热发电（CSP）、陆上风电和海上风电的成本分别下降了 82%、47%、39% 和 29%。2019 年，并网大规模太阳能光伏发电成本降至 0.068 美元 /kW·h，同比下降 13%。在 2019 年投产的项目中，陆上风电和海上风电的成本均同比下降约 9%，分别降至 0.053 美元 /kW·h 和 0.115 美元 /kW·h。最不成熟的聚光太阳能热发电（CSP）的成本也已降至 0.182 美元 /kW·h，降幅为 1%。预期未来光伏发电、陆上风电和海上风电技术仍会继续迅猛发展。根据 IEA（2020）年度电成本数据，考虑了碳成本后，我国太阳能机组和陆上风电机组具有最小的度电成本。

第三，我国的用电负荷和风光发电禀赋在空间上呈逆向分布。风光资源丰富的地区（如三北地区等）往往经济较为落后，无法支撑过高的电力需求；而经济较为发达的东部区域又面临电力稳定供应的挑战。从经济社会发展的需求看，区域内市场已无法满足电力资源在全国范围内优化配置的要求。在电力系统零碳化背景下，西北地区将成为全国低碳电力的主要供应者（Li et al.，2016；SGERI，2018；He et al.，2020）。He 等（2020）预测太阳能装机容量将更多地分布于内蒙古、青海、陕西等西北地区，风电装机容量主要分布在西北、东北和沿海地区。

为实现电力系统零碳化，必须建设更多跨省区输电线路，以提升可再生能源的外送能力和资源配置效率。为加强省间电力互济能力，我国已大力推进特高压（UHV）输电通道建设，作为连接西部资源富集地区与东中部负荷中心的"电力高速公路"。"十四五"期间，国家明确提出加强电网跨区联络能力，重点建设"十四交十直"等一批特高压工程，其中包括陕电入鲁、宁电入湘、川渝至粤等多个重点项目，显著提升了西南、西北新能源基地的外送能力。截至 2024 年底，我国累计建成 30 余项特高压线路，形成"东西互供、南北互济"的骨干网架。

---

① https://www.irena.org/-/media/Files/IRENA/Agency/Publication/2020/Jun/IRENA_Costs_2019_CH.PDF?la=en&hash=4A802202D5DE684252DAB17005D9653DAB89A335.

面向"十五五"，特高压建设将进一步服务"双碳"目标，支撑沙漠、戈壁、荒漠地区大型风光基地开发，规划将超过20项新增工程，布局更趋于网状化、智能化和多能互补，逐步实现清洁能源的大规模接入、传输与消纳，为构建新型电力系统奠定坚实基础。

第四，与传统化石能源发电相比，风电和太阳能发电具有间歇性（Hirth,2013a；2013b；Hirth et al.，2015，2016），且与需求侧波动不匹配，新建储能设施是解决这一问题的核心办法。风电和太阳能机组生产电力的能力受自然环境影响很大，很显然风电机组在无风时不会生产电力，太阳能机组在晚上不会生产电力，白天云层的遮挡也会使太阳能机组生产电力的能力下降。有时风电机组生产电力能力和太阳能机组生产电力能力会有一定的互补性，因为一般夜晚的风速会比白天更大。但总体上看，自然环境的不确定性会导致风光生产电力能力的不确定性。当风电和太阳能发电提供全社会70%的发电量时，这种不确定性会更加严重。就算在风电和太阳能资源充沛时，发电高峰与用电高峰也不完全匹配（图5-1），而电力的稳定供应又将关系到宏观经济发展和居民生活质量，这就说明风电和太阳能出力的天然属性间歇性与电力系统的稳定性基本要求之间具有天然的矛盾性。并且可再生能源装机容量比例越高，间歇性造成的影响就会越大，这种矛盾就会越明显（Ding et al.，2018；Gowrisankaran et al.，2016；Wolak et al.，2020；Lamont，2008）。

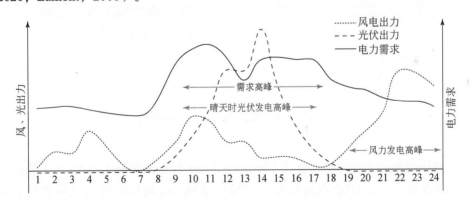

图 5-1　风、光出力与电力需求波动示意图

新建储能设施是解决高比例可再生能源接入带来不稳定问题的关键举措。如图5-2所示，电力储能系统能够实现电能的跨时转移，从而提升系统的灵活性和调节能力（IRENA）。为应对大规模风电和光伏并网所需的储能容量，学术界展

开了广泛探讨（Heal, 2017；Makarov et al., 2012）。若将可再生能源的发电能力视为具有一定概率分布的随机变量，我们可构建类似"缺电概率不超过 0.0004%"的系统稳定性指标，并据此计算满足该指标所需的储能容量。然而，这一方法在实际中面临巨大挑战。首先，我们难以准确估计风电和光伏发电能力的概率分布。其次，区域之间的气候差异导致各地在不同时段面临风光中断的概率不同。这要求我们掌握每一地区各类可再生能源的联合概率分布、不同区域之间的发电相关性，以及区域间是否存在输电通道等基础设施条件（Heal, 2017）。尽管具体计算复杂且不确定性较大，但有一点可以确定：储能设施投资将是我国迈向电力系统零碳化过程中最关键、最主要的基础性投入之一。

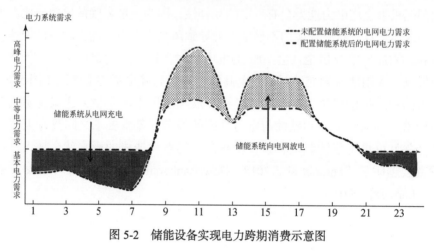

图 5-2　储能设备实现电力跨期消费示意图

5.2　评估模型与数据

本研究采用了综合评估模型（Integrated Assessment Model，IAM）的思路，首先基于对人口、GDP 等宏观变量的增长路径，使用计量模型从需求侧估计 2050 年各省（自治区、直辖市）的用电量。5.2.1 节介绍本研究使用的模型，并讨论变量的含义。在各省（自治区、直辖市）电力需求路径给定的情况下，供给侧使用成本最小化模型来优化未来电力系统零碳化的路径与成本，也就是计算如何扩张风电与太阳能机组、输配网络以及储能使得在满足能源需求和排放约束的情况下，让总成本最小。

假设我国实现电力系统的零碳化需要新增能够满足 70% 全社会用电量的可再生能源机组,并新增可以满足所有可再生能源机组两天发电量的储能设施。基于前面描述的电力系统基础事实,本研究从供给角度估计了 2050 年我国电力系统零碳化的投资成本,包括清洁能源新增装机容量、新建电网与储能设施配套的相关成本三部分。5.2.2 节介绍本研究使用的计算方法。技术路线图如图 5-3 所示。

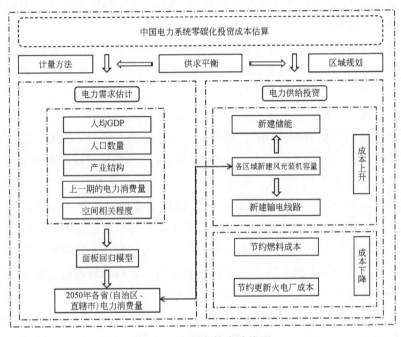

图 5-3　本研究技术路线图

5.2.1　2050 年中国全社会用电需求估计

1. 数据来源

本节将全国 31 个省(自治区、直辖市)在 2000～2020 年的面板数据作为样本。本节所采用数据均来自《中国统计年鉴》、《中国电力统计年鉴》及各省(自治区、直辖市)的统计年鉴。

2. 模型设定

社会用电量的变化来自两方面：一方面经济结构的改善会使得单位 GDP 用电量减少；另一方面随着终端部门电气化程度的提高，社会用电量会不断增加，由此社会发电量也会发生变化。为了提高预测的精度，本研究从两方面努力：首先通过构建面板回归模型衡量电力消费量与各影响因素之间的关系；而后对各影响因素在 2050 年以前的变动情况进行预测，进而预测 2050 年各省（自治区、直辖市）的电力需求量。

为了衡量各项因素对电力需求的影响，本研究参考 Auffhammer 和 Carson（2008）构建的面板回归模型。与时间序列回归预测相比，面板回归可以扩充样本容量，提供更大的自由度，另外，面板回归同时包含了截面和时间序列两个维度的信息，进而反映地区发展差异对电力需求水平的影响。

本研究从经典的 IPAT 模型（Ehrlich and Holdren，1971）出发，结合电力需求量的特征，探究经济水平、人口、产业结构等电力消费量的影响因素[①]。选取的解释变量包括各省（自治区、直辖市）的人均 GDP、人口数量、第二产业比例、空间相关性、上一期的电力消费量。人均 GDP 是衡量一个地区经济发展水平与富裕程度的关键指标，电力是国民经济发展中必不可少的生活资料，经济发展程度较高的地区往往对电力有着较大的刚性需求。人口数量是影响电力需求的另一个重要因素，电力是人民生活中重要的生活资料，人口数量与电力需求之间存在着同步变动的关系，在经济发展程度一致的地区，人口数量越多，电力需求更大。第二产业比例是衡量用电结构的关键指标。第二产业是全社会用电量的主体部分，改革开放以来，我国的第二产业用电比例一直维持在 70% 以上，其变动趋势直接影响全社会用电的增长情况。在预测用电量时，由于各省（自治区、直辖市）分行业的用电量在较长时间序列中难以获取，因此本研究考虑将地区产值中第二产业比例作为解释变量，衡量区域内产业结构的变化对用电量的影响。本节也考虑了空间相关性（Giacomini and Granger，2004）的影响，表示相邻省（自治区、直辖市）的电力消费量和本省（自治区、直辖市）电力消费量之间的相关关系，以此来反映区域间技术、经济、资本等的外溢效应。上一期的电力消费量对该期预测存在重要影响，大规模电力基础设施的增加和减少需要时间，上一期的电力消费量可以反映电力基础设施的建设情况。在无较大外部冲击的情况下，电力消

---

① $I = P \cdot A \cdot T$。式中，I 表示环境负荷（本研究中是电力消费量）；P 代表人口数量；A 代表社会富裕程度；T 代表技术指数。

费量往往只有小幅波动。

在确定关键性影响因素的基础上，本节构建起电力需求预测模型的整体框架，一般化模型如下：

$$\ln(EC_{it})=\eta_i+f(GDP_{it})+\pi_i \ln(EC_{it-1})+\rho\sum_{j=1}^{k} w_{ij} \ln(EC_{j,t-1})+Z_{it}\delta+\varepsilon_{it} \qquad (5\text{-}1)$$

式中，i 代表省份；t 为年份；EC 为电力消费量； GDP 为人均生产总值；$f(\cdot)$ 是一种灵活的函数形式，包括非线性的函数关系；$\sum_{j=1}^{k} w_{ij} \ln(EC_{j,t-1})$ 表示空间相关性，我们构建了一个车式邻接空间权重矩阵，衡量 k 个相邻省份的前一年电力需求量对该省份当年电力需求量的影响[①]；Z_{it} 为一系列外生变量，包括第二产业比例（IS）、人口数量（P）。在一般化模型中，我们通过设置省份固定效应 η_i 捕捉不同省份的用电特征（包括但不限于气候差异、地方习俗等导致的不同省份之间的用电量差异），这类差异不随着时间的变化而改变。在考虑时间因素对人均用电量的影响时，本研究考虑了加入时间趋势项和加入时间固定效应两种形式。

基于一般化模型，本研究在较大范围内筛选最优模型，结合模型的实际解释意义以及使用可调整的 R^2、AIC 准则（Akaike information criterion）和贝叶斯信息准则（Bayesian information criterion，BIC）进行拟合度分析，确定最终的电力消费预测模型。

5.2.2 中国电力系统零碳化成本估计

1. 数据来源

本部分计算涉及的投资成本数据均来自《中国电力统计年鉴 2020》，单位投资成本数据均采用 2019 年度我国该项目总投资额 / 总投资量来计算。以输电线路单位投资成本为例，这样取值的好处是不仅考虑了电线的建设成本，还考虑了相关的变压器等设施的建设成本。风电、太阳能发电的利用小时数来自国家能源局公开数据。储能单位成本来自 2020 年 11 月青海储能项目招标的平均成交价格，该数值反映了最新的储能技术成本。不同电压等级机组的单位煤耗数据来自中国电力企业联合会。不同地域来源或不同品种煤炭的价格波动很大，为了便于计算，本研究参考中国煤炭网的历史价格，假设煤炭价格为 700 元 /t，该数值相对偏低，使得本研究的计算相对保守。

[①] 车式邻接空间权重矩阵：两个相邻区域有共同的边即为车式邻接，w_{ij}=1；否则，w_{ij}=0。

2.估计假设与方法

中国幅员辽阔，不同区域间的自然资源分布存在很大的差异性。基于全国范围的成本最小化，新增装机将优先配置风光资源禀赋好的地区，从平均利用小时数的角度来看，即优先配置风光发电小时数较多的区域。对于区域决策主体来说，目标是用最小的成本实现电力系统零碳化，面临的选择是在本区域内新建风光装机还是外购可再生能源电力。理性决策者将比较二者成本，如果本地区发展的成本较低，那么决策者就会选择在本地区新增装机；如果外购电成本更低，决策者将会选择外购。在区域划分上，基于31个省（自治区、直辖市）进行成本最小化模型求解时维度过高，优化过程面临挑战。因此，本部分首先基于电网管辖范围将全国划分为东北、华北、华中、华东、西北、南方六大区域[1]，在不同区域间进行有约束下的成本最小化目标，求解风电和太阳能机组装机容量的最优值，并汇报了电力系统零碳化的总投资成本[2]。

实现电力零碳化需要由风电和太阳能发电完全替代化石燃料机组，由此带来的风电和光伏新增装机建设成本（TCC）。本研究假设2050年全社会发电量的70%由风电和太阳能发电提供。与之配套的储能设施同样需要成本（TSC）。本研究假设足够的储能容量为该区域风电与太阳能发电装机两天的发电量（Heal，2017）。储能设施主要用于增加电力系统的灵活性，跨区输送意义不大，因此，本研究同样假设储能设备会修建在当地。新的电站需要电力线路和相关设施的建设、更新和维护，带来了电网升级建设成本（TTC）。本研究假设电力线路需要新增25%。由于电网的规划建设成本较为标准化，本研究假设不同区域的输电线路具有相同的单位成本。综上，区域成本最小化目标的重点在于根据不同的自然资源禀赋来规划不同的风电、太阳能发电装机容量。储能设施建设成本与风光装机容量成比例，输电线路建设成本不受区域影响。另外，除人均GDP等指标用基年水平减过外，本研究所有的金额均以现值计算，不考虑未来的贴现。因此，计算电力行业零碳化成本的方法为零碳成本 = 风电与光伏装机成本 + 储能建设成本 + 电网升级成本，即

$$TCC=\sum_i \sum_c Cap_{i,c} \times CC_c \qquad (5\text{-}2)$$

---

[1] 东北区域：辽宁、吉林、黑龙江、内蒙古；华北区域：北京、天津、河北、山西、山东；华中区域：江西、河南、湖北、湖南、重庆、四川；华东区域：安徽、上海、江苏、浙江、福建；西北区域：陕西、甘肃、青海、宁夏、新疆、西藏；南方区域：广东、广西、海南、贵州、云南。
[2] 未进行区域规划的总投资成本约为71万元，侧面证明了本研究方法的可行性。

$$TSC=\sum_i \sum_c (Cap_{i,c}+Oldcap_{i,c}) \times SC \times hour_{i,c} \times \frac{48}{8760} \quad (5-3)$$

$$TTC=\sum_i Line_i \times TC \quad (5-4)$$

$$Cost=TCC+TSC+TTC \quad (5-5)$$

式（5-5）即为总目标函数。

目标函数确定后，需要确定模型的约束。本研究遵循的第一个约束是总量约束，即各区域新增装机容量之和等于全国新增装机容量目标，如式（5-7）所示。在满足清洁能源电力消纳比例要求的基础装机容量上，以 1000MW 为间隔进行调整，并设定全国风电与光伏装机总量约束延续 2020 年的存量比例 1∶1。第二个约束是各区域电量的供需平衡，不考虑弃风弃光，按照"就近接入，本地消纳"的原则，清洁能源电力优先在该地区就地消纳，该地区无法消纳的部分则通过区域电网进行远距离输送。其中，电力净输出区的风电、光伏消费量等于发电量减去外送电量，电力净输入区的风电、光伏消费量等于发电量加外购电量，如式（5-8）和式（5-9）所示。基于现实情况，结合西电东送案例，本研究假设东北和西北区域为风电、光伏的净输出区域，华北、华中、华东和南方区域为风电、光伏的净输入区域。所以本研究模型为

$$\min_{Cap_{i,c}, DV_{j,i}} \quad Cost=TCC+TSC+TTC \quad (5-6)$$

$$s.t \sum_i \sum_c Cap_{i,c}=Totalcap_c \quad (5-7)$$

$$Demand_j \beta_j=\sum_c (Cap_{j,c}+Oldcap_{j,c})hour_{j,c}-\sum_i^M DV_{j,i} \quad (5-8)$$

$$Demand_i \beta_i=\sum_c (Cap_{i,c}+Oldcap_{i,c})hour_{i,c}+\sum_j^N DV_{j,i} \quad (5-9)$$

变量含义及单位如表 5-2 所示。

表 5-2　模型变量含义及单位

变量	含义	单位	数值
i, j	六大区域 i, j= 华东，华北，东北，西北，华中，南方		
c	能源种类 c= 风电 / 光伏		
Cost	配额要求下风光发电的年度总成本	万元	
$Cap_{i,c}$	区域 i 中装机 c 在未来 30 年的新增容量	MW	
TCC	全国新增装机建设成本	万元	
TSC	全国储能建设成本	万元	
SC	储能设备的单位成本	万元 /MW·h	113.4
CC_c	装机 c 的单位设备及安装成本	万元 /MW	484.0/69.4
$Oldcap_{i,c}$	区域 i 中装机 c 在 2020 年的已并网容量	MW	

变量	含义	单位	数值
$hour_{i,c}$	区域 i 中装机 c 的平均年发电小时数	h	
$DV_{j,i}$	区域 j 向区域 i 的外送电量	MW·h	
$Totalcap_c$	全国新增装机容量目标	MW	
$Demand_i$	区域 i 的全年全区域用电量	MW·h	
β_i	区域 i 的清洁能源消纳比例	%	
M	电力外送区域的区域数量		
N	电力接收区域的区域数量		

目前为止的计算夸大了实现电力系统零碳化的新增投资成本，因为新增风光装机容量实际上是对未来 20～30 年的电力投资预付费用，具体时间取决于机组的使用年限。这些发电厂不需要另外支付燃料成本，只需要支付最低的运营成本，这意味着每个发电厂在其生命周期内以零边际成本进行生产，因此，与继续使用化石机组相比，投资风光机组使我们节省了燃料成本（SFI），我们计算了这部分节省。

2019 年我国燃气机组发电量占比为 3%，不到燃煤机组发电量的 1/20，且燃气机组通常充当高峰时刻的顶峰机组，因此本研究假设所有节省下来的燃料成本均来自燃煤机组。假设未来 40 年燃料的节约以线性增长。

另一个夸大了计算结果的方面是在电力系统零碳化中不用更新化石燃料机组带来的成本节省（SPI）。我国现役煤电机组的平均使用年限为 12 年，截至 2017 年底，现役的 1865 台 100MW 及以上的煤电机组中只有 1 台机组的服役年限超过 40 年[①]，而燃气机组的平均使用年限在 30 年左右，因此，即使不进行电力零碳化转型，我国现有的化石燃料机组也会在未来 40 年几乎全部淘汰、换新一遍。而用可再生能源机组替代了化石燃料机组后，该部分投资可以节省下来。

因此，计算电力行业零碳化净成本的方法为零碳化成本 = 风电与光伏装机成本 + 储能建设成本 + 电网升级成本 – 节约的燃料成本 – 节约的更新化石电厂的成本，即

$$Net\ Cost=TCC+TSC+TTC-SFI-SPI \tag{5-10}$$

类似于输电线路单位投资成本、燃料价格和火电厂的单位投资成本也较为标准化，因此我们进行区域规划时并没有考虑这部分成本节省。

---

① 数据来源于中国电力企业联合会可靠性管理中心统计数据。

5.3 评估结果与关键影响因素分析

5.3.1 电力需求预测模型结果

基于一般化模型（5-1）在较大范围内进行筛选所得出的六组具有代表性的模型参数估计结果及 AIC、BIC、R^2 等模型选择标准如表 5-3 所示。

表 5-3 模型参数估计结果

ln EC	模型					
	(1)	(2)	(3)	(4)	(5)	(6)
ln GDP	0.340** (0.152)	1.526* (0.759)	0.463*** (0.114)	0.210** (0.078)	0.395*** (0.083)	0.233** (0.100)
ln (GDP)^2		−0.064 (0.040)	−0.024*** (0.006)	−0.009** (0.004)	−0.019*** (0.004)	−0.010** (0.005)
ln IS	0.736*** (0.181)	0.685*** (0.208)	0.117** (0.045)			
ln P	0.846** (0.401)	1.226** (0.529)	0.174*** (0.062)			
ln (EC$_{it-1}$)			0.895*** (0.038)	0.941*** (0.031)	0.932*** (0.031)	0.941*** (0.031)
ln year		109.337*** (31.198)	14.840** (6.403)		0.274 (3.207)	
$\sum_{j=1}^{k} w_{ij} \ln (EC_{jt-1})$						−0.002 （0.003）
Constant	−3.346 (3.661)	−843.007*** (237.072)	−115.603** (48.325)	−0.722* (0.399)	−3.605 (24.336)	−0.822 (0.493)
Province FE	是	是	是	是	是	是
Year FE	是	否	否	是	否	是
调整后的 R^2	0.940	0.943	0.991	0.994	0.991	0.994
AIC	−697.0088	−747.1407	−1953.078	−2155.617	−1930.454	−2154.381
BIC	−594.2161	−724.7945	−1926.272	−2052.86	−1912.583	−2047.156

注：括号里的数字为标准误差。*、**、*** 分别代表在 10%、5%、1% 的水平下显著

由表 5-3 可以看出,六组模型调整后的 R^2 均在 90% 以上,说明六组模型的拟合效果都较好。从参数估计值的符号来看,人口数量和第二产业比例对用电量变化有正向影响,这与本研究在变量选择时的预期相符。$\ln(GDP)^2$ 的符号为负,表示电力消费量可能会在经济发展达到较高程度后随着经济发展而减小。伴随着经济及科技的发展,且在目前我国人口数量进入一个低速增长的情况下,中国电力消费量在未来几十年是有可能出现该情况的。模型 3 相比模型 2,加入了前一期的电力消费量,调整后的 R^2 提高至 99.1%,AIC 和 BIC 下降至 –2000 左右,可以发现前一期的电力消费量对当期电力消费量的解释力非常强,电力消费的惯性在预测中是一个必须考虑的因素。模型 4 和模型 5 在其他变量一致的情况下分别加入年份固定效应和时间趋势项,结果显示年份趋势项在模型 5 中不显著,并且模型 4 的 AIC 和 BIC 低于模型 5,说明依据 AIC 和 BIC 更偏好于从年份固定效应考虑时间的影响。模型 6 考虑了空间相关性,但其结果不显著,表示电力消费较少受到空间滞后干扰,是完全意义上的本地刚性需求。模型 4 和模型 5 分别加入年份固定效应和时间趋势项,结果显示模型 5 的年份趋势项不显著。综合来看,模型 3 和模型 4 的拟合效果最好,模型 4 相比模型 3 缺少人口数量和第二产业比例两个变量。在预测 2050 年各省份的电力消费量时,需要对相应的解释变量的取值进行预测,而预测的解释变量越多,对电力消费量预测的误差也会越大。本研究遵循的原则是在模型拟合效果好的情况下使解释变量精简,且基于 AIC 和 BIC,模型 4 在预测时的拟合效果更好。因此,本研究选择模型 4 为预测的最优模型。

基于模型 4,为预测 2050 年各省份的电力消费量,需要对相应的解释变量的取值进行预测,即需要预测各省份人均 GDP 在未来 30 年的取值。林毅夫(2021)预测 2020～2035 年,我国经济可以实现年均 6% 的增速;2035～2050 年,年均增长速度将会是 4% 左右[①]。本研究假设各省份在未来 30 年的经济增速保持一致,2020～2035 年的各省份人均 GDP 增速为 6%,2035～2050 年各省份人均 GDP 增速为 4%,预测得出各省份在 2021～2050 年的人均 GDP。在此基础上,2050 年各省份电力消费量预测如图 5-4 所示,全社会电力消费量合计为 11.8 万亿 kW·h。

---

① https://www.163.com/money/article/GD97M0CA00258J1R.html.

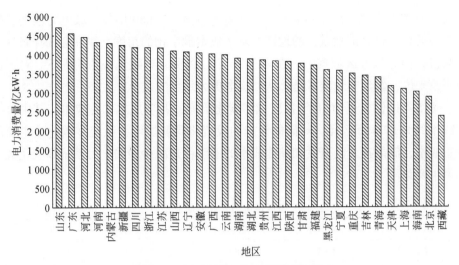

图 5-4　2050 年各地电力消费量预测

5.3.2　基于电力系统零碳化成本估算结果

使用各省份 2050 年电力需求量预测结果，满足投资成本最小化目标和在容量约束与供需平衡约束后，本研究规划了全国六个区域的新增装机容量。结果表明，2050 年全国风电与太阳能发电总装机容量应达到 49.8 亿 kW，相较 2020 年风电与太阳能发电总装机容量增加 44.5 亿 kW。2050 年各区域装机区域配置如图 5-5 所示。其中，华北、西北、华中区域新增风光机容量较多，华东、

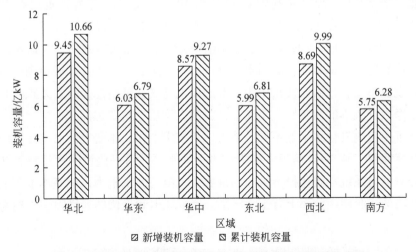

图 5-5　2050 年全国各区域新增风光装机容量和累计装机容量

东北、南方新增风光装机容量较少。该结果基本与 2050 年各区域电力消费量呈正相关关系，电力消费量大的地区，基于成本最小化的角度，往往会选择新建更多装机，而非从外区域购电。在未来 30 年，在资源禀赋允许的前提下，对于区域决策来说，新建本地装机是比从外购电更为划算的选择。

表 5-4 报告了至 2050 年各区域零碳化所需的各项成本和总成本，其中总投资成本约为 67.6 万亿元。对储能设施的投资将是我国电力系统零碳化最主要的投资成本，储能技术的研发和储能成本的下降将是减少中国电力系统零碳化成本的最主要路径。

表 5-4　各区域电力系统零碳化成本　　　　　（单位：万亿元）

区域	装机成本	储能成本	输电线路成本	总成本
华北	0.66	8.50		
华东	2.92	8.45		
华中	4.15	10.43		
东北	0.42	6.78		
西北	1.33	9.32		
南方	2.78	8.55		
合计	12.26	52.03	3.3	67.59

实现电力系统零碳化的总投资数额绝对值是巨大的，为了更直观地感受中国电力系统零碳化的难易程度，本研究计算了年均投资成本与中国 2020 年 GDP 的比值（表 5-5）。2020 年我国 GDP 约为 101.6 万亿元，年均投资成本为 2020 年 GDP 的 2.2%。若考虑减去燃料节约和化石电厂节约的净投资成本，该比例约为 1.7%。相对于 Heal（2022）对美国电力系统零碳化成本的估算，该比例相对较高。造成这一结果有几方面因素：第一，从方法上讲，Heal 假设美国电力消费量保持现值不变，该假设使得中美需要的风电与光伏装机总量存在差距，并直接影响了净投资成本的数量级。事实上，美国人均用电量要远高于中国。这一事实反映出了中美电气化水平的不同。第二，从技术上讲，本研究的所有计算均基于现有技术水平，而 Heal 假设了储能成本下降水平。这一假设侧面反映了储能成本下降对电力系统零碳化投资减少的重要性。第三，从电力系统基本事实上讲，中美在清洁能源使用效率上有很大区别。美国风电和光伏的容量因子[①]约为中国

---

① 容量因子计算方法为机组实际利用小时数 /8760，反映风电和光伏的利用效率。

的两倍。因此，风电与光伏的容量因子是未来提升的主要方向。

表 5-5　中国电力系统零碳化总投资成本与净投资成本比较

项目	总投资成本	净投资成本
投资额 / 万亿元	67.6	52.1
年均成本 / 万亿元	2.25	1.74
年均成本占 GDP 的比例 /%	2.2	1.7

5.3.3　关键影响因素分析

本节讨论估算的成本结果的可靠性。虽然尚未有人估计过我国电力系统零碳化的成本，但很多机构对我国"碳中和"的投资成本进行了预测，其基本投资总额都在百万亿元级别。如前所述，电力系统零碳化的成本在很大程度上可以反映"碳中和"总成本，从这个角度看本研究估算的结果要低得多。可能导致数值过低的因素包括：① 2050 年全社会用电量预测较低；②储能容量不足；③电网升级需求偏低；④没有考虑对碳捕捉、固碳、绿氢等低碳技术的资金投资。

（1）2050 年全社会用电量预测较低。全社会用电量估计值偏低会直接导致风光装机和储能设施估计容量较低。从计量模型上看，本研究模型拟合优度较高，对结果的预测能力较好，但 30 年的预测时间跨度还是会使得电力消费量预测结果有偏。BCG（2021）预测我国 2050 年电力消费量会达到 11.3 万亿～ 13.9 万亿 kW·h，支持了本研究预测结果。另外，本研究也对主要国家人均 GDP 与人均电力消费进行回归，使用人均电力消费弹性预测了我国 2050 年电力消费量，该结果为 14 万亿 kW·h 左右，但这种方法样本量有限，仅描述了人均 GDP 与人均电力消费之间的相关关系，使得弹性结果未完全反映终端部门电气化对人均 GDP 电力使用量的影响。另外，估计出人均电力消费弹性之后，仍需要对 2050 年我国人口和人均 GDP 进行假设，误差较大。若 2050 年社会用电量为 14 万亿 kW·h，则电力系统零碳化的总投资成本将上升到 82 万亿元。

（2）储能容量假设具有不确定性。本研究估计使用储能的量能够满足风电和太阳能发电两天的总发电量，接近 500 亿 kW·h。另外，对储能成本下降的相对保守估计也能弥补一部分偏差。储能建设成本是我国实现碳中和过程中最主要的投资成本，使用现有储能价格计算的储能成本占总投资额的 80%。

（3）电网升级需求偏低。电网升级需求为现有长度的 25%，这一假设对结果影响不大。首先，在电力基础设施基本普及、消除绝对贫困的背景下，新增 25% 的假设已经相对保守。另外，整个电网升级成本占总投资的份额并不大，该项结果与总成本测算结果相差一个数量级。

（4）未考虑低碳技术的投资。虽然使用新技术和新产品减少、消除化石能源排放的二氧化碳也是实现电力系统、能源系统零碳化的路径之一，但对新技术的投资不在本研究的考虑范围内。一是因为这些技术的投资成本与预期回报收益之间差异巨大且存在着很强的不确定性；二是因为按照本研究规划的路径，现有技术已经完全可以实现电力系统零碳化，新技术的研发更多是为了解决终端部门无法用电供能的技术难题，风电、太阳能光伏和储能技术的进步只会使成本降低。

另外，还有一些因素可能导致本研究的估算结果仍然偏高：①风电与光伏装机成本下降；②风电与光伏容量因子提高；③风电和光伏装机比例估计较高；④储能成本下降。

（1）风电与光伏装机成本下降。太阳能和风能发电的成本降低趋势未出现减弱迹象（IREAN，2020）。根据国家能源局最新数据，我国风电和光伏的单位千瓦平均成本在过去 10 年间分别下降了 30% 和 75% 左右[①]。竞拍和购电协议 (PPA) 的最新数据显示，在 2021 年投产的项目中，全球太阳能光伏发电的平均价格可能为 0.039 美元 /kW·h，与 2019 年相比下降 42%，比使用最便宜化石燃料的竞争对手（燃煤发电厂）低 1/5 以上。到 2021 年，全球陆上风电的价格降至 0.043 美元 /kW·h，比 2019 年下降 18%。与此同时，海上风电和聚光太阳能热发电（CSP）项目将发生较大的变化，其全球平均拍卖价格将分别较 2019 年下降 29% 和 59%，将分别降至 0.082 美元 /kW·h（2023 年）和 0.075 美元 /kW·h（2021 年）（Heal，2017）。

（2）风电与光伏容量因子提高。容量因子的计算公式为可再生能源年平均利用小时数 /8760，反映风电和光伏的利用率。2017 年之前弃风弃光问题一直是我国清洁能源消纳的重要问题，2017 年后弃风弃光现象有所缓解，但容量因子依旧不高。不同地区容量因子有差别。如前所述，容量因子的提高将是节约投资的重要方向，随着技术的发展和政策的支持，未来风电和光伏的利用率一定会提高。

（3）风光装机比例估计过高。本研究假设风电和光伏会在 2050 年完全代

[①] 数据来源于 http://www.nea.gov.cn/2021-03/30/c_139846095.htm。

替化石能源,计算比例采用的是 2020 年化石能源发电量占比 70%。事实上,第一,2020 年中国火电发电量有所回升。在可持续发展的背景下,2015 ~ 2019 年化石能源发电比例保持在 60% 左右,全球智库 Ember 发布的最新全球电力评论指出中国是 2020 年 G20 国家中唯一煤电发电量显著增长的国家,这有效刺激了新冠疫情期间经济的增长,但对低碳转型来说是一种压力[①]。第二,虽然由于水电发展接近饱和且受地理条件限制、核电涉及核废料处理问题、生物质发电受技术和发展规模的限制,本研究并没有计算这些清洁能源替代化石能源的情况。但事实上,中国 2020 年在建核电规模居全球首位,浙江省"十四五"规划中明确提出要在未来十年新增核电装机容量 1220 万 kW。从总投资额角度来看,虽然核电和水电的单位投资成本高于风电和光伏,但其年平均利用小时数是风光的数倍。基于此,考虑到风电和光伏的装机容量估计值偏高,中国电力系统零碳化的成本还将有所下降。另外,由于核电出力的稳定性,核电比例增加,而要求的储能容量会随之减少,进而降低储能成本。

(4)储能成本下降。储能价格目前尚不具备经济性是目前储能没有大规模推广的重要原因,但随着清洁能源间歇性问题的逐步显现,储能的成本问题也引起了很多研究的关注。不同研究中储能的单位容量投资成本在 300 ~ 500 美元 / kW·h(Crabtree,2016;Li et al.,2020;EIA,2016),这可能会使社会度电成本增加 0.3 美元左右,与燃气机组和燃煤机组相比并不具备经济效益。幸运的是,储能技术成本仍然具有学习溢出效应,未来成本下降趋势明显(IEA,2020)。如果储能成本下降一半,电力系统零碳化的总投资成本将下降至 37 万亿元左右。

5.4 关于新型储能的进一步讨论

为保障全社会"碳中和"目标的按时达成,电力系统要于 2050 年提前实现零碳化,使用清洁能源代替化石能源发电。电力部门零碳化的投资布局可以分成新增清洁能源装机容量、新增储能设施以及新增输电线路三部分。

结果表明,2050 年中国全社会用电量约为 12 万亿 kW·h,在不考虑 30 年间化石燃料节省以及原有化石能源电厂不再需要更新换代的节省时,实现电力系统零碳化的总投资成本约为 67 万亿元,年均成本约为 2.25 万亿元,占中国 2020 年 GDP 的 2%。在考虑 30 年间火电厂的燃料节省以及原有火电厂不再需要更新

---

① 资料来源于 https://mp.weixin.qq.com/s/5QcmI0YQnR0hZEGz7as6gQ。

换代的节省时，实现碳中和的净投资成本约为 52 万亿元，年均成本约为 1.74 万亿元，占中国 2020 年 GDP 的 1.7%。

电力系统零碳成本中储能设施的新建成本占比最高，达到 80% 以上，因此储能成本下降幅度和速度将是影响未来电力成本最重要的因素。抽水蓄能是目前商业化应用最为成熟的储能方式（2017 年占储能总装机容量的 96%[①]）。抽水蓄能作为调峰、调频和备用电源广泛应用于电网侧，主要优点是技术成熟度高、功率和容量较大、成本低，主要缺点在于受地形制约较大、能量密度较低、总投资较高、投资回收期较长等（EIA，2019）。

新型储能是指除抽水蓄能以外的新型储能技术，包括新型锂离子电池、液流电池、飞轮、压缩空气、氢（氨）储能、热（冷）储能等。大容量新型储能技术还处于研究的初期，但从近几年的数据来看，储能成本下降速度十分惊人。新电池存储技术的广泛应用和商业化导致成本迅速降低，尤其是锂离子电池，同时高温硫酸钠（NAS）和所谓的"液体"电池的成本也在迅速降低，过去 10 年间电池的成本下降了 85%（王鑫，2020）。以德国为例，自 2014 年末以来，小型家用锂离子电池的成本下降了 60% 以上。经济活力的稳步提高反过来又为电池储存开辟了新的应用领域。根据 IRENA 的研究，与十年前的太阳能光伏（PV）板一样，电池储能系统存在巨大的部署和降低成本的潜力。到 2030 年，总装机成本将下降 50%～60%（电池成本将下降更多），这是由制造设施的优化、更好的组合和使用材料减少所推动的。电池寿命和性能也将不断提高，有助于降低提供储能服务的成本。到 2030 年，用于储能的锂离子电池成本可能降至 200 美元 /kW·h 以下。

未来储能成本下降的可能驱动是电动汽车技术发展"溢出"到电网储能的电池中。考虑到电动汽车电池的市场规模已经是电网储能规模的 10 倍，在移动性应用中创新和成本降低的间接影响可能会是一个显著的推动（Heal，2022）。快速成长的电动汽车产业已经并将继续成为电化学储能成本下降的首要驱动力。受规模效应的影响，不断扩大的电动汽车产业将加速锂电池成本下降，从而提升其在电储能领域的应用规模。电动汽车可通过有序充电、车电互联等方式直接或间接参与电力系统运行，实现与储能相同或相似的系统应用价值。考虑到未来电动汽车的高市场渗透率，其 2030 年理论储能规模可满足高比例可再生能源系统中小时级电力平衡，有效地解决当前困扰可再生能源发展的电力系统短期调峰能

---

① 数据来源于 IRENA。

力不足的问题。同时，可以考虑废弃的电动汽车和充电桩的二次电池的回收与利用，如 Han 等（2018）设计了用废弃的电动汽车的二次电池作为储能设备与光伏电站联动的场景，模拟了该方法下的单位成本。

　　未来储能成本下降的另一个主要驱动力是用户侧储能的推广与应用。我国大部分地区实行峰谷电价，高峰时期电价较高，低谷时期电价较低。有用电时间调节能力的用户可以通过在低谷时期充电、高峰时期放电的方式进行"能源套利"，该套利行为会自然驱动用户侧参与"储能"调节。该行为同样有利于平滑电力负荷，降低电网平衡成本。

　　新型储能全面市场化发展需要技术的创新与相关产业政策的支持。目前，在技术层面仍属于探索阶段，一旦突破技术瓶颈，在规模效应与学习效应推动下，成本会逐渐下降。但需要注意的是，技术创新具有极强的不确定性，在技术路线尚不明确、多种技术竞争的情况下，既需要产业政策引导新型储能产业进行技术创新，同时应做到"技术中性"，产业政策激励应与市场激励相容，主要依靠市场选择技术，补贴更应偏重于公共品属性较强的研发阶段的激励。

|第 6 章| 新能源对电力批发市场影响的模拟分析

　　电力批发市场是电力市场体系的核心组成部分，批发市场形成的价格信号对于引导发电企业生产与投资行为、提供稳定电力供给具有重要的作用。与传统化石能源发电的高可控性不同，新能源受自然条件影响大，具有明显的间歇性、波动性和不确定性等不可控特征。用经济学术语来说，新能源发电技术的固定成本较高，边际成本接近于零，供给数量不仅取决于产能，还受自然条件影响，因此波动性大、随机性强。这些供给特征对现有的更适应以传统可控化石能源为主的电力市场规则产生冲击。我国电力市场化改革需要前瞻性设计适应高比例新能源的规则机制，激励投资、生产和使用新能源的积极性，为实现碳中和的长期目标提供可持续的保障。第 2 章从理论上介绍了新能源对电力市场的影响，本章和第 7 章以广东为例，实证考察新能源对电力批发价格水平、波动性与长期供给充足的影响。具体而言，本章建立了一个完全竞争的电力市场均衡模型，使用广东高频真实电力交易数据，通过提高参与电力市场的新能源机组比例，在多情景下模拟测算高比例新能源对电力市场价格、供给充足性等方面的影响。研究发现，高比例新能源电力会降低电力市场价格、增加电力市场价格的波动性，降低了燃气机组等高边际成本机组的投资收益率，影响其长期供给。基于广东的模拟分析结果，本章对电力市场机制设计和区域市场建设提出政策建议。

　　本章按照以下结构展开：第 1 节介绍研究背景与文献综述；第 2 节介绍模型设定与数据来源；第 3 节讨论模拟结果并进行敏感性分析；第 4 节给出结论并针对广东电力市场应对新能源挑战做了进一步讨论。

6.1 研究背景与文献综述

电力生产消费的实时平衡特性使得电力市场无法自发形成，需要系统科学的顶层设计。电力行业传统上实行发、输、配和售垂直一体化经营，作为自然垄断行业受到准入和收益率等方面的政府监管。20世纪80年代初以来，在自由化与放松管制的思潮下，英国与美国等国家陆续对电力行业进行市场化改革，在纵向上将发、输、配和售环节进行分离，将不具有规模经济特征的发电和售电环节引入竞争，对具有自然垄断特性的输配电环节实行更有效的监管。改革的直接动因是希望通过放松监管，引入竞争，降低成本和提升效率，而改革的理论基础既根植于传统的新古典经济学的竞争均衡与福利最大化理论，更得益于产业组织理论在不对称信息与自然垄断监管、机制设计等领域的创新及其在电力行业的应用。

一个运行良好有效的电力市场需要遵循一般性的市场规律，很多综述研究总结了世界各地的电力改革经验并提炼出需要遵循的一些共同原则，包括成立独立的系统运行机构；在发电侧建立批发市场是电力市场改革的核心内容，也是成本下降和效率提升的主要来源（Newbery and Green，1997；Joskow，2006，2008）；对市场势力要实行有效监管（Borenstein et al.，2002；Mansur，2008），以及价格形成机制需要能够灵敏反映供需的时空可变性与灵活性（Green，2008；Newbery et al.，2016）等。虽然各国电力行业市场化改革的目标与遵循的理论基础大体相同，但资源禀赋、电力行业存量、制度条件等各不相同，因此各国在不同约束条件下最终采取的电力市场模式、方案与路径各不相同。Joskow（2008）、Borenstein和Bushnell（2015）等总结了英国和美国电力体制改革的经验与教训，Green（2008）对比了美国和欧盟的电力市场模式。

虽然欧盟、英国、美国等地都有了较为成熟的电力市场机制，但消纳新能源电力，特别是高比例新能源电力，仍然对电力市场造成冲击与挑战。面对快速发展的新能源，需要改革电力市场机制，需要新的电力市场设计来应对高比例新能源电力带来的挑战。这既是各国政策者面临的实际挑战，又是学术前沿问题。

通过模型推导，Jensen和Skytte（2002）验证了新能源电力会导致更低的电价。新能源与传统能源相比，新能源机组的边际成本远低于常规机组，新能源电力以近乎于零的边际成本进入电力市场，从而使供给曲线向右移动，供给曲线的右移将直接导致均衡电价下降。在理论分析的基础上，一系列文献通过实证检验新能源电力比例上升后的电价变化情况。

多数学者使用电力系统调度与投资优化模型，对电力系统建模，模拟分析新能源电力对电力市场均衡电价的影响，发现新能源电力会降低电力市场平均电价（Linares et al.，2008；Weigt，2009）。Sensfu 等（2008）使用电力市场模型进行了多次模拟，发现在 2001 年、2004～2006 年、2007～2011 年，新能源电力均降低了德国的平均电价，下降幅度为 1.7～7.8 欧元 /MW·h。另外，新能源电力对电力市场平均电价的降价效应会随着时间的推移而逐渐增加（Weigt，2009）。Fürsch 等（2012）基于欧洲电力市场的调度及投资模型预测德国的优序效应，发现 2015 年下降 2 欧元 /MW·h、2020 年下降 4 欧元 /MW·h、2025 年下降 5 欧元 /MW·h、2030 年下降 10 欧元 /MW·h。Gil 等（2012）还使用条件概率的方法计算了 2007～2010 年风电比例对西班牙日前电价的影响，随着风电比例的增加，电价下降的概率增大，平均而言没有风电时的电价为 9.7 欧元 /MW·h，比存在风电时的电价高 18%。

除使用模拟分析之外，部分学者建立计量模型，通过计量分析等方式发现新能源电力会降低电力市场均衡价格（Woo et al.，2011；Nieuwenhout and Brand，2011；O'Mahoney and Denny，2011）。例如，Neubarth 等（2006）建立了一个单变量回归模型，回归 2004 年 9 月～2005 年 8 月德国风电发电量对日前电价的影响，发现每增加 1GW 风电，日前电价下降 1.9 欧元 /MW·h。Woo 等（2011）在单变量回归模型中增加核能发电、系统负荷、天然气价格和时间虚拟变量等，发现每增加 1GW 风电会使得克萨斯州电价下降 13～44 美元 /MW·h。O'Mahoney 和 Denny（2011）使用小时级别的数据，选取一系列自变量（包括需求、风力发电量、化石燃料价格等）解释电价的变动，发现每增加 1GW 风电会使爱尔兰电价下降 9.9 欧元 /MW·h。Nicholson 等（2010）使用 2007～2009 年更高频的数据集（每小时和每 15min 的数据），选取风力发电量、天然气发电量、温度和之前的电价等作为解释变量，发现每增加 1GW 风电会使电价下降 0.7～16.4 美元 /MW·h（取决于年份、时刻和得克萨斯州电网的面积）。

虽然新能源电力能够降低电力市场均衡价格，但也有学者发现，由于新能源的可变性、间歇性和随机性等，新能源电力也会对电力市场的价格造成不利影响，如增加时间波动性、地域波动性等。Baldick（2011）认为，电价的高波动性源于风力发电与需求峰值之间存在的负相关性。Zarnikau（2011）发现，由于得克萨斯州缺乏输电能力，间歇性的风力发电会导致一些地区电价骤降，而另一些地区电价飙升。Bigerna等（2016）发现，当没有光伏发电时，或者在因为拥堵分割出的特定市场区域中，市场势力有所增加，对电力市场均衡造成不利影响。

新能源不同于传统发电技术，大规模的消纳给传统电力市场的供给充足性带来了新的挑战。首先，新能源的可变性、间歇性和随机性这三个特点会对电力供应安全性和可靠性造成相当大的问题。其次，新能源一般在地理上和发电时间上都具有集中性，传统电力市场采用单一价格出清，难以反映新能源供给成本在时空上的高度可变性，这也可能会导致输电堵塞（Green，2008；Bigerna et al.，2016）。最后，由于风光等新能源的燃料成本接近于零，参与电力市场会对价格造成下行压力，降低了化石燃料发电商的收益，削弱了他们对新产能投资的激励，在电力存储没有经济性之前，传统发电技术对于系统稳定性和灵活性仍然至关重要，因此在长期内会对供给充足性造成威胁（Praktiknjo and Erdmann，2016）。Newbery（2017）指出，目前英国（和欧盟）的新能源政策以及电力市场规则无法适应未来英国和欧盟制定的30%以上的电力来源于新能源这一目标，电力市场机制必须进行改革以适应大规模新能源的消纳。

Cochran等（2012）总结回顾了澳大利亚和德国等多个国家通过电力市场整合新能源电力的经验；Newbery等（2018）、Strbac和Wolak（2017）分别针对英国、欧洲和低收入发展中国家的电力市场如何更好地消纳新能源给出了设计原则和政策建议，这些建议要点包括是否应该使用节点电价更好地引导投资的区位选择，是否应该由系统运营商整合运行实时市场与辅助服务市场，是否应扩大市场的区域范围等。Newbery（2017）指出，所有可再生能源发电都是间歇性的，如果要确保电力供给质量和安全，就需要额外的灵活服务（如储备、需求响应等）来应对新能源发电的间歇性。Newbery等（2018）指出，欧盟新能源政策应遵循三个主要目标：①确保能源可靠供应；②创造竞争环境，为发电机组提供可行的能源价格；③减少温室气体排放、环境污染和对化石燃料的依赖。Strbac和Wolak（2017）针对低收入发展中国家提出电力市场机制设计的关键在于：①确保调度发电机组的短期市场与电网物理运行特征之间的匹配；②建立有效的监管和市场机制，以确保电力长期供给充足；③完善相关市场机制以缓解市场势力；④允许需求侧参与短期市场。

现有文献已经构建了完备的电力市场化改革的理论基础、对各国电力市场改革进行了经验总结，剖析和梳理了主要国家的电力市场改革的历程、机制设计、风险和挑战，以及对经济社会的影响，也提炼出一些共性问题与一般性规律。但是电力体制改革是一个系统性复杂工程，虽然市场化方向改革具有普遍性规律，但更应注意到的是，改革目标、约束及改革路径都受到包括所有权制度、产业结构、资源禀赋条件及电网物理构架等国情条件的影响。

设计适合我国国情的改革方案无法照搬照抄国外经验，而学术界以经济学视角对我国电力行业的深入研究的研究较少。针对 2002 年电力改革，李虹（2004）、林伯强（2005）、Xu 和 Chen（2006）等对这次改革进行了综述，一个共识是认为改革不够彻底，没有建立真正的电力市场。少数学者实证研究了这次改革是否提升了发电效率（Ngan，2010；Meng et al.，2016）。针对我国本轮电力体制改革出现的问题，随着本轮电力市场化改革的推进，相关研究逐渐丰富，内容涵盖电力制度改革的总体设计（迈克尔·G·波利特等，2017）、电力市场模式的选择（刘树杰和杨娟，2016）、输配电价与市场势力监管（郑新业等，2016）、电力市场范围（王鹏等，2019）等多个角度。可是，现有的研究对于我国高比例新能源消纳背景下的电力市场改革的研究储备不足，理论支撑力度不够。

新能源电力大规模消纳对世界各国来说都是新的挑战，国际学术界对这一问题的研究也刚刚起步，我国则面临着特有的新能源高"弃电"率的现实问题。实现电力向清洁化发展，逐步扩大清洁能源比例，实现清洁能源对煤电的替代，以减少污染与应对气候变化，促进新能源发展是新一轮电力体制改革的重要目标。电力市场改革与新能源发展是一个互动的过程，伴随着风电、光伏规模的逐渐扩大，二者相互影响。电力市场的技术存量与规则设计在短期内影响新能源的消纳，长期内影响新能源的投资；反过来，新能源发电规模的扩大，也对电力市场造成影响。本章在前人研究的基础上分析我国电力市场消纳高比例新能源遇到的问题，并提出如何推动电力市场改革有效应对新能源带来的挑战。

6.2　模型设定与数据

6.2.1　模型设定

结合广东电力市场建设情况，本研究首先构建一个完全竞争的电力市场模型，以考察在风电、光伏等新能源电力比例升高时，电力市场会发生怎么的变化。广东电力市场的研究假设如下。

假设1：电力市场完全竞争，而且不存在短缺、不存在阻塞。

假设2：电力市场消费侧没有消费弹性，即电力需求刚性；供给侧具有价格弹性。

假设3：燃煤火电机组、燃气机组、核电机组根据其装机容量提供最大发电能力，并参与市场竞争；风电、光伏等新能源电力参与市场竞争；抽蓄水电、地调火电，按照保障性收购政策，不参与市场竞争；西电东送到广东的外来电（主要为云南的水电）仍按照省间长期协议执行，不参与市场竞争。

假设4：为方便考察风电、光伏等新能源电力比例升高对电力市场的影响，在提高风电、光伏等新能源电力比例时，假设容量不发生大的变化，仅通过增加风电、光伏等新能源装机容量提高新能源电力。

在完全竞争的电力现货市场中，发电主体会按照边际成本报价，电力现货市场根据发电主体报价，从低到高累加发电主体申报的发电量，形成一条向上倾斜的供给曲线。申报的发电量是发电主体决策的变量，在自身发电成本最小化的前提下，既不能超出机组最大的发电能力，又要满足电力系统的总需求。由于各发电主体按照边际成本报价，按照收益最大化报量，各发电主体的总供给成本将实现最小化。因此，电力现货市场的出清方式可以用以下公式表示：

$$\text{Min TSC} = \sum_{t=1}^{8760} \sum_{i} \text{MC}_i \, \text{GEN}_{i,t} \tag{6-1}$$

$$\text{s. t.} \sum_{i} \text{GEN}_{i,t} = D_t, \ t=1,2,\cdots,8760 \tag{6-2}$$

$$0 \leq \text{GEN}_{i,t} \leq (1-\text{loss}_{i,t}) \cdot \text{CAP}_i, \forall i, t \tag{6-3}$$

式中，i 为机组类型，包括风电机组、光伏机组、水电机组、100万千瓦燃煤机组、60万千瓦燃煤机组、30万千瓦燃煤机组、30万千瓦以下燃煤机组和燃气机组等；t 为具体时刻，因为本研究选取1小时的出清频率，因此 t 的范围为 [1，8760]；MC_i 为第 i 类机组的边际成本；GEN_{ij} 为第 i 类机组在第 t 时刻的发电量，是该类型机组发电成本最小化过程中的决策变量。

约束条件分为短期供需平衡约束和发电容量约束，其中式（6-2）为短期供需平衡约束，确保第 t 时刻的电力供给需求相等；式（6-3）为发电容量约束，$\text{loss}_{i,t}$ 为第 i 类机组在第 t 时刻的线损率，CAP_i 为第 i 类机组的最大发电能力，发电量应小于去除线损后的最大发电能力。

因为发电主体按照边际成本报价，现货市场按照统一价格出清，因此第 t 时刻的市场均衡价格 P_t 等于最后一单位发电的边际机组的边际成本 MC^*_t，即

$$P_i=\text{MC}_t^*,\ t=1,2,\cdots,8760 \qquad\qquad (6\text{-}4)$$

所有机组在 t 时刻都按照价格 P_t 获得收益，发电边际成本较低的机组可以获得高于其边际成本的均衡价格，均衡价格与边际成本的差值可以用于弥补其固定成本。而发电边际成本较高的机组将无法取得足够的生产者剩余以弥补固定成本，发电边际成本较高的机组长期面临退出市场的风险。

6.2.2 数据来源

广东作为我国生产总值和电力消费量第一的省份，是电力市场改革的先行地区，也是 2017 年 8 个第一批现货市场试点省之一，正在逐渐建设完善的电力市场。本研究使用广东 2018 年的负荷、供给数据，增加风电、光伏等新能源电力消纳的比例，对未来高比例新能源消纳的电力市场进行量化模拟。

1. 负荷数据

2018 年广东的负荷数据由国家能源局南方监管局提供，负荷数据为广东每 5 分钟的机组出力负荷。负荷数据共 105 120（12×24×365）条，可根据需求加总为不同时间间隔的负荷数据，平均为 7061 万 kW，最小值为 1988 万 kW，最大值为 12 159 万 kW。图 6-1 展示了每月 5 分钟级别负荷数据情况，可以看出广东负荷情况有明显的日间、月度、季度的差异。

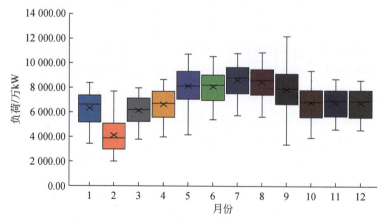

图 6-1　广东 2018 年每月 5 分钟级别负荷箱线图

2. 供给数据

燃煤火电机组、燃气机组、核电机组装机容量数据来源于《中国南方电网 2018 年调度年报》。如图 6-2 所示，广东燃煤火电机组装机容量占总装机容量的比例为 49.6%，其中 100 万千瓦机组、60 万千瓦机组、30 万千瓦机组以及 30 万千瓦以下燃煤机组装机容量占燃煤火电机组装机容量的比例分别为 26.2%、38.5%、29.7% 和 5.6%；燃气机组、核电机组、水电机组、风电机组和光伏机组装机容量占总装机容量的比例分别为 18.4%、11.4%、7.9%、3.1% 和 2.0%。另外，将网损、厂用电和例行检修容量按照 2018 年实际数据从发电能力中扣除，其中网损等数据来源于《中国南方电网 2018 年调度年报》。

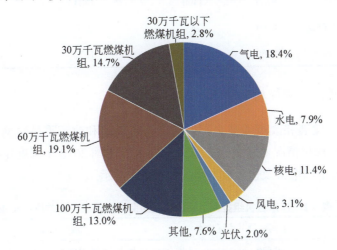

图 6-2　2018 年广东各类型机组装机容量情况

根据燃煤火电机组、燃气机组、核电机组等装机容量数据和收受电量、抽蓄水电、地调火电、风电、光伏等 2018 年实际发电电量，可以计算出每小时各机组类型的供给数据。各类型机组的供给情况如表 6-1 所示，各类型机组的实际发电情况需结合电力市场的负荷数据，以达到供需平衡。

表 6-1　广东 2018 年各类型机组的供给情况

机组类型	样本数	平均值 / 万 kW·h	最小值 / 万 kW·h	最大值 / 万 kW·h
外省输入电量	8760	1988	527	3247
抽水蓄能机组	8760	47	0	173
地调火电机组	8760	172	72	233

续表

机组类型	样本数	平均值 / 万 kW·h	最小值 / 万 kW·h	最大值 / 万 kW·h
风电机组	8760	59	12	171
光伏机组	8760	78	0	392
水电机组	8760	208	100	421
核电机组	8760	1147	1067	1217
100 万千瓦燃煤机组	8760	1236	1150	1312
60 万千瓦燃煤机组	8760	1813	1686	1924
30 万千瓦燃煤机组	8760	1400	1303	1486
30 万千瓦以下燃煤机组	8760	265	247	281
燃气机组	8760	1749	1626	1856

3. 上网电价、边际成本数据

根据国家发展和改革委员会网站、广东省发展和改革委员会网站、《2018年度全国电力价格情况监管通报》及《中国南方电网 2018 年调度年报》等，广东各机组类型上网电价及边际成本情况如表 6-2 所示。

表 6-2　广东各机组类型上网电价及边际成本情况　（单位：元 /kW·h）

机组类型	上网电价	边际成本	数据来源
风电机组	0.570	—	国际可再生能源署发布的《可再生电力发电成本2018》指出 2014 ~ 2018 年中国水电发电的平准化度电成本为 0.04 美元 /kW·h，水电机组的安装成本为 1030 美元 /kW。基于上述数据，本研究假设水电机组全年利用小时数为 3500h（2018 年广东水电利用小时数为 3625h），且至少发电 10 年，以此将水电机组的安装成本从平准化度电成本中扣除，按 7 元 / 美元的汇率进行折算，得出水电的边际成本为 0.074 元 /kW·h
光伏机组	0.850	—	
水电机组	0.280	0.074	
核电机组	0.414	0.172	采用中广核 2018 年上市公告数据
100 万千瓦燃煤机组	0.441	0.279	边际成本 = 度电燃料消费量 × 燃料价格，度电燃料消费量数据来自《中国南方电网 2018 年调度年报》。广东电煤价格来自国家发展和改革委员会官网，气源价格来于广东省发展和改革委员会官网。计算中使用的煤炭价格和发电技术参数详见附录 6 和附录 7
60 万千瓦燃煤机组	0.441	0.303	
30 万千瓦燃煤机组	0.441	0.313	
30 万千瓦以下煤电机组	0.441	0.342	
燃气机组	0.634	0.436	

注：上网电价数据来源于广东省发展和改革委员会网站以及《2018 年度全国电力价格情况监管通报》

6.3 模拟结果与敏感性分析

6.3.1 模拟结果

1. 高比例新能源电力对价格的影响

2018 年广东风电机组装机容量占比为 3.1%、光伏机组为 2.0%，新能源装机容量占比共计 5.1% 如图 6-2 所示。年发电量占年度总发电量的 1.9%，设此情景为基准情景。将广东 2018 年电力市场供给、需求数据转化为小时级别的数据，不断提高新能源机组装机容量占比，将其占比从 5% 逐步提高到 30%，分析定价机组、月度平均电价、小时平均电价等结果的变化情况。

随着新能源机组占比的提高，电力市场中低边际成本的机组占比逐渐增加，高边际成本机组的定价能力逐渐减弱、定价频率逐渐降低。如表 6-3 所示，当新能源机组占比从 5% 提高到 30% 时，燃气机组的定价频率从 15.6% 下降至 4.3%，30 万千瓦以下燃煤机组的定价频率从 7.5% 下降至 3.1%。由于燃气机组和 30 万千瓦以下燃煤机组属于电力市场中边际成本最高的两类机组，两类机组定价频率的同步下降意味着两类机组的年发电量逐步下降，将逐渐被新能源等低成本机组淘汰。而 30 万千瓦燃煤机组定价频率在新能源机组占比较低时保持增长态势，当新能源机组占比高于 15% 之后，定价频率出现下降趋势，在新能源机组占比为 30% 时，定价频率降至 31.7%。相对而言，核电机组、100 万千瓦燃煤机组、60 万千瓦燃煤机组因边际成本较低，在新能源机组占比提高时，定价频率保持上升趋势。当新能源机组占比为 30% 时，甚至出现风光机组定价的情况。

表 6-3 不同新能源机组装机容量占比情景下各类型机组的定价频率情况 （单位：%）

机组类型	新能源机组占比					
	5%	10%	15%	20%	25%	30%
风光机组	0.0	0.0	0.0	0.0	0.0	0.1
水电机组	0.0	0.0	0.0	0.0	0.0	0.1
核电机组	0.1	0.1	0.5	1.0	1.4	1.8

续表

机组类型	新能源机组占比					
	5%	10%	15%	20%	25%	30%
100 万千瓦燃煤机组	5.3	6.1	6.6	7.2	8.3	9.9
60 万千瓦燃煤机组	35.4	38.0	40.7	43.7	46.8	49.1
30 万千瓦燃煤机组	36.1	37.4	38.2	37.0	34.4	31.7
30 万千瓦以下燃煤机组	7.5	7.2	5.5	4.4	3.8	3.1
燃气机组	15.6	11.2	8.5	6.7	5.3	4.3

由于新能源机组占比升高，低边际成本机组定价频率升高，高边际成本机组定价频率降低，电力市场均衡价格呈现下降趋势。如图 6-3 所示，电力市场的均衡价格因 2 月需求最低而处于最低的位置，随着新能源机组占比升高，各月的平均电价均有所下降。

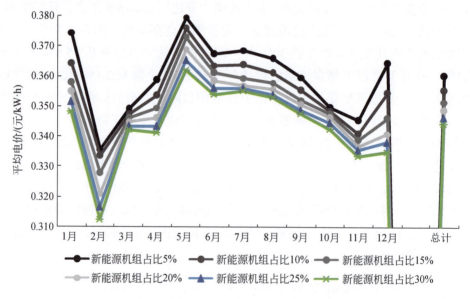

图 6-3　不同新能源机组占比情景下的月度平均电价

总体来看，新能源机组占比为 5% 时（基准情景）电力市场均衡价格为 0.360 元 /kW·h，当新能源机组占比上升到 10%、15%、20%、25%、30% 时，电力市场均衡价格分别降为 0.355 元 /kW·h、0.352 元 /kW·h、0.349 元 /kW·h、0.346 元 /kW·h、0.344 元 /kW·h。当新能源机组占比上升到 10%、15%、20%、

25%、30% 时，相较于基准情景，电力市场均衡价格下降幅度分别为 1.3%、2.4%、3.2%、3.8%、4.4%。

分月份来看，1 月、2 月和 12 月下降幅度最大。由于 2 月电力需求最低，电力市场均衡价格最低，电价变动对其影响最大。对于 1 月和 12 月而言，由于低边际成本发电较少且广东 2018 年 1 月和 12 月收受外省输入水电较少，高边际成本发电机组定价频率较多，新能源机组占比的升高对定价机组的影响更大，因此电力市场均衡价格下降幅度更大。

虽然高比例新能源电力可以降低电力市场价格，但随着新能源机组占比的提高，电力市场价格波动性增加。如图 6-4 所示，将每日的平均电价作成箱线图可以看出，日平均电价整体呈下降趋势；由于高边际成本机组发电减少，高电价情况占比减少，电力市场均衡价格更为集中。但是，随着新能源机组占比的提高，箱线图出现更多的离散点，且离散点离箱体的距离越来越远。可以看出，受新能源机组的影响，电力市场出现远高于均衡情况或远低于均衡情况的电价，日平均电价的极差变大，电力市场价格更具波动性。

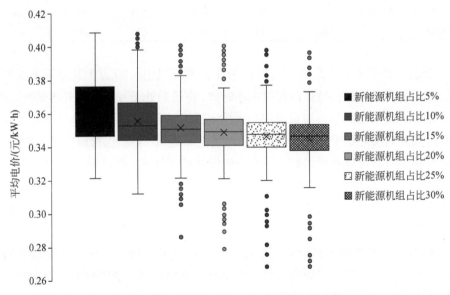

图 6-4　不同新能源机组占比情景下的日平均电价

2.高比例新能源电力对长期电力供给的影响

由于新能源机组的替代，电力市场均衡价格有所下降，高边际成本机组定价频率降低，同时减少了高边际成本机组的年利用小时数。如表 6-4 所示，各类型机组的年利用小时数都因新能源机组占比的升高而下降。其中,核电机组、100万千瓦燃煤机组所受影响不大,在本研究假设和理论模型下,仍可保持每年8200小时以上;60万千瓦燃煤机组在新能源机组占比30%时仍可保持每年5700小时以上,可以维持盈利状态。

但30万千瓦燃煤机组、30万千瓦以下燃煤机组和燃气机组受新能源机组替代影响较大。当新能源机组占比从5%增加至30%时,30万千瓦燃煤机组、30万千瓦以下燃煤机组和燃气机组分别下降至1950h/a、506h/a和64h/a,下降幅度分别为47.4%、69.9%、79.2%。

表6-4　不同新能源机组占比情景下的机组发电小时数　（单位:h/a）

机组类型	新能源机组占比					
	5%	10%	15%	20%	25%	30%
核电机组	8759	8759	8755	8742	8720	8692
100万千瓦燃煤机组	8596	8552	8501	8443	8372	8279
60万千瓦燃煤机组	6984	6804	6586	6331	6035	5707
30万千瓦燃煤机组	3710	3330	2938	2561	2230	1950
30万千瓦以下燃煤机组	1682	1275	949	758	613	506
燃气机组	307	206	149	110	83	64

新能源机组占比不断提高时,30万千瓦燃煤机组、30万千瓦以下燃煤机组和燃气机组将长期保持较低的年发电小时数,将长期处于亏损状态并逐渐被淘汰。由于燃煤机组根据其装机容量提供最大发电能力,各机组在基础情景下的发电利用小时数并非实际情况,现实中受电力市场空间地域、各机组检修安排等的影响,实际利用小时数可能有所增高。本研究假设基础情景下（新能源机组占比为5%）这三类机组可以实现盈亏平衡。为维持各类机组的盈亏平衡状态,提高新能源机组占比,淘汰这三类机组部分装机容量,使这三类机组的年发电利用小时数趋近于基础情景的发电小时数。

然而,由于新能源机组的可变性、间歇性和随机性,可再生能源电力的供给并不稳定。在可再生能源电力供给充足时,燃煤机组、燃气机组的发电能力受到影响,而当可再生能源电力供给不足时,又需要燃煤机组、燃气机组弥补不足电力。当新能源机组占比提高时,部分燃煤机组、燃气机组因长期亏损而不得不退出电力市场。大量燃煤机组、燃气机组退出电力市场后,当新能源电力供给不足时,将没有充足的燃煤机组、燃气机组弥补不足电力,电力市场将出现供小于求的情况,电力系统安全将受到影响。

当新能源机组仅淘汰燃气机组时，电力市场会在1月、5月、6月和12月出现失衡情况。如图6-5所示，电力市场失衡情况集中在电力市场价格较高的月份，即燃气机组定价频率较高的月份。特别是5月，新能源机组占比升高时，燃气机组的定价频率变化程度并不及1月、12月大，燃气机组仍有较多定价的机会，但电力市场剩余需求量有限。然而该燃气机组仍是边际机组，当燃气机组被淘汰时，电力市场出现失衡的问题。

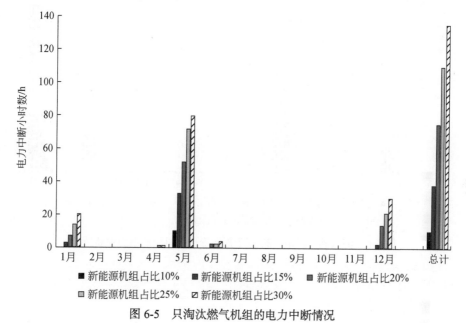

图 6-5 只淘汰燃气机组的电力中断情况

当30万千瓦以下燃煤机组和30万千瓦燃煤机组都受到新能源机组的影响时，电力市场失衡问题加剧，电力市场供给充足性受到新能源机组的挑战。如图6-6和图6-7所示，电力市场失衡的次数变多，当淘汰燃气机组和30万千瓦以下燃煤机组时，仍是1月、5月、6月和12月出现电力中断的情况；而当淘汰燃气机组、30万千瓦以下燃煤机组和30万千瓦燃煤机组时，全年除了10月均出现电力中断问题。

总体来看，随着新能源机组占比由5%提高到30%，只淘汰燃气机组时，电力中断小时数分别为10h、38h、75h、110h、135h；当淘汰燃气机组和30万千瓦以下燃煤机组时，电力中断h数分别为14h、72h、162h、217h、237h；当淘汰燃气机组、30万千瓦以下燃煤机组、30万千瓦燃煤机组时，电力中断h数分别为38h、253h、523h、779h、1000h。最差的情况下，电力中断h数高达1000h，约占全年电力中断小时数的 11.4%，可见新能源长期对电力供给充足性存在巨大冲击。由于新能源对电力市场均衡价格的影响，电价长期处于较低的位置，新的燃煤机组缺少投资热情。如果无法提供额外的机组容量，电力市场的长期有效性将受到影响。

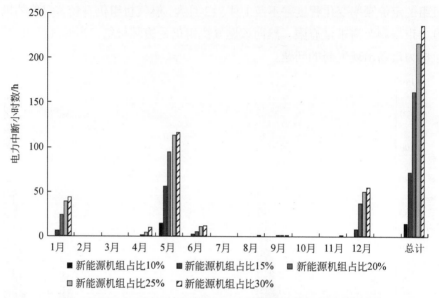

图 6-6　淘汰燃气机组、30 万千瓦以下燃煤机组的电力中断情况

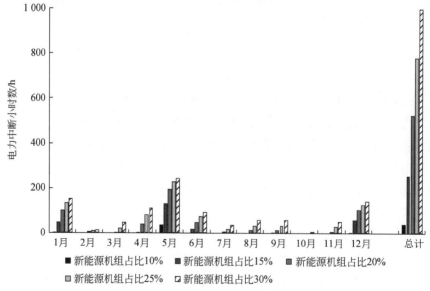

图 6-7　淘汰燃气机组、30 万千瓦以下燃煤机组、30 万千瓦燃煤机组的电力中断情况

6.3.2 敏感性分析

1. 出清频率调整为 5 分钟的敏感性分析

本研究将出清频率由初始的 1 小时出清细化至 5 分钟出清，以分析结果对出清频率的敏感性。如表 6-5、表 6-6 所示，出清频率对平均电价、定价机组的影响不大，几乎不存在差异性。对于 5 分钟的出清频率，全年定价次数共计 105 120（$365 \times 24 \times 60/5$）次，表 6-6 所示各类型机组定价频率变化不大。

表 6-5 不同出清频率的平均电价情况

出清频率		新能源机组占比					
		5%	10%	15%	20%	25%	30%
1 小时出清	平均电价 /(元 /kW·h)	0.360	0.355	0.352	0.349	0.346	0.344
	降价幅度 /%	—	1.3	2.4	3.2	3.8	4.4
5 分钟出清	平均电价 /(元 /kW·h)	0.360	0.356	0.352	0.349	0.347	0.344
	降价幅度 /%	—	1.3	2.4	3.2	3.9	4.5

表 6-6 不同出清频率的各类型机组定价频率情况 （单位：%）

出清频率	机组类型	新能源机组占比					
		5%	10%	15%	20%	25%	30%
1 小时出清	风光机组	0.0	0.0	0.0	0.0	0.0	0.1
	水电机组	0.0	0.0	0.0	0.0	0.0	0.1
	核电机组	0.1	0.1	0.5	1.0	1.4	1.8
	100 万千瓦燃煤机组	5.3	6.1	6.6	7.2	8.3	9.9
	60 万千瓦燃煤机组	35.4	38.0	40.7	43.7	46.8	49.1
	30 万千瓦燃煤机组	36.1	37.4	38.2	37.0	34.4	31.7
	30 万千瓦以下燃煤机组	7.5	7.2	5.5	4.4	3.8	3.1
	燃气机组	15.6	11.2	8.5	6.7	5.3	4.3
5 分钟出清	风光机组	0.0	0.0	0.0	0.0	0.0	0.1
	水电机组	0.0	0.0	0.0	0.0	0.0	0.1

续表

出清频率	机组类型	新能源机组占比					
		5%	10%	15%	20%	25%	30%
5分钟出清	核电机组	0.1	0.1	0.5	1.0	1.4	1.8
	100万千瓦燃煤机组	5.3	6.0	6.7	7.3	8.4	10.0
	60万千瓦燃煤机组	35.4	38.2	40.9	43.7	46.6	48.8
	30万千瓦燃煤机组	36.0	37.0	37.7	36.6	34.2	31.5
	30万千瓦以下燃煤机组	7.2	7.1	5.7	4.4	3.9	3.3
	燃气机组	16.0	11.6	8.6	6.8	5.4	4.4

虽然整体电价没有明显的变化，但是由于出清频率由1小时变为5分钟，对于各类型机组来说，年发电小时数有微小差异，且不同类型机组的差异有所不同。如表6-7所示，核电机组、100万千瓦燃煤机组、60万千瓦燃煤机组、30万千瓦燃煤机组等低边际成本机组的年发电小时数小幅下降，而30万千瓦以下燃煤机组和燃气机组等高边际成本机组的年发电小时数小幅上升。可见当电力市场出清频率加快后，更需要高边际成本机组处理电力市场的波动性，特别是由新能源机组出力不稳定带来的波动性。

表6-7　不同出清频率的各类型机组年发电小时数　　　（单位：h/a）

出清频率		机组类型					
		核电机组	燃煤机组				燃气机组
			100万千瓦	60万千瓦	30万千瓦	30万千瓦以下	
1小时出清	新能源机组占比5%	8759	8596	6984	3710	1682	307
	新能源机组占比10%	8759	8552	6804	3330	1275	206
	新能源机组占比15%	8755	8501	6586	2938	949	149
	新能源机组占比20%	8742	8443	6331	2561	758	110
	新能源机组占比25%	8720	8372	6035	2230	613	83
	新能源机组占比30%	8692	8279	5707	1950	506	64
5分钟出清	新能源机组占比5%	8759	8595	6975	3702	1709	320
	新能源机组占比10%	8759	8551	6794	3327	1310	216

续表

出清频率		机组类型					
		核电机组	燃煤机组				燃气机组
			100万千瓦	60万千瓦	30万千瓦	30万千瓦以下	
5分钟出清	新能源机组占比15%	8755	8499	6572	2944	980	155
	新能源机组占比20%	8742	8439	6316	2572	778	115
	新能源机组占比25%	8720	8368	6021	2243	632	87
	新能源机组占比30%	8691	8273	5695	1965	517	68

在高出清频率下，高边际成本机组的作用更为重要。而新能源装机容量占比提升时，高边际成本机组逐渐被淘汰，对5分钟出清的电力市场有效性会造成更严重的冲击。如表6-8所示，出清频率由1小时转变为5分钟时，电力中断的频率增加。

表6-8　不同出清频率的电力中断情况　　　　（单位：%）

出清频率	淘汰情景	新能源机组占比				
		10%	15%	20%	25%	30%
1小时出清	只淘汰燃气机组	0.1	0.4	0.9	1.3	1.5
	淘汰燃气机组、30万千瓦以下燃煤机组	0.2	0.8	1.9	2.5	2.7
	淘汰燃气机组、30万千瓦以下燃煤机组、30万千瓦燃煤机组	0.4	2.9	6.0	8.9	11.4
5分钟出清	只淘汰燃气机组	0.1	0.5	1.0	1.4	1.5
	淘汰燃气机组、30万千瓦以下燃煤机组	0.2	0.9	1.9	2.5	2.8
	淘汰燃气机组、30万千瓦以下燃煤机组、30万千瓦燃煤机组	0.5	2.9	6.0	9.0	11.2

2. 提高外省输入电量比例的敏感性分析

广东的电力需求由外省输入电量满足的比例为28.2%，大部分外省输入电量由"西电东送"的云南水电提供。在本研究假设中，外省输入电量在国家政策下保障性消纳，外省输入电量可以替代本省电力市场的发电机组来影响电力市场均衡，也会缩小新能源机组对电力市场有效性的影响。根据公式推导，本研究使用以下公式对外省输入电量进行调整，提高外省输入电量占总发电量的比例：

$$E^I_{add}=[(Rate_{new}-Rate_{old}) \times E^I_{old}] \div [Rate_{old} \times (1-Rate_{new})] \quad （6\text{-}5）$$

$$E^I_{new}=E^I_{old}+E^I_{add}=[(Rate_{new}-Rate_{old} \times Rate_{new}) \times E^I_{old}] \div [Rate_{old} \times (1-Rate_{new})] \quad （6\text{-}6）$$

由于外省输入电量的全额消纳特性，外省输入电量的提高对 30 万千瓦以下燃煤机组、燃气机组等高边际成本机组的影响较大。如表 6-9 所示，两类高边际成本机组的定价频率大幅下降，当新能源机组占比提高时，两类高边际成本机组几乎失去了定价能力，也意味着这两类机组的年发电小时数受到较大的影响。

表 6-9　不同外省输入电量比例时各类型机组定价频率情况　　（单位：%）

外省输入电量比例	机组类型	新能源机组占比					
		5%	10%	15%	20%	25%	30%
28.2%	风光机组	0.0	0.0	0.0	0.0	0.0	0.1
	水电机组	0.0	0.0	0.0	0.0	0.0	0.1
	核电机组	0.1	0.1	0.5	1.0	1.4	1.8
	100 万千瓦燃煤机组	5.3	6.1	6.6	7.2	8.3	9.9
	60 万千瓦燃煤机组	35.4	38.0	40.7	43.7	46.8	49.1
	30 万千瓦燃煤机组	36.1	37.4	38.2	37.0	34.4	31.7
	30 万千瓦以下燃煤机组	7.5	7.2	5.5	4.4	3.8	3.1
	燃气机组	15.6	11.2	8.5	6.7	5.3	4.3
35.0%	风光机组	0.0	0.0	0.0	0.0	0.0	0.3
	水电机组	0.0	0.0	0.0	0.0	0.1	0.2
	核电机组	1.0	1.8	2.8	3.8	4.7	5.6
	100 万千瓦燃煤机组	14.7	15.9	16.8	18.5	20.5	23.0
	60 万千瓦燃煤机组	43.7	45.7	48.7	50.7	51.9	51.5
	30 万千瓦燃煤机组	33.6	32.0	28.3	24.5	21.0	18.1
	30 万千瓦以下燃煤机组	3.9	2.6	2.2	1.7	1.2	1.0
	燃气机组	3.2	2.0	1.2	0.8	0.6	0.4

然而，外省输入电量比例的提高会减弱新能源机组降低电力市场均衡价格的能力。如表 6-10 所示，在新能源机组装机容量为 5% 时（基础情景），外省输入电量比例的提高大幅降低了电力市场的均衡电价，但随着新能源机组占比的提高，电力市场均衡价格却大幅下降。原因是外省输入电量的省间协议价格介于 30 万千瓦以下燃煤机组和燃气机组的边际成本之间，当新能源机组在替代燃煤机组发电时，需要消纳高成本的外省输入电量，且外省输入电量比例由 28.2% 提升至 35% 时已经替代了大部分燃气机组，因此电力市场的后续降价幅度明显下降。如果云南和广东形成统一市场，云南输入广东的水电按照"边际成本＋输配电成

本"参与市场竞争，将低于燃煤机组的边际成本，具有良好的市场竞争力，此时新能源机组降低电力市场均衡价格的能力将有所提升。

表 6-10 不同外省输入电量比例时平均电价情况

外省输入电量比例		新能源机组占比					
		5%	10%	15%	20%	25%	30%
28.2%	平均电价 /（元 /kW·h）	0.360	0.355	0.352	0.349	0.346	0.344
	降价幅度 /%	—	1.3	2.4	3.2	3.8	4.4
35.0%	平均电价 /（元 /kW·h）	0.358	0.356	0.354	0.352	0.350	0.349
	降价幅度 /%	—	0.7	1.2	1.7	2.2	2.6

外省输入电量在减弱新能源机组降低电力市场均衡价格的能力的同时，也减弱了新能源机组对电力市场供给充足性的挑战。如图 6-8 ~图 6-10 所示，外省输入电量对电力市场失衡的问题有明显的改善，在新能源机组占比较低时，存在没有出现电力市场失衡的情景。随着新能源机组占比由 5% 提高到 30%，仅淘汰燃气机组时，电力中断小时数分别为 0h、0h、5h、14h、13h；当淘汰燃气机组、30 万千瓦以下燃煤机组时，电力中断小时数分别为 0h、8h、36h、62h、69h；当淘汰燃气机组、30 万千瓦以下燃煤机组、30 万千瓦燃煤机组时，电力中断小时数分别为 2h、185h、442h、639h、733h（附录 11）。最差的情况下，电力中断小时数达到 733h，约占全年电力中断小时数的 8.4%。

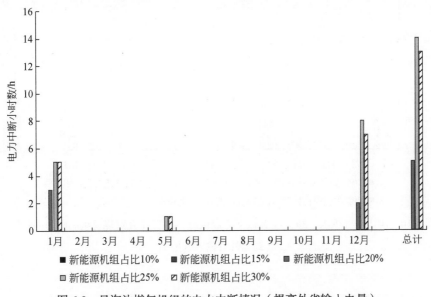

图 6-8 只淘汰燃气机组的电力中断情况（提高外省输入电量）

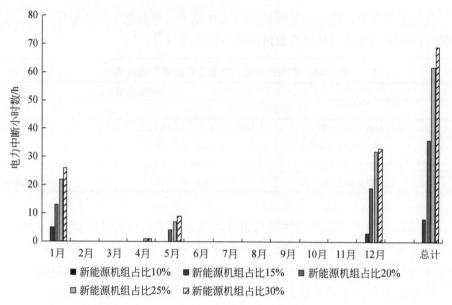

图 6-9　淘汰燃气机组、30 万千瓦以下燃煤机组的电力中断情况（提高外省输入电量）

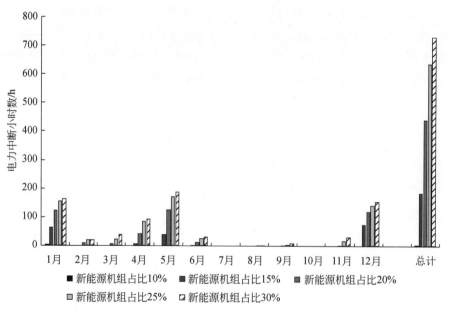

图 6-10　淘汰燃气机组、30 万千瓦以下燃煤机组、30 万千瓦燃煤机组的电力中断情况
（提高外省输入电量）

6.4　结论与进一步讨论

本研究建立了一个完全竞争的电力市场，使用广东 2018 年的电力负荷、供给数据，量化了在新能源消纳比例提高的情景下，电力市场的价格、供给充足性的变化情况。新能源的可变性、间歇性和随机性对电力市场造成影响，导致电力价格波动、长期电力供给不足，进而造成市场失灵问题。随着新能源比例上升，批发市场平均电价呈下降趋势。受新能源机组占比提高的影响，燃气机组等高边际成本机组逐步被低边际成本的新能源机组替代，电力市场平均电价呈现下降趋势，新能源机组占比为 5% 时（基准情景）电力市场均衡价格为 0.360 元 /kW·h，当新能源机组占比上升到 10%～30% 时，电力市场均衡价格降为 0.344～0.355 元 /kW·h，相较于基础情景，电价下降幅度为 1.3%～4.4%。分月份来看，1 月、2 月和 12 月下降幅度较大，3 月和 10 月下降幅度较小。

高比例新能源电力会增加电力市场价格的波动性。随着新能源机组占比的提高，出现异常电价的天数增加，且异常电价与市场稳定时的电价差值越来越大。可以看出，受新能源机组的影响，电力市场出现远高于均衡电价或远低于均衡电价的情况越来越频繁，日平均电价的极差变大，电力市场价格更具波动性。

在新能源机组的替代下，燃气机组等高边际成本机组的年发电小时数明显下降。当新能源机组占比从 5% 增加至 30% 时，燃气机组年发电小时数下降至 64h/a，下降幅度为 79.2%。新能源机组降低了燃气机组等高边际成本机组的投资收益率，影响其长期供给。为使该机组维持盈亏平衡状态，需要淘汰部分机组。在部分机组淘汰后，将出现电力中断的失衡情况。最差的情况下，电力中断小时数高达 1000h，占全年电力中断小时数的 11.4%，可见新能源对长期电力供给产生巨大影响。

基于广东的模拟分析结果，本研究对电力市场提出如下政策建议。

建设电力金融市场、容量服务市场，应对新能源的影响。电力不同于传统商品，其交易频繁且需要实时出清，这对电力现货市场的规则要求较高，为了适应高比例新能源电力消纳，需要电力市场提供额外的服务维持市场稳定，如容量备用、调峰调频、金融合约等。短期市场并不能为发电企业和输配电网所有者提供足够的长期投资激励。适应新能源电力的市场应具有较高的灵活性，需要机组的快速反应能力为新能源机组提供辅助服务，需要足够多的机组作为备用机组。

而传统的电力市场无法为这些稀缺资源定价，现行电力市场机制无法反映出新能源电力的所有消纳成本。为保证发电设备和输配电设备的长期投资，电力市场设计中需纳入保障长期供应的容量责任合同、金融工具合同等。因此，需要进一步完善辅助服务市场，建设电力金融市场、容量市场等，产生合理价格信号以反映所有电力服务的价值，这样既可以维持电力的商品属性，又可以为适应高比例新能源电力的相关服务提供足够的激励。

提高电力系统灵活性，适应新能源的影响。由于新能源的可变性、间歇性和随机性，新能源并网对电网的稳定性影响较大，为了适应高比例新能源，要加强对发电侧、输电侧、用户侧和储能侧的灵活性建设，提升深度调峰和快速响应能力，提高电力系统的灵活性。实现电力市场绿色发展可持续性，需保留对提升电力系统灵活性的新兴技术做出反应的能力，市场应具有容纳新技术的能力和促进新技术发展的激励机制。电力系统的灵活性越高，调节能力越强，则越能应对高比例新能源电力带来的调峰、调频和备用的需求。灵活的电力市场能够较好地适应波动性强的新能源机组，形成稳定的电力价格。

首先，在发电侧可引入惩罚机制，发电侧需要为承诺出力和实际出力的差值支付罚款。这样既能提高发电侧完善出力预测模型精度的积极性，又能为备用容量、调峰调频等相关服务支付相关费用，减少电力系统运营成本。其次，有序推进需求侧响应机制的建立。需求侧响应机制的设计可以减少调峰调频的困难，减少电力系统维持稳定的系统成本。同时，可以利用软件技术上的进步，将智能电表、智能 APP 接入电力系统，可以提高需求侧响应的及时性与高效性。最后，通过支付储能侧服务费用促进储能技术的发展，在快速充放电的电池技术完善后，新能源电力供给质量将实现质的突破，电力现货市场也将更具灵活性。

推进区域电力市场、防范市场壁垒，发挥区域性的资源配置优势。考虑到我国不同区域的资源禀赋与经济发展水平不同，区域间资源的有机整合可以提升电力市场的运营效率。通过区域市场一体化，可以有效缓解新能源波动性、解决市场失灵、保障电网可靠性。当两个省（自治区、直辖市）的风力资源不相关时，连接该省（自治区、直辖市）的区域电力市场可以缓解风力资源的可变性，以抑制电力价格的大幅波动（Neuhoff et al.，2013）。例如，欧洲利用各国不同的自然优势，通过多国的电力市场跨境一体化增加欧洲区域电力系统的灵活性（Boffa et al.，2010；Newbery et al.，2016），这些优势包括挪威的水力资源，意大利、西班牙和希腊大量的可预测太阳能资源，以及相隔 1000km 的两个区域存在负相关的风力资源（Newbery，2018）。

　　另外，在高比例新能源消电力纳背景下，高边际成本机组逐渐被替代，以一省（自治区、直辖市）之力保障电力市场安全需要支付高额的机组备用成本，甚至会出现缺电导致的市场失衡问题。通过建立区域电力市场，统一制定交易规则、统一进行电力电量交易，将减少分省（自治区、直辖市）政府的政策成本，也扩大了电力交易市场的规模，便于政策的制定与实施，便于竞争的充分有效，便于市场的稳定可靠运行。特别是依靠相邻省（自治区、直辖市）的互补资源，如充足的水力资源、高质量的火电机组、负相关的风力资源等，可以有效缓解新能源的不稳定对电力系统的冲击。推进区域电力市场，既保障了电力市场的安全运行，又平滑了电力市场价格的波动。

　　通过市场一体化解决市场失灵虽然会带来净收益，但这些收益并不一定能在参与一体化的各区域间平均分配。解决市场失灵的新型电力市场设计同时需要采用详尽的成本收益分析，评估每个参与方的福利改善情况。在整体层面解决新能源的冲击，保障各项服务能得到有效的利用并获得适当的报酬。这样既能降低整合新能源电力的短期成本，又能增加投资新电网基础设施的吸引力，保护电力系统的长期供给充足性。

|第7章| 新能源对容量充足性影响的实证分析

　　电力是现代能源体系的核心组成部分，是支撑经济社会发展、保障国计民生的重要基础。电力安全保障要求系统中有充足的电力容量以满足用户电力需求。第 3 章的理论分析指出，随着新能源在电力系统中的比例上升，低边际成本使平均电价下降，减少传统火电机组的发电量，弱化企业投资意愿，因此带来长期容量供给不足的潜在问题。我国电力市场化改革仍在进程中，电力市场化价格形成机制尚未完全形成，煤炭价格波动仍不能通过电力市场价格有效传导，短期内进一步恶化了电力供给安全。本章考察我国电力市场改革背景下新能源对容量充足性的影响与应对策略。具体而言，本章首先从理论对发电厂商的投资决策以及生产决策进行建模，刻画出不同情形下的市场出清结果，包括最优容量、均衡容量、容量扭曲程度、总社会福利变化等，讨论当前电力市场容量投资现状以及出现容量投资不足的具体原因，尤其是新能源的影响。在此基础上依托于广东电力市场的实际数据开展定量研究与数值模拟，刻画出当前广东的电力容量投资现状以及不同情形下的容量扭曲程度，对不同容量补偿机制的具体实施效果进行量化分析和比较。研究发现，统筹考虑我国基本国情以及当前电力市场建设进程，容量支付机制将成为电力市场建设初期较好的选择，其能够有效地缓解发电企业成本回收压力，对竞争性发电侧现货市场起到了良好的补充作用。

　　本章按照以下结构展开：第 1 节回顾现有文献对于电力容量投资不足以及应对策略的讨论；第 2 节通过建立理论模型分析价格上限、非自愿配给、市场力与新能源对电力容量投资的影响；第 3 节结合我国现实情况使用广东数据量化模拟广东的容量投资情况；第 4 节比较不同容量保障机制对我国的适用性；第 5 节给出结论与政策建议。

7.1 研究背景与文献综述

在全球范围内，新能源的大规模使用引发了电力行业的根本性变革。在以新能源为主体的电力系统中，对于容量的需求将进一步提升，以确保电力的可靠供应。然而，新能源进入市场后，会降低现货市场价格水平，减少传统火电机组的年平均发电小时数，对长期发电容量充裕性产生严重威胁。

基于上述问题，学者们担心当前电力市场的机制安排无法引发对发电容量的充分投资，主要有以下两种对立的观点。一方面，Hogan（2005）认为当前市场中的价格上限是造成收入缺失问题的核心来源，若取消价格上限，允许电力稀缺情况下电能量价格远高于机组的可变成本，企业则能够获得可以覆盖其固定投资成本的稀缺收益，收入缺失问题得以解决。

然而，国外学者通过理论研究证明，纯电能量市场的良好运行依赖于下述几个关键假设：①市场是完全竞争的；②市场中的参与者具有理性预期；③遵循风险中立的策略（Caramanis et al.，1982；Stoft，2002）。国外成熟电力市场实际运行经验表明，这些假设较难得到满足。首先，在当前的电力市场中，往往是少数发电厂商主导市场并进行战略投资，从而形成寡头垄断的格局（Schwenen，2014）。其次，市场中的参与者可能并不总是具有理性预期，在存在大量不确定性的情况下，电力市场很容易遭受投资周期的影响（Arango and Larsen，2011；Olsina et al.，2006）。最后，投资者往往是规避风险的，因此会比风险中立者建设更少的容量（Neuhoff and de Vries，2004）。综上所述，在实践中，纯电量市场无法提供准确的价格信号，从而引导发电厂商积极地进行电源投资建设。从2021年美国得克萨斯州电力危机和2020年澳大利亚电力危机也可以看出，上述机制存在缺陷，由此带来了一定程度上的容量扭曲（冯永晟，2022）。

另一方面，部分学者认为发电容量具有与直接出售电力不同的内在价值，即增加新的发电容量可以提高电力系统的可靠性，即使它实际上并没有被用于生产。因此，未能为这种外部性定价是导致投资不足的根源所在。这种观点促使世界各国通过经济补贴的方式补充发电厂商在纯电量市场中获得的收入，从而加强他们投资发电容量的动机。

国外学者针对当前容量保障机制的研究主要分为以下三方面：首先，简要讨论各类容量保障机制的设计要素。Batlle 和 Rodilla（2010）认为容量保障机制的设计是一个复杂的挑战，理想的解决方案取决于特定的市场条件，例如现有的产能组合和需求特征。因此，主要的设计要素包括系统的容量充裕性目标、容量市场的可变资源需求曲线、能够提供可靠容量的发电技术以及相应的激励与处罚机制（Bublitz et al., 2019）。

其次，通过建立理论模型分析各类容量保障机制如何受到市场势力、风险规避以及投资周期等因素的影响。考虑市场势力而言，不同的容量保障机制将出现不同的市场出清结果。例如，集中式的容量市场能够降低批发市场的市场势力，从而降低发电的总费用（Hach et al., 2016）；而战略储备机制则增加了发电厂商保留容量的机会，从而增加其行使市场力的可能性（Bhagwat et al., 2016）。对于风险规避而言，在大多数的理论分析中，出于简化问题的考虑，学者往往假设决策者都是风险中立的。然而，在现实世界中，能源部门的决策者通常是规避风险的。Petitet 等（2017）研究表明，在风险规避的假设下，容量机制比纯电量市场下的稀缺定价机制更具有优势。在纯电能量市场的模式下，市场出清结果显著取决于投资者的风险厌恶程度；而在容量机制下，由于监管机构直接确定了所需的数量，市场参与者的避险情绪将反映在影响总成本的投标中，市场出清结果将更具有可预测性。对于投资周期而言，实施容量保障机制可以在一定程度上抑制投资周期对电力市场的影响，然而，在大多数情况下，容量保障机制无法完全抵消上述影响，监管机构仍然需要准备充足的备用容量（de Vries and Heijnen, 2008）。

最后，通过具体案例评估容量保障机制在以高比例新能源及较灵活的需求为特征的电力市场中的表现。Cramton 等（2013）认为，系统中新能源的增加加剧了需求和市场价格的波动性和不确定性，从而加剧了发电容量充裕性问题。Finon 和 Cepeda（2013）通过开发一个系统动力学模型以模拟电力市场的长期演变，并将风力发电纳入其中。结果表明，容量机制可以通过降低失负荷概率帮助减少大规模风电开发的社会成本。Jaehnert 和 Doorman（2014）通过建立一个综合运行和投资优化模型，分析讨论了新能源对于电力系统容量充裕性的影响，并针对不同的容量机制、需求弹性以及市场上不同的价格上限进行了敏感性分析。结果表明，新能源渗透率的提高会显著降低系统的长期容量充裕性，实施容量补偿机制、提高价格上限或增加需求弹性可以解决这一挑战。

国内学者对于容量投资及保障机制的研究聚焦于介绍国外现有机制的设计理念和运行效果评估等方面。例如，梁青等（2009）总结了美国 PJM 容量市场的主要特点、清算机制和运行成果，为华东区域容量市场的建设提供借鉴。王冬明和李道强（2010）通过回顾美国 PJM 电力容量市场的建设历程分析指出美国容量市场的运作模式是与其社会特点及市场基础相适应的，并且处于不断完善的过程中，我国应当结合实际国情，建立具有我国特色的电力容量市场。侯孚睿等（2015）综合考虑法律发展、运营阶段、市场参与方及评价标准四方面，基于首轮拍卖的结果对英国容量市场设计的原则进行了详细分析，并提出了对于我国进行容量市场建设的思考与启示。张粒子和唐成鹏（2016）在详细分析了英国采用容量市场的背景、目的及具体形式后，对于该模式在我国的利用进行了适用性分析，从实施利弊、难度大小、可能存在的问题等维度进行评估，对我国未来容量市场的建设提供参考建议。

为甄别不同容量市场模式的优劣与适用性，需要对各典型模式的实施效果进行具体分析，以助于我国容量市场的建设决策与制度实施。除英国、美国 PJM 外，其他国家也逐步基于本国国情及容量需求开启了容量市场建设的探索，包括以欧洲和德国为代表的战略备用机制、智利的容量补偿机制、法国的分散式容量义务机制等。赵风云等（2013）通过梳理巴西、阿根廷、美国得克萨斯州电力市场的改革情况，总结了国外容量市场运行的实施效果和相关启示。刘硕等（2022）总结了国外电力容量补偿机制及运行原理，并详细分析各类机制的优缺点，分析其在我国市场环境下的适用性，为我国电力容量补偿机制设计提供参考建议。

从目前国内已有研究来看，对于该领域的研究大多停留在对国外现有机制的定性分析层面，对于我国容量机制的具体设计仅提出宏观层面上的政策建议和路径规划；尚未通过建立具体模型，依托我国实际发电数据，对市场中的当前容量状况以及容量补偿机制的实施效果展开案例研究与定量分析。同时，上述研究没有统筹考虑我国电力市场建设进程以及新能源的迅速发展对容量保障机制设计的影响。在我国加快新一轮电力体制改革以及电力系统中新能源发电占比迅速攀升的背景下，合理高效的容量保障机制对市场的支撑作用将愈发显著。因此，需要尽快结合国外实际经验以及我国的具体国情对容量投资激励以及相关的保障机制进行系统地研究和讨论。

在上述背景下，本研究试图回答如下三个重要问题：首先，在电力市场化改革的背景下，如何确定我国的最优电力容量？其次，当前我国出现容量投资不足的具体原因有哪些？最后，如何更好地设计面向高比例新能源电力系统的容量保障机制，从而确保电力投资的合理回报、保护电源投资的积极性、保持电力容量的充裕性？

参考 Fabra（2018）的理论模型，我们首先对市场中发电企业的投资决策以及生产决策进行建模，以刻画出企业的长短期行为。立足于我国当前的电力市场框架，统筹考虑当前的现货市场交易模式、经济社会环境、电力市场结构等基本情况，系统讨论当前电力市场容量投资现状，我国出现容量投资不足的具体原因包括以下几个方面：①存在价格上限；②存在非自愿配给；③存在市场势力；④新能源消纳比例上升。在理论分析框架下，依托广东电力市场的实际数据，进行定量研究与数值模拟，详细地讨论在不同情形下的容量扭曲程度以及社会福利变化，并引入容量补偿机制，探究其具体实施效果，为容量投资激励及容量保障机制的研究提供中国范本。

当前，国内已有研究聚焦于对国外现有机制的定性分析层面，对于我国容量投资不足的问题以及具体机制的设计仅仅提出宏观层面上的政策建议和路径规划。本研究通过对市场中发电企业的投资决策以及生产决策进行建模，能够更准确分析企业的长短期行为，进而探究不同情形下的市场出清结果，总结出引发当前市场投资激励不足的主要原因，并依据上述模型，进一步讨论各类典型的容量保障机制的经济性和有效性，为我国加快构建高比例新能源的新型电力系统，尽快建立适应新型电力系统的体制机制、适应能源转型和"双碳"目标要求的电力市场机制提供相关政策制定与讨论的理论支撑。

7.2 电力容量不足的影响因素分析

7.2.1 最优电力容量决定的基准情形

本研究参考 Fabra（2018）的理论模型，假设一个具有 n 家发电企业竞争的市场，市场中所有企业都具有相同的生产技术，不超过容量限制时发电边际成本标准化为零，超过时成本无穷大。单位容量投资成本 $c>0$，市场需求为 θ，在不超过消费者的保留价格 v，即电力失负荷价值（value of lost load，VOLL）时完全无弹性，需求参数 θ 在 [0,1] 单位区间分布。市场需求在进行生产决策时已知，但在容量投资阶段未知。假设投资是长期决策，而生产是短期决策：生产是以每天或每小时为基础进行的，而投资是每 20 ~ 30 年进行一次，容量资产在其生命周期内面临着显著的需求变化。

接下来，考虑一个两阶段的博弈：第一阶段，企业在面临需求不确定性的情况下，同时做出容量投资决策 k_i，$i=1,\cdots,n$；一旦选定，该投资决策视为公开。

第二阶段，实现的需求 θ 可以被所有企业观察到，所有企业同时在批发市场提交报价。只要市场价格大于等于企业报价 b_i，企业就会提供其全部容量。

上述模型刻画了发电厂商的长期投资决策以及短期生产决策。以往的大部分理论模型聚焦于厂商在短期的生产行为，较少关注厂商在长期所做的容量投资决策。因此，该模型适用于针对电力行业容量投资激励不足及相应保障机制等问题的探讨。

我们定义总福利 W 为消费者和生产者盈余之和。在投资阶段，总福利 W 等于消费者用电量的总效用减去生产和投资成本：

$$W=v\int_0^K \theta d\theta + v\int_K^1 Kd\theta - cK \qquad (7-1)$$

该表达式是仅关于市场中所有发电厂商提供的总容量 K 的函数，即价格只影响剩余在消费者和生产者之间的分配，对社会总福利没有影响。由社会总福利最大化的一阶条件可知，最优容量为

$$K^{FB}=\frac{v-c}{v}<1 \qquad (7-2)$$

7.2.2 电力容量投资不足的原因分析

1. 价格上限

在上述基准情形中，我们假设市场中不存在价格上限。然而，在实践中，为防范市场势力和价格大幅波动，市场监管者往往会设定远低于电力失负荷价值的价格上限 $P(P<v)$。在纯电量市场的模式下，我们假设：①市场可以自由进入；②市场中不存在市场势力。上述假设意味着：①发电企业会持续进入市场新建容量，直至预期利润为零；②只要存在足够的总容量，价格将等于边际成本，否则将上升至价格上限 P。

假定此时所有企业投资均为 k，此时每个发电企业的预期利润为

$$\pi_i=P\int_{nk}^1 kd\theta - ck \qquad (7-3)$$

式中，$P\int_{nk}^1 kd\theta$ 为稀缺租金，在自由进入的竞争市场中，只要稀缺租金超过固定投资成本，企业会选择新建容量；c 为单位投资成本。由发电企业利润最大化的一阶条件可知，均衡容量投资为

$$k^*=\frac{1}{n}\frac{P-c}{P} \qquad (7-4)$$

此时，所有电厂的均衡总容量投资为

$$K^*=nk^*=\frac{P-c}{P}\leqslant K^{FB}=\frac{v-c}{v} \tag{7-5}$$

因此，在纯电量市场模式下，价格上限的存在使得稀缺性租金无法覆盖发电企业的投资成本，导致了投资的无效率。因此，为了引导电源进行积极投资，我们应当取消市场中的价格上限，即设置 $P=v$。此时，稀缺性租金刚好覆盖发电企业的投资成本，生产者的利润为零，社会总福利等于最优容量（K^{FB}）下的消费者剩余：

$$W(K^{FB})=CS(K^{FB})=v\int_0^{\frac{v-c}{v}}\theta d\theta \tag{7-6}$$

结论 1： 在纯电能量市场模式下，价格上限是导致投资不足的根源所在。若取消价格上限，则市场中的发电企业可以通过完全竞争形成准确价格信号，从而引导电源及时进行投资建设，无须诉诸其他容量保障机制。

2. 非自愿配给

在上述纯电能量市场的基准情形中，我们假设系统运营商可以实施滚动停电，以避免系统在需求超过总容量时崩溃。也就是说，在电力短缺时期，消费者会自愿减少对于电力的使用以适应现有容量。然而，这在实践中并不总是可行的。正如 Joskow 和 Tirole（2007）所说："当系统运营商调用滚动停电时，个体消费者无法选择自己喜欢的可靠性水平，他们的灯和邻居的灯将一起熄灭。"

因此，我们放松上述假设，假定在 γ 的概率下系统会崩溃，消费者完全不能使用电力；然而，也有 $1-\gamma$ 的概率系统不会崩溃，消费者可以在现有容量的范围内使用电力。

此时，总福利可以写为

$$W=v\int_0^K\theta d\theta+v(1-\gamma)\int_K^1 Kd\theta-cK \tag{7-7}$$

由社会总福利最大化的一阶条件可知，此时最优容量（K^{FB}）为

$$K^{FB}=\begin{cases}1 & \gamma\geqslant\dfrac{c}{v}\\[2mm]\dfrac{1}{1-2\gamma}\dfrac{v(1-\gamma)-c}{v} & \gamma<\dfrac{c}{v}\end{cases} \tag{7-8}$$

由式（7-8）可知，最优容量随着 γ 的增加而增加。即当系统停电的可能性提高时，需要更多的容量，以保障电力供应的安全。在该情形下，存在两种极端情况：①如果停电的概率为 0（$\gamma=0$），则我们将得到与一般情形 1 相同的解；②如果停电的概率非常高，则需要建立足够多的容量来满足峰值负荷的需求（$K^{FB}=1$）。

同时，发电企业所获利润与一般情形 1 基本保持一致，不同之处在于，当容量不足时，企业盈利的概率为 $1-\gamma$。因此，这降低了企业所能获得的稀缺性租金，反过来又导致了比一般情形 1 更低的均衡容量，由发电企业利润最大化的一阶条件可知，此时的均衡容量投资为

$$K^{*}=\frac{2}{2-3\gamma}\frac{P(1-\gamma)-c}{P} \tag{7-9}$$

结论 2：当非自愿配给存在时，市场中存在着由投资激励不足而引发的容量扭曲。而产生投资激励不足的本质原因为停电概率的增加减少了企业所能获得的利润，从而降低了发电企业进行容量投资的积极性。此时，若取消价格上限，能够缓解一部分容量扭曲，但无法完全消除停电所带来的低效率。

3. 市场势力

在上述纯电能量市场的基准模型中，我们进行以下假设：①市场可以自由进入；②市场中不存在市场势力。然而，在实践中，上述假设较难得到满足。因此，我们放松上述①、②两个假设，在模型中引入市场力的概念。假设小型企业（$i=2,\cdots,n$）按照边际成本投标，大型企业 $i=1$ 进行战略性投标，即在竞争对手供应后的剩余需求上，使自己的利润最大化。后者被称为主导企业（dominant firm），而前者被称为边缘企业（fringe firm）。我们将用 k_F 表示边缘企业的总容量，即 $k_F=\sum_{f=2}^{N}k_f$，$K=k_1+k_F$ 表示市场上所有企业的总容量。

为了刻画子博弈完美纳什均衡（subgame perfect nash equilibrium），我们采用逆向归纳法：首先刻画给定容量的均衡定价，其次刻画均衡投资。

定价阶段：边缘企业以边际成本出价 $k_F=\sum_{f=2}^{N}k_f$。若 $\theta \leq k_F$，均衡价格为 0；否则主导企业可以将市场价格提高到价格上限 P。若 $k_F \leq \theta \leq K$，则 k_1 满足全部需求；若 $k_F \leq K \leq \theta$，k_1 按照自身容量满足需求。

此时，主导企业和边缘企业的预期均衡利润分别为

$$\pi_1=P\int_{k_F}^{k_F+k_1}(\theta-k_F)\mathrm{d}\theta+P\int_{k_F+k_1}^{1}k_1\mathrm{d}\theta-ck_1 \tag{7-10}$$

$$\pi_f=P\int_{k_F}^{k_F+k_1}k_f\,\mathrm{d}\theta+P\int_{k_F+k_1}^{1}k_f\mathrm{d}\theta-c,f=2,\cdots,n \tag{7-11}$$

投资阶段：首先考虑市场中主导企业容量投资的边际激励。由利润最大化的一阶条件可知，主导企业容量投资的边际激励为

$$\frac{\partial\pi_1}{\partial k_1}=P(1-K)-c \tag{7-12}$$

式（7-12）表明，主导企业仅从容量稀缺时（$\theta>K$）的产能扩张中获利，该事件发生的概率为$1-K$。在其他情况下，主导企业并不受容量限制，因此其容量的增加并不会导致更大的生产，也即主导企业的投资激励只依赖于总容量。反过来讲，此时市场中的均衡总容量完全由式（7-12）决定，为

$$K^* = \frac{P-c}{P} < K^{FB} = \frac{v-c}{v} \tag{7-13}$$

因此，除非取消价格上限，否则当前市场中的均衡总容量K^*相对于最优容量K^{FB}而言存在投资不足。同时，均衡总容量K^*随着价格上限P的提高而增加。因此，市场中的监管者面临着在削弱市场势力（降低价格上限）和诱导投资激励（提高价格上限）之间的权衡。

接下来，我们探究边缘企业容量投资的边际激励。假定市场中其他发电企业的容量为定值，由边际企业利润最大化的一阶条件可知，其投资激励为

$$\frac{\partial \pi_f}{\partial k_f} = Pk_1 - Pk_f + P(1-K) - c \tag{7-14}$$

由式（7-14）可知，与主导企业相比，边缘企业可以通过扩大产能获得更多的利润。然而，边缘企业容量的扩张也增加了市场以边际价格出清的可能性，这往往会对投资起到一定程度的抑制作用。

由于边缘企业之间存在对称性，则市场中边缘企业的均衡容量为

$$k^* = \frac{1}{n}\frac{P-c}{P}, \quad i=1,2,\cdots,n \tag{7-15}$$

由式（7-15）可知，当$k_1=k_f$时，边缘企业的一阶条件与主导企业的一阶条件代表着市场中同一均衡容量投资水平。此时，所有企业都将选择相同的容量，即$k_i^*=k^*$，$i=1,\cdots,n$，此时市场中的均衡总容量为

$$K^* = nk^* = \frac{P-c}{P} \tag{7-16}$$

利用均衡容量的表达式，我们可以计算出主导企业和边缘企业的均衡利润：

$$\pi_1^* = P\int_{(n-1)k^*}^{nk^*}(\theta-(n-1)k^*)\mathrm{d}\theta = \frac{1}{2}\frac{P}{n^2}\left(\frac{P-c}{P}\right)^2 \tag{7-17}$$

$$\pi_f^* = P\int_{(n-1)k^*}^{nk^*}k^*\mathrm{d}\theta = \frac{P}{n^2}\left(\frac{P-c}{P}\right)^2 \tag{7-18}$$

此时，市场上的均衡容量投资刚好达到了使得稀缺性租金覆盖投资成本的水平，因此企业的利润仅由市场势力租金构成。同时，边缘企业比主导企业的利润更高，因为他们更频繁地按照机组的装机容量进行生产。由于当前市场中的容

量水平与纯电量市场模式下相同，市场中的总福利水平也与该模式保持一致。然而，对于消费者而言，由于发电企业通过向消费者收取市场势力租金而获得利润，消费者剩余并不是在 $P=v$ 时取最大，此时电价对于消费者而言过于高昂。因此，为使消费者福利最大化，最优的设置是 $P<v$。同时，越低的价格上限会给消费者福利带来越大程度上的改善。

结论 3： 当市场势力存在时，消费者需要向发电企业支付市场势力租金，且该租金随着价格上限的增加而增加。因此，为使消费者福利最大化，最优的设置是 $P<v$，此时是市场势力的存在（而不是价格上限）导致了市场上的容量扭曲。

4. 新能源

为探究新能源参与市场后对市场出清结果的影响，我们在上述情形的基础上引入新能源。假设新能源的发电量为 r，并在 $[0,R]$ 单位区间均匀分布，R 即为可再生能源发电总装机容量。根据上述假设，新能源的平均可用性即为 $R/2$。为简单起见，我们假设需求 θ 与可再生能源发电之间没有相关性。此时，社会总福利可以表示为

$$W=\frac{v}{R}\int_0^R(\int_0^{K+r}\theta\mathrm{d}\theta+\int_{K+r}^1(K+r)\mathrm{d}\theta)\mathrm{d}r-cK-c_RR \qquad (7\text{-}19)$$

将新能源的总装机容量视为给定，则市场中的最优装机容量 K^{FB} 为

$$K^{FB}=\frac{v-c}{v}-\frac{R}{2} \qquad (7\text{-}20)$$

由式（7-20）可知，假设电力系统中新能源装机容量为 0，则我们将得到与基准情形相同的结果。随着新能源装机容量占比的不断增加，所需要的火电装机容量减少。新能源机组对于传统火电机组的取代程度取决于以下几个关键假设：①电力需求的分布形式；②电力需求 θ 与新能源发电之间的相关性；③电力系统大规模停电的成本。在本模型下，我们简单假设新能源的平均可用性为 50%，因此，1 单位的新能源机组装机容量可以替代 1/2 单位的火电机组装机容量。同时，在 $R=1$ 的极限情况下（新能源装机总容量足以覆盖电力尖峰负荷），此时仍需要一定的火电机组存在于系统中（$K^{FB}>0$），作为后备发电资源及时提供发电容量，以保持供电的安全性、稳定性及可靠性。

为了描述此时市场中的出清结果，我们假设市场中占主导地位的企业不具备新能源发电能力，因此，主导企业和边缘企业的利润可以表示为

$$\pi_1=\frac{P}{R}\int_0^R(\int_{k_F+r}^{k_F+k_1+r}(\theta-r-k_F)\mathrm{d}\theta+\int_{k_F+k_1+r}^1k_1\mathrm{d}\theta)\mathrm{d}r-ck_1 \qquad (7\text{-}21)$$

$$\pi_F = \frac{P}{R} \int_0^R \left(\int_{k_F+r}^1 k_F \mathrm{d}\theta \right) \mathrm{d}r - ck_F \tag{7-22}$$

根据发电企业利润最大化的一阶条件,我们可以描述市场的均衡总容量以及此时的市场结构:

$$K^* = \frac{P-c}{P} - \frac{R}{2} \tag{7-23}$$

$$k_1^* = k_i^* = \frac{1}{n} \left(\frac{P-c}{P} - \frac{R}{2} \right), i=1, 2, \cdots, n \tag{7-24}$$

由式(7-24)可知,主导企业利润最大化的一阶条件决定了此时的均衡总容量。此时市场中存在新能源,加剧了电力供给的波动性、随机性和间歇性,因此需要在最佳容量以及均衡总容量投资中扣除可再生能源的平均可用性,容量扭曲程度较上述情形进一步加大。同时,值得注意的是,在新能源进入市场后,现货市场的出清价格会进一步降低,使得均衡总容量 K^* 减少,相较于最优容量 K^{FB} 的容量扭曲程度将进一步深化。

结论4: 当新能源进入市场时,降低了最优容量 K^{FB} 和均衡总容量 K^*,加大了市场中的容量扭曲程度。同时,该容量扭曲程度随着新能源装机容量的增加而增加。在 $R=1$ 的极限情况下(新能源装机总容量足以覆盖电力尖峰负荷),此时仍需要一定的火电机组存在于系统中。

7.3 数值模拟

广东作为首批售电侧改革和现货试点省,目前已初步建立起以中长期为主、以现货市场为补充、辅助服务市场相衔接的电力市场体系。随着电力市场改革的不断深入,发电企业生存空间不断遭受挤压,企业经营压力明显加大。2021年,广东电力市场累计交易电量2951.7亿 kW·h,同比增长18%,占全社会用电量的37.5%,发电企业降价让利99.6亿元。同时,广东大力发展新能源,推动相关机制落地实施,包括首次引入风电、光伏等新能源参与市场化交易等。截至2021年12月底,共组织完成2021年年度交易与3次月度交易,总成交电量为3005万 kW·h。上述措施进一步压缩了火电机组的发电时长,降低了电力市场的均衡价格,使得电力系统短期的供电安全性以及长期的容量充裕性遭受严重威胁。

因此,本章将以广东当前电力消费情况、电网发电装机容量及实际发电量、市场中的价格上限等数据为样本,依托第 3 章提出的理论模型进行数值模拟。首先,计算广东电力市场中的最优容量,并以此作为后续比较的基准结果。其次,考虑当前电力市场的实际情况,讨论出现容量投资不足的具体原因:①市场中存在价格上限;②市场中存在非自愿配给;③市场中存在市场势力;④市场中存在新能源。计算上述四种情况下电力市场中的最优容量、次优容量、容量扭曲程度以及社会福利等相关变化。最后,基于广东当前电力市场建设进程,提出在市场中引入容量补偿机制,并与基准结果相比较,探究该机制的具体实施效果,为我国容量保障机制的建设提供相关政策建议。

上述理论模型具有较强的一般性,能够较好地适用于对中国问题的研究。例如,该模型总结了四个容量投资不足的具体原因,这与我国当前电力现货市场建设所处阶段以及新型电力系统建设进程相适应。同时,本研究依据我国的具体情况对理论模型进行相应拓展。例如,在"双碳"目标的驱动下,未来新能源装机容量占比将逐步提升。因此,本章在基准情形的基础上,进一步考虑新能源装机容量占比提升对最优容量、总装机容量以及容量扭曲程度的影响。

7.3.1 模型参数估算

1. 失负荷价值估算

本研究需要估算出广东的电力失负荷价值 v,即电力消费者为了避免停电而愿意支付的平均价格(Leahy and Tol, 2011)。

1)经济生产部门

对于经济生产部门,本研究采用生产函数法(production-function method)进行估算,该方法的核心是认为电力安全供应的价值约等于投入生产的每单位电力带来的产出增加值(de Nooij et al., 2007)。例如,2021 年广东建筑业的增加值为 5170.10 亿元,而该行业全年的电力消费量为 113.12 亿 kW·h,因此广东建筑业的电力失负荷价值为 45.70 元 /kW·h。该方法的隐含假设是电力是经济生产部门的必要条件,如果没有电力,一切活动将停止。显然,这一假设并不总是正确的。因此,生产函数法对电力失负荷价值存在一定程度的高估。同时,该方法仅考虑停电造成的直接经济损失,而设备损坏或原材料变质等其他间接影响并没有包括在内。然而,由于该方法所需要的数据简单易得,目前已成为估算电力失负荷价值的主流方法,被广泛应用于世界各地,如荷兰(de Nooij et al.,

2007）、西班牙（Linares and Rey，2013）、爱尔兰（Leahy and Tol，2011）、德国（Growitsch et al.，2013）、澳大利亚（Reichl et al.，2013）等。本研究所采用的数据来自《广东统计年鉴 2022》。

2）家庭生活部门

对于家庭生活部门而言，因为其不参与经济生产活动，所以我们无法直接获取到该部门的产出增加值。Becker（1965）指出，家庭从商品消费和休闲活动中获得效用，而电力被认为是从事大部分休闲活动所必需的。因此，在没有电力的情况下，家庭生活部门就会损失从休闲活动中获得的效用，我们可以将其近似为家庭生活部门的增加值。而在一个理想的劳动力市场中，当劳动的边际效用等于闲暇的边际效用时，人们的效用才会最大化，即 1 小时工作所获得的收入将等于 1 小时休闲活动所带来的货币价值。

根据国家统计局 2018 年开展的第二次全国时间利用调查（表 7-1），居民在一天的活动中个人自由支配活动平均用时 236min，占比 16.4%，其中包括健身锻炼、听广播或音乐、看电视、阅读书报期刊、休闲娱乐、社会交往等。显然，上述活动大多依赖于电力。因此，当电力供应中断时，人们将损失从个人自由支配活动中所能获得的效用。

表 7-1　居民一天活动的时间构成　　　　　　　　　（单位：min）

居民活动内容	所用时长
睡觉休息	559
有酬劳动	264
个人自由支配	236
无酬劳动	162
用餐或其他饮食活动	104
个人卫生护理	50
交通活动	38
学习培训	27
总计	1440

依据上述分析，居民 1 小时休闲时间的货币价值应当等于 1 小时所能获得的工资。广东省统计局的数据显示，2021 年广东就业人员年平均工资为 118 133 元。同时，《中华人民共和国劳动法》规定，一年内有 250 个工作日，每个工作日有 8 小时工作时间。根据上述数据，我们可以计算出广东就业人员每小时平均

工资为 59.07 元，而净边际收入大约是平均工资的一半。同时，考虑到市场中除就业人员以外，还存在大量的失业人员、退休人员和尚未完成学业的相关人员。这类人群 1 小时休闲时间的货币价值较低，因为他们往往有更多的闲暇时间。因此，本研究参考 de Nooij 等（2007）的做法，假定非就业者 1h 休闲时间货币价值等同于就业者 1 小时休闲时间货币价值的一半。广东省统计局的数据显示，2021 年广东总人口数和就业人数分别为 12 684 万人以及 7072 万人。上述数据使得我们可以算出家庭生活部门一年内的产出增加值，为 42 591 亿元。

通过上述计算，我们可以得到广东经济生产部门以及家庭生活部门的电力失负荷价值，如表7-2所示。各部门的电力消费量和增加值之间存在着较大差异性。例如，制造业电力消费量占比达到53.38%，但只创造了总增加值的32.29%。同时，家庭生活部门也是电力消费的大用户，他们消耗了总电力的19.08%，贡献了40.07%的增加值。表7-2中的最后一列显示了每个部门消费单位千瓦时的电力所创造出的增加值，也即每单位电力中断给该部门造成的损失。对于广东整体而言，采用生产函数法估算的电力失负荷价值为15.39元/kW·h。分部门来看，建筑业和家庭生活部门的电力失负荷价值较高，分别为45.70元/kW·h和32.33元/kW·h。这是因为这两个部门可以通过消耗较少的电力产生较高的增加值。因此，当电力稀缺，需要实施定量配给时，应当首先考虑切断制造业相关部门的电力供应，而尽力保证家庭生活部门和建筑业的电力稳定供应，从而减轻整体的经济损失。

表 7-2　广东省部门电力失负荷价值

部分	电力消费量 / 亿 kW·h	电力消费量 占比 /%	增加值 / 亿元	增加值 占比 /%	失负荷价值 /（元 /kW·h）
农、林、牧、渔业	157.90	2.29	5 169.53	4.86	32.74
采矿业	22.29	0.32	819.09	0.77	36.75
制造业	3 686.29	53.38	34 319.84	32.29	9.31
电力、燃气及水的生产和供应业	924.82	13.39	2 167.63	2.04	2.34
建筑业	113.12	1.64	5 170.10	4.86	45.70
交通运输、仓储及邮政业	163.07	2.36	3 957.31	3.72	24.27
批发和零售贸易餐饮业	520.80	7.54	12 105.50	11.39	23.24
生活消费	1317.24	19.08	42 591.00	40.07	32.33

为进一步探究电力失负荷价值在典型日的变化（工作日 / 节假日；冬季 / 夏

季），我们将上述估算出的电力失负荷价值乘以电力系统在四种典型日下的实际负荷，由此得到广东分时段的电力失负荷估计曲线，如图 7-1 所示。从图 7-1 可以发现，在一个典型夏季工作日的 11:15，电力系统的失负荷价值达到了最大值，为 188 720 万元 /h，即在该时段，停电 1h 所带来的经济损失约为 188 720 万元；而在冬季，电力失负荷的最大值出现在工作日的 17:15，为 137 184 万元 /h。总的而言，在广东，夏季的电力失负荷价值显著高于冬季，工作日的电力失负荷价值显著高于节假日。

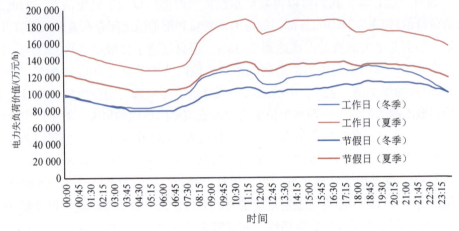

图 7-1　广东分时段电力失负荷价值

2. 单位千瓦时投资成本估算

单位千瓦时投资成本（c）代表了发电机组每千瓦时的投资额（q），我们考虑广东 2021 年电源建设实际投资额、新增发电装机容量及发电设备平均利用小时等指标，选用中国电力企业联合会发布的《中国电力统计年鉴 2021》中的相关数据进行估算，具体公式如下：

$$q=\frac{电源建设本年投资额}{新增发电装机容量 \times 发电设备平均利用小时} \tag{7-25}$$

同时，除了考虑上述指标外，还应当利用净现值法将资金的时间成本纳入其中，计算方式如下：

$$c=q\,\frac{i(1+i)^t}{(1+i)^t-1} \tag{7-26}$$

式中，q 为单位千瓦时投资额；i 为贴现率，一般为 7%；t 为机组使用年限，一

般为 20 年。将具体数据代入公式中，我们可以得到广东单位千瓦时投资成本为
0.02 元 /kW·h。

3. 用户侧电力需求估算

广东的电力需求 θ 的估算，使用 2017 ～ 2021 年广东电网每 15 分钟的电力
负荷数据。在第 3 章的理论模型中，我们考虑对容量的投资是一个长期的决策。
事实上，火电机组的平均服役年限可以延长至几十年。因此，采用五年的电力负
荷数据来分析发电企业的投资决策是有意义的。具体而言，我们将上述数据（共
175 297 条观测值）进行归一化处理，即将最高的电力负荷值设定为 1，使得处
理后的数据在 [0,1] 区间分布。同时，采用核密度估计电力需求 θ 的概率密度函
数 $\hat{f}(\theta)$，具体公式为

$$\hat{f}(\theta)= \frac{1}{nh}\sum_{i=1}^{n}K\left(\frac{\theta_i-\theta}{h}\right)$$

（7-27）

式中，n=175 297（观测值）；K 为核密度函数（高斯核函数）；h 为带宽。而累
积分布函数 $\hat{F}(\theta)$ 是对概率密度函数 $\hat{f}(\theta)$ 在特定区间上进行积分而得到。

7.3.2　模型主要结果

至此，我们已经估算出第 3 章理论模型中所需的全部参数。接下来，将进
行基准情形最优电力容量的计算，该结果为后续探究价格上限、非自愿配给、市
场势力、新能源对容量投资影响以及探究容量保障机制实施效果的重要比较基准。

1. 基准情形：最优电力容量

依据第 3 章中提出的理论模型，由式（2-1）可知，总福利 W 为消费者和
生产者剩余之和。在投资阶段，总福利等于消费者用电量的总效用减去生产者
的生产投资成本。因此，由社会总福利最大化的一阶条件式（2-1）可知，最优
容量（K^{FB}）为

$$K^{FB}= \frac{v-c}{v} = \frac{15.39-0.02}{15.39} \approx 0.9987$$

2. 价格上限对容量投资的影响

2021 年，国家发展和改革委员会公布的《国家发改委关于进一步深化燃煤

发电上网电价市场化改革的通知》（发改价格〔2021〕1439号，以下简称《通知》）将燃煤发电市场交易价格浮动范围扩大为原则上均不超过20%，标志着电力市场化改革迈出极为关键的一大步。《通知》有助于电力市场价格合理反映市场供需状况及其变化，有助于电力市场机制进一步发挥优化配置资源、促进电力平衡的作用，从而保障长期的电力安全稳定供应。

根据《通知》等文件规定，各省（自治区、直辖市）纷纷出台相关政策，大力推动燃煤发电上网电价市场化改革，实行"基准价＋上下浮动"价格政策。同时，广东也大力开展现货市场试点建设。南方（以广东起步）电力现货市场作为全国首批8个地区之一率先启动以来，历经了模拟运行、不结算试运行、连续结算试运行阶段。结算试运行期间，现货最高价格为1.5元/kW·h，最低价格为0元/kW·h。

因此，我们可以在基准情形的基础上引入P=1.5的价格上限。将上述参数代入式（2-5），可知当前市场中的均衡总容量投资为

$$K^*=nk^*=\frac{P-c}{P}=\frac{1.5-0.02}{1.5}\approx 0.9867$$

可以看出，在纯电能量市场模式下，价格上限的存在使得稀缺性租金无法覆盖发电企业的投资成本，导致了投资的无效率。与最优容量（K^{FB}）相比，市场中均衡总容量减少了1.2%。因此，为了引导电源进行积极投资，我们应当取消市场中的价格上限，即设置P=v。由式（2-6）可知，当前稀缺性租金刚好覆盖发电企业的投资成本，生产者的利润为零，社会总福利等于最优容量（K^{FB}）下的消费者剩余：

$$W(K^{FB})=CS(K^{FB})=v\int_0^{\frac{v-c}{v}}\theta d\theta\approx 15.3854$$

3. 非自愿配给对容量投资的影响

能源安全是关系国家经济社会发展的全局性、战略性问题。近年来，我国牢固树立安全发展理念，不断通过技术创新、应急管理、应急演练等方法保障电网的安全稳定运行，增强系统的抗风险能力，全力保障电力安全稳定供应。

广东一直以为用户提供安全可靠的电力供应为目标，全面提升电力系统安全生产管理水平，最大限度减少系统崩溃的概率。截至2021年，广东电网已经连续安全稳定运行超过26年，城市地区供电可靠率达99.977%。

因此，我们可将γ的初始值设定为1－0.999 77=0.000 23。此时，消费者完全不能使用电力；然而，也有1－γ的概率系统不会崩溃，消费者可以在现有容量的

范围内使用电力。

我们将广东相关参数代入式（2-8）及式（2-9），可以得到市场上的最优容量 K^{FB} 以及均衡总装机容量 K^*。如表 7-3 所示，当存在非自愿配给时，相对于最优容量 K^{FB}，市场存在着由投资激励不足而引发的容量扭曲。同时，这种对容量的扭曲程度随着停电概率 γ 的降低而减少：若能将停电概率从 0.023% 降低至 0.01%，则扭曲程度将从 −1.22% 降低至 −1.21%。若通过设置 $P=v$ 来取消价格上限，将缓解大部分对容量的扭曲（降低至 −0.01%），但不能完全消除由停电带来的低效率。因此，即使满足纯电量市场模式的两个重要假设（市场中可以自由进入以及市场中不存在市场势力），依靠稀缺性定价作为促进投资的方式也是低效的（Llobet and Padilla，2018）。

表 7-3 存在非自愿配给下的最优容量、总装机容量及容量扭曲程度

项目	基准结果	非自愿停电 （γ=0.000 23）	非自愿停电 （γ=0.000 10）	非自愿停电 （取消价格上限）
最优容量（K^{FB}）	0.9987	0.9989	0.9988	0.9989
总装机容量（K^*）	0.9867	0.9868	0.9867	0.9988
容量扭曲程度 /%	−1.20	−1.22	−1.21	−0.01

4. 市场势力对容量投资的影响

随着电力市场的建立，越来越多的发电企业参与市场直接与电力用户进行直接交易。在优胜劣汰的市场竞争机制下，市场份额较大的企业极容易操纵市场势力或与其他发电企业串谋以限制产量抬高价格，进而谋取利润（García and Reitzes，2007）。从实际情况来看，我国电力行业集中度较高，"五大四小"发电集团在电力行业占据绝对优势，且电力行业对资源、资金和技术均具有较高要求，已具备较强竞争力的火电企业仍将保持规模优势以及区位优势，一定程度上给予了发电厂商实施市场势力的空间。

以广东电力市场为例，根据广东电力交易中心发布的《广东电力市场 2021 年年度报告》，广东发电侧市场集中度指数（HHI）处于 932 ~ 1706，平均值为 1295，总体上属于"低集中寡占型"市场结构，如图 7-2 所示。

因此，我们在模型中引入市场势力的概念。由主导企业利润最大化的一阶条件 [式（7-12）] 可知，此时的均衡总容量为

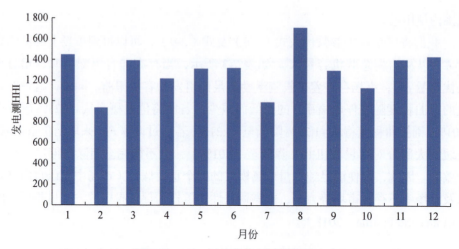

图 7-2　2021 年广东发电侧市场 HHI

注：根据美国能源署 HHI 评价标准，HHI 小于 1000，市场处于充分竞争状态；处于 1000～1800 区间，
　　市场处于适度集中状态；高于 1800，市场处于高度集中状态

$$K^* = \frac{P-c}{P} \approx 0.9867 < K^{KB} \approx 0.9987$$

上式再次说明，除非取消价格上限，否则当前市场中的均衡总容量 K^* 相对于最优容量 K^{FB} 而言存在投资不足。同时，均衡总容量 K^* 随着价格上限 P 的提高而增加。因此，市场中的监管者面临着在削弱市场势力（降低价格上限）和诱导投资激励（提高价格上限）之间的权衡。

接下来，由边缘企业利润最大化的一阶条件 [式（7-14）] 可知：

$$k^* = \frac{1}{n}\frac{P-c}{P} = 0.0103, f=1, 2, \cdots, n$$

由上式可知，当 $k_1 = k_f$ 时，边缘企业的一阶条件与主导企业的一阶条件代表着市场中同一均衡容量投资水平。此时，所有企业都将选择相同的容量，即 $k_i^* = k^*$, $i=1, 2, \cdots, n$。

我们将上述均衡容量代入式（7-17）以及式（7-18），可以得到主导企业和边缘企业的均衡利润。此时，市场上的均衡容量投资刚好达到了使得稀缺性租金覆盖投资成本的水平，因此，企业的利润仅由市场势力租金构成。同时，边缘企业比主导企业的利润更高，因为他们更频繁地按照机组的装机容量进行生产。由于当前市场中的容量水平与纯电量市场模式下相同，因此市场中的总福利水平也与该模式保持一致。然而，对于消费者而言，由于发电企业通过向消费者收取市场势力租金获得利润，消费者剩余并不是在 $P=v$ 时取最大。如表 7-4 所示，当取消价格上限（$P=v$）时，市场中具有足够的投资激励使得均衡总容量（K^*）达到最优容量水平（K^{FB}）。然而，此时电价对于消费者而言过于高昂，消费者福利较存在价格上限时下降了 0.89%。因此，为使得消费者福利最大化，最优的设置是 $P<v$。同时，更低的价格上限会给消费者福利带来更大程度的改善。例如，当价格上限为 1.8 元 /kW·h 时，消费者福利为 15.3618；而当价格上限为 1.5 元 /kW·h 时，消费者福利为 15.3633，较之前提升了 0.01%。总的而言，当存在市场力时，市场中的总装机容量将低于最优容量。此时，市场势力的存在（而不是价格上限）导致了均衡总投资处于低效率的状态。

表 7-4　存在市场势力下的最优容量、总装机容量以及社会福利水平

项目	存在价格上限 $P=1.5$ 元 /kW·h	取消价格上限 $P=v=15.39$ 元 /kW·h	存在价格上限 $P=1.8$ 元 /kW·h
最优容量（K^{FB}）	0.9987	0.9987	0.9987
总装机容量（K^*）	0.9867	0.9987	0.9889
容量扭曲程度 /%	−1.20	0.00	−0.98
社会总福利（W）	15.3784	15.3854	15.3801
——消费者福利（CS）	15.3633	15.2263	15.3618
——生产者福利（PS）	0.0151	0.1591	0.0183

5. 新能源对容量投资的影响

近年来，我国以风电、太阳能发电为代表的新能源发展成效显著，装机规模稳居全球首位，发电量占比稳步提升。截至 2021 年底，风电、太阳能发电和水电装机容量分别达到 3.3 亿 kW、3.1 亿 kW 和 3.9 亿 kW，分别占全国总发电装机容量的 13.9%、13.0% 和 16.4%，共占比达到 43.3%。在"双碳"目标下，预计我国新能源发电量所占比例将不断提升，将成为电力系统中主要供电模式。

截至 2021 年，广东水电、风电、太阳能发电机组统调装机容量达 3173.8 万 kW，占广东省总装机容量的 20% 左右。同时，广东引入风电、光伏等新能源参与市场化交易，推动新能源新机制落地实施。截至 2021 年 12 月底，共组织完成 2021 年年度交易与 3 次月度交易，总成交电量为 3005 万 kW·h。

因此，我们在模型中引入新能源。由式（7-20）可知，当新能源总装机容量占比为 20% 时，市场中的最优装机容量为

$$K^{FB} = \frac{v-c}{v} - \frac{R}{2} = 0.8987$$

由主要企业利润最大化的一阶条件 [式（7-23）] 及边缘企业利润最大化的一阶条件 [式（7-24）] 可知，此时市场的均衡总容量及市场结构为

$$K^* = \frac{P-c}{P} - \frac{R}{2} = 0.8867$$

$$k_1^* = k_i^* = \frac{1}{n}\left(\frac{P-c}{P} - \frac{R}{2}\right) = 0.0092,\ i = 1, 2, \cdots, n$$

综上所述，当新能源进入市场后，加剧了电力系统的波动性、随机性和间歇性。因此，需要在最佳容量以及均衡总容量投资中扣除新能源的平均可用性。如表 7-5 所示，当系统中新能源装机容量占比为 20% 时，容量扭曲程度较基准结果进一步加大，从 –1.20% 下降至 –1.34%。随着未来新能源装机容量占比的逐步提升，容量扭曲程度将进一步加大。例如，当装机容量占比为 50% 时，容量扭曲程度达到 –1.60%。同时，考虑在 $R=1$ 的极限情况下（新能源装机总容量足以覆盖电力尖峰负荷），仍需要一定的火电机组存在于系统中（$K^{FB}=0.4987$），作为后备发电资源及时提供发电容量，以保持供电的安全性、稳定性及可靠性。

表 7-5　存在可再生能源下的最优容量、总装机容量及容量扭曲程度

项目	基准结果	新能源装机容量（$R=0.2$）	新能源装机容量（$R=0.5$）	新能源装机容量（$R=1$）
最优容量（K^{FB}）	0.9987	0.8987	0.7487	0.4987
总装机容量（K^*）	0.9867	0.8867	0.7367	0.4867
容量扭曲程度 /%	–1.20	–1.34	–1.60	–2.41

7.4　不同容量保障机制比较分析

当前，世界各国为了加强发电厂商投资发电容量的动机，逐步引入不同形式的容量保障机制。具体可分为两大类：第一类为澳大利亚的国家能源市场（National Electricity Market，NEM）、美国的得克萨斯州电力可靠性协会（Electric Reliability Council of Texas，ERCOT）等所采用的隐性的"纯电能量市场（Energy-Only Market，EOM）"稀缺定价机制。具体而言，其分为典型的失负荷价值定价模式和拓展的运行备用需求曲线（operating reserve demand curve，

ORDC）模式。二者的共同点在于均是通过短期稀缺电价来回收容量成本，而不同之处在于前者的稀缺价值出现于切负荷时期，后者出现于运行备用减少时期。澳大利亚的国家能源市场采用的即为典型的失负荷价值定价模式，美国的得克萨斯州电力可靠性协会早期采用的是失负荷价值定价模式，后改为采用ORDC模式。

第二类为实施显性的容量保障机制，具体可以分为基于价格的机制以及基于数量的机制，如图7-3所示。当前，西班牙、希腊、爱尔兰等国家实施的容量支付机制为典型的基于价格的容量保障机制。在该机制下，监管机构为每单位容量支付给定的价格，投资者依据价格选择他们的容量。而在基于数量的机制中，监管机构决定需要多少容量，并通过容量市场来确定投资者建设新容量对应的价格。进一步地，基于数量的机制还可以细分为全市场机制及目标市场机制，全市场机制为市场中的所有容量提供支持，而目标市场机制则旨在支持某特定市场（Cramton et al.，2013；Neuhoff et al.，2016）。具体而言，基于全市场的容量保障机制包括法国、美国加利福尼亚州独立系统运营商（CAISO）、美国大陆独立系统运营商（MISO）等所采用的容量义务机制；英国等所采用的容量拍卖机制；美国PJM（Pennsylvania-New Jersey-Maryland）所采用的可靠性期权机制等。基于目标市场的容量保障机制主要为比利时、德国、瑞典等国家采用的战略储备机制。

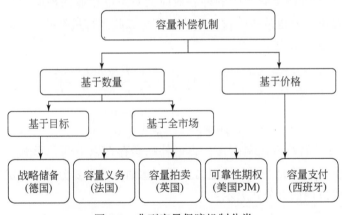

图7-3　典型容量保障机制分类

7.2.2节证明了在实践中由于价格上限、非自愿配给、市场势力、可再生能源的存在，仅仅依靠当前的电力市场机制无法有效地引导电源进行积极投资。因此，本节在市场中引入容量保障机制，通过理论模型讨论各类机制的实施效果，并介绍其在各国实践中的具体应用。

7.4.1 基于价格的容量保障机制

在上述模型的基础上，我们假设发电企业每单位容量可以获得一笔容量补贴 s，则此时实际的单位容量成本为 $c'=c-s$。

当发电企业向批发市场提交报价时，其容量收入已经确定。因此，尽管容量电费对于均衡定价没有直接影响，但它会通过对容量投资的激励来间接影响价格。具体而言，容量补贴 s 增加了市场上的均衡总容量，从而降低了价格，即

$$K^*=\frac{P-c'}{P}=\frac{P-c+s}{P} \tag{7-28}$$

在基于价格的容量保障机制下，监管机构为每单位容量支付容量补贴 s。在上述给定的价格下，投资者选择相应的容量，最终市场均衡容量将达到 K^*。

接下来，我们进一步探究当存在容量补贴时的市场出清结果。首先，对于给定的容量补贴 s，市场出清时的预期价格为

$$E[P]=P\int_{(n-1)k^*}^1 \mathrm{d}\theta=c+\frac{P-c}{n}-\frac{n-1}{n}s \tag{7-29}$$

因此，容量补贴的存在能够有序引导发电企业进行容量投资，市场上的总容量增加，竞争加剧，预期电价下降。

其次，由于价格下降产生的抑制效应会对发电企业的预期利润产生负面影响。然而，发电企业也从中受益，因为他们可以收到容量补贴。具体而言，发电企业的利润可以表示为

$$\pi_1^*=P\int_{(n-1)k^*}^{nk^*}(\theta-(n-1)k^*)\mathrm{d}\theta=\frac{1}{2}\frac{P}{n^2}\left(\frac{P-c+s}{P}\right)^2 \tag{7-30}$$

$$\pi_f^*=P\int_{(n-1)k^*}^{nk^*}k^*\mathrm{d}\theta=\frac{P}{n^2}\left(\frac{P-c+s}{P}\right)^2 \tag{7-31}$$

最后，对于消费者福利而言，容量补贴会存在以下两种影响：①容量电费压低了市场价格，并允许更多的电力消费；②消费者需要分摊相关的容量补贴。具体而言，可以用如下公式表示：

$$CS=v(\int_0^{nk}\theta\mathrm{d}\theta+\int_{nk}^1 nk\mathrm{d}\theta)-P(\int_{(n-1)k}^{nk}\theta\mathrm{d}\theta+\int_{nk}^1 nk\mathrm{d}\theta)-snk \tag{7-32}$$

因此，对于给定的价格上限 P，使得消费者福利最大化的容量补贴 s 为

$$s^*=c-P\frac{(2n-1)P+cn^2}{(2n-1)P+vn^2} \tag{7-33}$$

消费者福利受到上述两种抵消效应的影响：对于较低的容量补贴 s（直到

s^*），由于电力消费的增长超过了容量补贴的增长，消费者福利会上升；对于较高的容量补贴 s（超过 s^*）则相反。因此，容量补贴并不一定会使消费者的情况变差，只有当容量补贴定价过高时，消费者的情况才会变差。

在各国的具体实践中，基于价格的容量保障机制主要为容量支付机制。

容量支付机制是一种典型的由政府或特定机构设定的基于价格的容量保障机制。在该种机制下，相关机构并不事先设定容量需求，而是依据失负荷价值、用电负荷预测、规定容量充裕性水平和电力系统内各电源状况等公允评估结果，直接设定容量补偿价格，并向相关发电企业提供容量补偿，补偿费用由电力用户分摊。目前，欧洲的西班牙、希腊和爱尔兰等国以及南美的智利、阿根廷和秘鲁均采用该补偿机制。

以智利的容量支付机制为例，其一般分为三个环节。首先，由智利国家能源委员会（CNE）依据系统高峰负荷期间边际发电机组的投资成本进行测算，以确定容量电价。其次，由智利国家能源委员会依据相关法定方法，确定每台机组在负荷高峰时期可补偿容量。最后，智利国家电力调度机构为发电企业提供容量补偿的核算依据，由各发电企业依据容量电机以及可补偿的容量，自行结算所能获得的容量补偿，并将总补偿费用分摊给用户。

容量支付机制为发电企业提供了较为稳定的收入，在一定程度上提高了其投资发电容量的积极性。从整体电力市场来看，该机制对竞争性发电侧现货市场起到了良好的补充作用，有效抑制了电能量市场中价格的大范围波动，促进电力市场平稳有序发展。然而，上述机制存在一定程度的弊端。首先，容量补偿机制中的容量价格和可补偿容量均由监管部门决定，难以有效地反映容量价值。失负荷价值作为容量价格的测算依据，一般难以计算。错误的测算依据将导致不合理的容量价格，带来欠补偿或过度补偿等问题，最终难以有效地保障发电容量充裕性。其次，如何针对电力系统中可靠性不同的各类机组支付相应的补偿费用也存在一定程度的争议。

7.4.2 基于数量的容量保障机制

在该种机制下，监管机构设定市场均衡容量为 K^*，通过容量市场确定为每单位容量支付的补贴 s，即：

$$s=c-(1-K^*)P \tag{7-34}$$

进一步地，基于数量的机制还可以细分为全市场机制以及目标市场机制，全市场机制为市场中的所有容量提供支持，而目标市场机制则旨在支持市场中的特定容量（如只为新进入市场中的机组支付容量补贴）。

为刻画上述情况，我们假定在只有新进入市场中的机组收到容量补贴的情况下，最优容量电费为 s^*_{NEW}，则有

$$s^*_{NEW}-s^*=\frac{P-c}{\dfrac{2n-1}{n^2}+\dfrac{v}{P}}>0 \tag{7-35}$$

因此，当只有新机组获得容量电费时，总均衡投资更接近于 K^{FB}，此时消费者的境况也会变得更好。

$$K^*_{NEW}=\frac{P-c+s^*_{NEW}}{P}>\frac{P-c+s^*}{P}=K^* \tag{7-36}$$

接下来，我们探究发电企业所获得的利润的变化，如果监管部门为市场中的所有机组支付容量补贴，则发电企业所能获得的利润为

$$\pi^*_1=P\int_{(n-1)k^*}^{nk^*}(\theta-(n-1)k^*)\mathrm{d}\theta=\frac{1}{2}\frac{P}{n^2}\left(\frac{P-c+s}{P}\right)^2 \tag{7-37}$$

$$\pi^*_f=P\int_{(n-1)k^*}^{nk^*}k^*\mathrm{d}\theta=\frac{P}{n^2}\left(\frac{P-c+s}{P}\right)^2 \tag{7-38}$$

由式（7-38）可以看出，在全市场机制下，发电企业所获得的利润随着容量补贴 s 的增加而增加。然而，若监管部门仅为市场中新进入的机组提供容量补贴，则发电企业所获得的利润会减少旧机组本该获得的那部分容量电费 sK_t：

$$\pi^T_1=\frac{1}{2n^2}\frac{(P-c+s)^2}{P}-\frac{s}{n}\frac{P-c}{P} \tag{7-39}$$

$$\pi^T_f=\frac{1}{n^2}\frac{(P-c+s)^2}{P}-\frac{s}{n}\frac{P-c}{P} \tag{7-40}$$

上述表达式随着容量补贴 s 的增加而减少。因为更高的 s 会导致更多的产能投资，从而降低均衡价格，减少企业利润。因此，在引入目标市场机制前后，发电企业所获得利润的变化为

$$\pi_1-\pi^T_1=\frac{s}{n}\frac{P-c}{P}-\frac{s}{2n^2}\frac{2(P-c)+s}{P}<sk \tag{7-41}$$

$$\pi_f-\pi^T_f=\frac{s}{n}\frac{P-c}{P}-\frac{s}{n^2}\frac{2(P-c)+s}{P}<sk \tag{7-42}$$

由式（7-42）可知，企业损失的利润总额小于在全市场机制下发电企业将获

得的容量补贴。因此，若监管机构对市场中的所有机组均进行补偿（全市场机制），不仅使得均衡总容量投资保持不变，还引发了对部分机组的过度补偿。

在各国的具体实践中，基于全市场机制有容量义务机制以及容量拍卖机制等，基于目标市场机制有战略储备机制等。

容量义务机制是一种基于数量的全市场容量保障机制。在该机制下，系统运营机构对市场主体设定容量保障义务以及未履行义务的惩罚。该机制可以针对市场中的供求两方进行设置，包括电力用户（负荷服务商）以及负荷服务实体（负荷供应商，也被称为 load serving entities, LSE）。电力用户与发电企业依据未来电力需求以及调度机构确定的系统备用容量水平签订容量义务合约。当电力资源紧张时，签订合同的电力用户以及发电企业需要向市场提供约定的合同容量；如果某市场主体未按照合同规定的水平履行容量供应，就需要依据合同支付相关惩罚费用。此外，该机制允许持有容量义务合约的市场主体通过自行建设、与发电商/消费者签订合同或购买可交易的容量证书来履行其义务，以促进义务方之间的有效交换。

目前实施这一机制的国家主要有法国、美国加利福尼亚州独立系统运营商及美国大陆独立系统运营商。以法国为例，其 2010 年通过的《电力市场改革法》首次提出建立分散式的容量义务机制，该机制要求电力供应商必须持有一定数量的容量保证，由系统运营商根据电力用户在未来四年高峰期的用电量比例来确定，市场中的标的物为可交易容量证书。该机制的设计一直存在着许多争议，花了几年时间才达成一致，最终由欧盟委员会于 2016 年 11 月批准。近年来，法国在上述机制的基础上进行了一系列市场化改革：首先，欧洲各国电力市场之间的联系越来越紧密。为适应上述趋势，法国开放国家机制使得外来电也可参与容量市场。其次，提高了市场透明度，以防止因法国电力公司（Électricité de France, EDF）而导致的竞争扭曲；最后，解决了缺乏新的投资信号的问题，规定在竞标过程后，法国输电系统运营商（Réseau de Transport d'Electricité, RTE）和新产能运营商之间以固定价格签订 7 年的额外激励协议。

容量义务机制对市场参与者的自身能力提出了较高的要求，要求其能够自行投资建设容量，或是自行与其他市场参与者签订双边协定。除此之外，容量义务机制的市场均衡结果未必能最有效地配置资源，其通过抑制市场中新进入者或是延缓在位者退出的方式进一步强化市场势力，扭曲电力系统中的电源结构。总之，该类机制适合拥有大量成熟负荷供应商的地区，而我国目前尚处于电力市场建设的初期，市场参与者的自身能力有待进一步提高，同时，市场的信息披露机制也有待进一步健全。

容量市场机制是一种基于数量的全市场容量保障机制。在该容量市场中，除了发电侧资源外，需求侧资源也可以参与其中。在该机制下，往往会独立于现有电能量市场外单独设置一个容量市场。发电厂商在电能量市场提供发电量，也可以在容量市场提供容量，并分别获得相应的收入。目前，英国、美国 PJM、西澳大利亚、巴西等较为成熟的电力市场均采用该机制，以保障系统的长期发电容量充裕性。

以英国为例，该容量市场以拍卖的形式进行，具体可以分为如下 5 个阶段。①总容量的确定。英国能源与气候变化部依据目标容量、新建机组的净成本（net cost of new entry，Net-CONE）、价格上限和目标容量容差值绘制容量需求曲线，如图 7-4 所示。②资格和拍卖。英国容量市场坚持"技术中立"原则，几乎所有现有的和新建的容量，包括大部分发电厂、储能、需求侧响应等均有资格参加容量市场的拍卖。在容量主市场中，采取荷兰式拍卖，这是一种特殊的拍卖形式，拍卖人先将价格设置在价格上限，然后每轮价格递减叫拍。当中拍容量最终满足容量需求时，此时的拍卖价格为出清价格。在进行费用结算时，将按照该价格为竞标成功的容量提供者支付相应费用。③二级市场交易。在二级市场中，容量提供者可以早于交付年一年进行容量交易并实现容量调整，以避免因容量交付不足而遭受相应惩罚。④容量交付。在市场中成功竞标的容量提供者需要交付协议中约定的容量，并可获得相应报酬。如若提供的容量超出协议约定或是供给不足，将会受到相应的奖励和惩罚。⑤费用结算。容量协议的具体费用由供应商在电能量市场中所占份额作为核算依据。

总的而言，容量市场以经济学的拍卖理论以及供需原理为基础，为市场上的容量提供者带来了容量收益，同时为新进入市场的发电厂商提供了较为明确的价格信号，降低了相应的投资风险，从而保障电力系统的发电容量充裕性。然而，该方法也存在一定的弊端。首先，市场中所采用的荷兰式拍卖在每轮叫价过程中均会向发电厂商提供供需信息。因此，当少数大型发电企业垄断市场时，其掌握过多的信息会导致操纵市场、哄抬价格等情况出现，引起资源的低效分配。同时，容量需求曲线是依据电力市场历史运行的经验数据确定的，难以灵活地体现发电容量在不同现实条件下的真实价值。目前，我国发电侧五大发电集团占有较高的市场份额，容易发挥市场势力，并且各发电企业之间容易采取串谋行为，市场中的其他企业无法有效地参与竞争。同时，在未来一段时间内，我国经济发展仍将保持一定的增速，因此较难提前数年设定好符合未来条件的容量需求曲线，包括具体形状以及新建机组的净成本、价格上限和目标容量容差值等关键参数。如若设置不当，很有可能造成更为严重的容量扭曲。

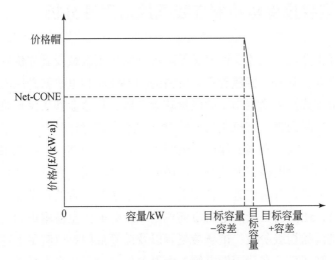

图 7-4   英国容量市场需求曲线

　　战略储备机制是基于数量的目标市场容量保障机制，其允许系统运营商或运营机构在正常的容量之外，拥有或控制系统的部分边际冗余容量，以供系统出现紧急情况时调用。作为战略备用的机组通常为边际发电机组，如峰荷机组、老旧机组和低效机组。同时，为了防止这类"额外"容量影响电力批发市场的正常运行，它是不被允许进入市场的。战略储备主要用于发电侧，特殊情况下也可包括需求侧响应和可中断负荷合同。战略储备每年采购一次，所需数量由监管机构根据预测峰值负荷和电源结构确定，然后通过招标机制选择，即市场发起招标，从投标人那里收集出价，让价格低位者中标。

　　战略储备机制主要在欧洲国家实施，如比利时、瑞典、芬兰、德国、波兰和立陶宛，可中断负荷合同，也广泛应用于许多其他市场。战略储备往往会在两种情形下被调用：①经济型调用，市场出清价格超过之前设定的阈值，需要调用战略储备以减缓其经济上的影响；②技术型调用，系统中存在电力失负荷的风险，需要调用战略储备以满足用户侧对电力的需求。

　　战略储备机制的优势在于使系统运营者能够实现一定程度的发运一体化，使得实际容量水平更容易满足系统需求。同时，系统运行机构还可以根据系统负载特点选择灵活性容量资源。然而，该机制难以传递新增投资的预期收益和相关市场风险等关键信息，缺乏对新增产能投资的足够激励。因此，该机制主要针对计划退役或封存的电厂，适合有较多退役机组的地区。

7.4.3　典型容量保障机制在我国的适用性分析

表 7-6 对比分析了上述 5 种容量保障机制的应用区域及具体优缺点。对于稀缺定价机制而言，其必然伴随着现货价格的剧烈波动和电价飙升风险。因此，该机制并不适用于我国以稳定为主的电价政策环境，且企业和居民也难以承受。而对于战略储备机制而言，该机制主要针对计划退役或封存的电厂，适合有较多退役机组的地区。目前，我国的煤电机组服役年限尚未到期，并在未来一段时间内仍将充当发电的重要电源，因此并不适用战略备用机制。容量义务机制要求市场参与者自行投资建设容量或进行自主交易，对市场参与者的自身能力提出了较高的要求。同时，还需要健全的电力市场建设和及时的信息披露机制。我国目前处于电力市场建设的初级阶段，市场参与者以及监管部门难以满足上述要求。而对于容量市场机制而言，在我国发电侧五大发电集团占有较高市场份额的情形下，该机制极易引发市场势力以及串谋行为。同时，我国经济的快速增长和能源行业的转型发展使得系统运营商较难设定合理的容量需求曲线。如若设置不当，很有可能造成更为严重的容量扭曲。对于容量支付机制而言，该机制由监管机构直接设定补贴标准，简单易行且实施后不用过多干预。

表 7-6　容量保障机制对比分析

典型容量保障机制	应用区域	优点	缺点
稀缺定价机制	澳大利亚、美国得克萨斯州	能充分调动用户需求侧响应的积极性	电价具有很大的波动性，对监管体系有较高要求
容量支付机制	西班牙、希腊、爱尔兰、智利、阿根廷等	简单易行，具备较高的容量成本回收确定性	核定的补偿标准难以有效地反映容量价值
容量义务机制	法国、美国 CAISO、MISO	简单易行，实施后不必过多干预	对于市场参与者能力提出较高要求 可能无法有效引导投资并强化市场势力
容量市场机制	英国、美国 PJM、NYISO、西澳大利亚、巴西	为容量提供者带来相应收益并提供明确的价格信号	容易引发市场势力及串谋行为，难以预测合理的容量需求曲线
战略储备机制	比利时、瑞典、芬兰、德国、波兰和立陶宛	实现一定程度的"发运"一体化	缺乏对新增产能的足够激励

立足于我国的当前基本国情，并结合我国电力市场发展进程，容量支付机制将成为电力市场建设初期较好的选择。从短期来看，我国电力市场建设的工作

重心为尽快缓解发电机组成本回收压力，寻求收益与责任相适应的容量保障起步机制。因此，若在现货市场建设的初级阶段，能够给予一定时期的容量补贴支持，则能够有效地缓解发电企业成本回收压力，对竞争性发电侧现货市场起到了良好的补充作用。从中长期来看，随着国内电力市场建设的逐步成熟，应当逐步构建适应全国统一电力市场和新型电力系统要求的容量保障机制，以提供满足未来容量需求的有效激励，保障电力系统的长期容量充裕性。例如，可以考虑集中式拍卖的长短期容量市场，或是基于双边交易的容量义务机制等。

7.5 结论与政策建议

本章通过对发电厂商的长短期行为进行建模，总结出导致当前容量投资激励不足的若干原因；并依托于广东电力市场的实际数据进行数值模拟，讨论各因素对容量投资的具体影响，探究引入容量补偿机制后的实施效果。为我国加快构建新型电力系统，尽快建立适应"双碳"目标要求的电力市场机制提供理论基础及政策建议。

首先，本章对发电厂商的投资决策以及生产决策进行建模，刻画出不同情形下的市场出清结果，包括最优容量、均衡容量、容量扭曲程度、总社会福利变化等。基于上述结果，讨论了当前电力市场容量投资现状以及出现容量投资不足的具体原因：①存在价格上限；②存在非自愿配给；③存在市场势力；④存在新能源。因此，需要在目前现有机制的基础上尽快为作为安全基石的传统发电机组提供相应的容量成本回收机制，以保障电力系统的短期可靠性和长期容量充裕性。

其次，本章依托广东电力市场中的实际数据进行数值模拟。结果表明，广东电力市场中的最优容量 K^{FB} 为 0.9987。①存在价格上限 P=1.5 元 /kW·h 时，均衡总装机容量 K^* 为 0.9867，较最优容量存在着 –1.20% 的容量扭曲。②存在非自愿配给时，相对于最优容量 K^{FB}，市场存在着 –1.22% 的容量扭曲。若通过设置 P=v 来取消价格上限，将缓解大部分对容量的扭曲（降低至 –0.01%），但不能完全消除由停电带来的低效率。③存在市场势力时，此时发电企业通过向消费者收取市场势力租金而获得利润。为使得消费者剩余最大化，最优的设置是 P<v，此时的容量扭曲程度为 –1.20%。④存在可再生能源时，容量扭曲程度随着可再生能源装机容量占比的增加而增大。上述结果表明在实践中由于价格上限、非自愿配给、市场势力、可再生能源的存在，仅仅依靠当前现有的现货市场机制难以有效地引导电源进行积极投资。因此，我们在市场中引入容量支付机制。结

果表明，当市场中存在 $P=1.5$ 元 /kW·h 的价格上限时，为使得总装机容量达到最优容量，需要按照 0.0174 元 /kW·h 的价格对发电企业进行补偿；若以消费者福利最大化为目标，则最优的容量补贴价格应为 0.0144 元 /kW·h。此时，市场中的均衡总容量为 0.9962，较最优容量产生了 –0.25% 的容量扭曲；社会总福利由 15.3700 增加至 15.3792，增加了 0.06%。

最后，本章基于上述理论模型，对当前世界各国的典型容量保障机制进行对比分析，包括基于价格的容量支付机制、基于数量的集中式容量市场机制、分散式容量义务机制、战略储备机制等，明确各种容量补偿机制的运行机理、适用背景和优缺点。统筹考虑我国基本国情以及当前电力市场建设进程，容量支付机制将成为电力市场建设初期较好的选择，其能够有效地缓解发电企业成本回收压力，对竞争性发电侧现货市场起到了良好的补充作用。未来，随着国内电力市场建设的逐步成熟，应当逐步构建适应全国统一电力市场和新型电力系统要求的容量保障机制，以提供满足未来容量需求的有效激励。例如，可以考虑集中式拍卖的长短期容量市场，或者基于双边交易的容量义务机制等。

在我国电力体制改革进程中，应当统筹兼顾效率与安全。这就要求我们不能一味地以对"价"的诉求去取代对"量"的诉求。在新一轮电力体制改革中，不论是中长期电量交易还是正在试点阶段的电力现货市场建设，其研究重点均在于市场出清机制以及结算机制等设计及调整。然而，对于如何保证参与市场的发电企业能够获得合理的收益、如何保证短期的供电可靠性和长期的容量充裕性则较少考虑。在新能源迅速发展的今天，对于容量的需求更是进一步提升。因此，我们应当尽快为作为安全基石的传统火电机组提供相应的成本回收机制和投资激励机制，并将该逻辑应用于中国电力市场建设政策中，加快构建高比例新能源的新型电力系统，尽快建立适应能源转型和"双碳"目标要求的电力市场机制。

具体而言，在短期内，我国电力市场建设的工作重心为尽快缓解发电机组成本回收压力，寻求收益与责任相适应的容量保障起步机制。因此，若在现货市场建设的初级阶段，能够给予一定时期的容量补贴支持，则能够直接有效地缓解发电企业成本回收压力，对竞争性发电侧现货市场起到了良好的补充作用。从中长期来看，随着国内电力市场建设的逐步成熟，应当逐步构建适应全国统一电力市场和新型电力系统要求的容量保障机制，以提供满足未来容量需求的有效激励，保障电力系统的长期容量充裕性。例如，可以考虑集中式拍卖的长短期容量市场，或者基于双边交易的容量义务机制等。

第8章 | 适应与促进新能源发展的电力 市场化改革方向及配套政策建议

电力市场化改革是一个系统性复杂工程,虽然目前社会各界关于新能源对电力市场的冲击与改革的必要性已经达成共识,但具体改革方向和路径仍在探索中,合理的改革方案与实施路径需要理论一般规律与实际情况相结合。本章在前面理论分析的基础上,结合我国电力市场化改革进程与新能源发展现状,分析下一步改革的关键问题、可行方案与实施路径,从现实出发提出政策建议。

我国 2023 年风光发电比例为 13.8%,为实现碳中和目标,这一比例将逐年升高,最终取代煤炭等化石能源成为第一大发电来源。随着我国新能源快速发展,以保障性收购为主的消纳方式难以为继,需进一步明确新能源进入市场的路径,统筹制定保障与市场相结合的消纳机制。新能源进入电力市场竞争后,波动性大、与需求匹配度低,使得投资收益下降、风险上升,而新能源带来的正的环境外部性无法通过市场化方式实现,降低企业投资动力,影响碳中和目标的实现。因此,第一个关键问题是在推动新能源入市后采取何种政策手段继续支持新能源发展,以何种方式实现新能源绿色价值并与市场机制更兼容。第二个关键问题是如何完善我国电力市场体系建设,应对高比例新能源电力带来的短期运行安全、长期容量充足和成本可负担的挑战。前面章节分析了高比例新能源给电力系统带来的短期运行安全与长期容量充足安全,需要前瞻性地系统设计电力市场体系,以应对这些挑战。我国自 2015 年电力体制改革以来,电力市场体基本框架已经建立起来,但仍面临多数省份未正式运行现货市场、跨省消纳受到省级壁垒限制,以及价格波动风险管理手段不足等问题,亟须进一步完善市场体系、丰富交易品种。第三个关键问题是如何更好地发挥有为政府作用。在促进电力系统向高比例新能源的新型电力系统转型中,既面临传统电力市场的市场力与垄断监管等传统市场失灵问题，又需要解决环境外部性、容量充足性不足等新的市场失灵问题，因此需要政府在电力发展规划、市场力监管、自然垄断监管、产业政策与利益协调等方面更好地发挥作用，实现"有为政府"与"有效市场"的有机结合，通过市场机制、政策激励和科学监管打出组合拳。

本章按照以下结构展开：第 1 节讨论推动新能源入市后持续激励投资的配套政策，特别是与市场兼容的绿色价值实现方式的方案比较；第 2 节提出完善全国电力市场体系建设的方案，以更好地提供灵活性与充足性应对高比例新能源带来的挑战；第 3 节围绕如何更好地发挥政府作用提出政策建议。

8.1 实现新能源绿色价值的政策选择

新能源入市是大势所趋，但若不能妥善处理入市与合理收益问题，可能挫伤新能源发展的积极性。为支持新能源投资，仍需配套支持政策保障新能源发电商的合理收益。目前我国讨论热度最高的支持政策是通过绿证/绿电市场和碳市场实现新能源绿色价值，将其作为新能源电量价值的补充，而欧盟新一轮电力市场化改革将差价合约作为主要新能源支持政策。本节主要讨论这两种支持政策的优势与劣势，我们认为，绿证/绿电可以作为新能源收益来源的部分补充，但难以提供足够的支持力度，相比之下，差价合约更能够支持新能源发展。当然，两种政策并不互斥，可以同时实施，本节也针对这两种政策设计提出建议。

8.1.1 强制配额与绿证市场机制

1. 政策作用定位的两难选择

绿色证书本质上是对电力环境属性的一种标识。从电力供给侧来看，绿证 + 配额政策可以作为支持新能源发展的政策手段；从电力需求侧（特别是出口企业）来看，绿证是作为帮助跨越出口贸易障碍的手段。不同的作用定位意味着不同的落脚点，带来的政策设计重点也不同。如果绿证政策定位于支持新能源的发展，要求绿证能够充分体现新能源电力的环境价值，过低的价格无法发挥激励作用，而绿证价格的供需关系直接由政策设计决定，包括哪些新能源进入绿证范畴（供给）、哪些行业进入强制配额范畴（需求），这些是政策设计的难点。如果绿证政策定位于应对国际贸易壁垒，对于出口企业而言，绿证政策的重点在于国际认可度，同时价格也不宜过高，否则会增加出口企业成本。绿证市场是以政府为主导人为设计的市场，价格受政策影响大，因此明确绿证作用定位是完善绿证政策的首要任务。

2. 气候变化要求支持新能源的发展

大力发展新能源是目前公认的缓解气候变化经济可行的重要措施，"双碳"目标的提出进一步强化了发展新能源的必要性。虽然新能源发电成本已经大幅下降，但由于发电特性与需求不匹配且无法参与辅助服务市场，进入电力市场竞争交易可能会导致收益大幅下降，影响企业投资积极性，无法达到碳中和目标下的能源转型要求。同时，与传统化石燃料机组相比，新能源发电不会额外产生碳排放，具有环境价值，环境价值无法实现会进一步压榨可再生能源的发展空间。从理论上分析，产权明晰且交易费用为零的情况下，就可以实现社会最优。如果认为发电厂具有排污权，那么新能源机组具有正外部性，应该对这部分定价并成为可再生能源的收益；如果发电厂没有排污权，则传统化石燃料机组具有负外部性，新能源电力相对而言具有环境价值，也应得到相应收益。现阶段全球大多数国家认为发电厂没有排污权，因此应该对化石燃料机组的负外部性定价，最优策略是利用碳价、碳税等政策。但我国碳市场在 2021 年刚开始运行，制度与机制设计仍存在缺陷，与欧盟碳市场并不接轨，无法实现良好的减排效果。因此，在难以实行碳价、碳税等政策的情况下，只能选择次优策略，支持替代能源即新能源电力。支持新能源发展的政策有价格政策（如固定上网电价）和数量政策（保障性消纳、非水可再生能源消纳考核、配额）两类，两类政策都可达到同样的效果，不需要叠加使用。我国的新能源支持政策历经变迁，存在重叠，不同政策之间并不协同。

从固定上网电价改为配额 + 绿证政策，是从价格政策改为数量政策，本质上仍然是政府支持，仅仅是政府扮演的角色发生了变化。使用价格（固定上网）政策，政府需要确定价格补贴额度，收取补贴资金、发放资金；使用数量政策，补贴以绿证价格的方式从电力消费方转到了电力生产方，表面上政府不需要直接介入，但是，政府仍需要设计配额总量或者配额比例、管理配额的发放方式、流转、核销等，可能还需要确定配额覆盖的行业等，即需要做好配额市场设计工作。以碳市场为例，市场设计非常复杂，制度成本和交易成本都很高。所以不能认为配额 + 绿证是市场化政策，具有更好的效果或者更有效率。本质上，为解决外部性而设计的市场均是政府立租市场，市场设计直接影响运行效果。

3. 出口企业需要以可控成本获得国际认可

"碳关税"使电力的绿色属性认可成为出口企业跨越贸易壁垒的一种重要手段。2023 年 5 月 17 日，欧盟碳边境调节机制（carbon border adjustment mechanism，CBAM）法案正式生效，宣布对进口商品中隐含的碳排放征收额外关税，即"碳关税"。"碳关税"要求企业在出口至欧盟时要汇报产品生产所产生的二氧化碳间接排放。相关出口企业如果要避免碳关税，就必须购买获得欧盟认可的绿证或绿电交易证明。需要明确的是，在欧盟的"碳关税"相关法案中并未提及中国绿证，国内绿电交易是否可以用于抵销也尚未可知，因此我国电力绿色属性获得国际认可是当务之急。对于出口企业而言，如果中国绿证获得国际认可，那么就可以通过购买中国绿证作为消纳新能源的证明。但是现阶段，中国绿证和绿电交易在国际上的公信力较低，主要有两个原因：首先是由于中国绿证不能满足"唯一性"。在 1044 号文出台之前，供给边界不够清晰，存在"一电多证"重复核算等问题。其次是国家补贴杂糅的问题。尽管现阶段新能源企业只能补贴与绿证二选一，但市场现存绿证的数量受国家补贴影响大，因此绿证价格并不能完整地体现其环境价值，与国际绿证机制不接轨。

绿证价格是影响出口企业选择的重要因素。在能获得国际认可的前提下，企业选择国际绿证、中国绿证还是绿电交易的主要衡量标准为价格。在国内绿证机制完善之前，国际上存在如国际可再生能源证书（I-REC）、国际可再生能源交易工具（APX-Tigrs）等不同第三方国际机构核发的国际绿证，我国的新能源电力是这些绿证的主要提供方。《国家发展改革委 财政部 国家能源局关于试行可再生能源绿色电力证书核发及自愿认购交易制度的通知》（以下简称《绿证制度试行通知》）的出台既明确了国内绿证的唯一性，又明确表示国内的可再生能源电力原则上只能申请国内绿证。如果国内绿证价格较高，则不利于激发企业需求，强制配额会提高出口企业生产成本，降低国际竞争力。因此，考虑到出口企业的生产成本需求，国内绿证在获得认可的情况下价格不宜过高。

8.1.2　绿证市场现状与存在问题

1. 供给过剩与需求不足并存

与碳市场类似，绿证市场也是人为形成市场，是"政府立租"行为，与普通商品不同，市场供需并不是自发产生的，而主要是由政府政策决定的。从供给侧来看，绿证核发范围覆盖较广，长时间的累积导致市场上绿证较多；从需求侧来看，对绿证的自愿需求与支付意愿主要来自企业社会形象、责任承担的考虑，在没有强制要求时需求潜力较小。现阶段绿证的需求多为出口企业，出口企业希望通过购买绿证并将其作为消纳新能源的认证，从而获得国际认可并进入国际市场。个人和其他企业多为自愿认购，由于绿证不能用于抵扣碳排放量和能源消耗，一般企业对绿证的消费动力较低。供过于求导致整体交易价格较低，也容易造成绿证无法完整体现新能源电力绿色价值的误解。

在新能源考核机制下，绿证是主要核算方式。如果实行强制配额＋绿证机制，那么配额数量的核定直接确定需求量，进而影响绿证交易价格形成。目前，由于新能源电力消纳责任主体为省（自治区、直辖市），各省（自治区、直辖市）资源禀赋以及省级政府间博弈等都会影响绿证市场交易，也不利于企业明确自身消纳责任，进而规划生产行为，在一定程度上抑制了潜在需求的激发。若想进一步刺激需求，可以考虑打破省际规划，全国一盘棋，按照行业制定配额责任，进而将消纳责任落实到企业。

2. 省间交易存在壁垒

新能源电力消纳责任权重考核严格，省间交易存在壁垒。2023 年 8 月 4 日，《国家发展改革委办公厅 国家能源局综合司关于 2023 年可再生能源电力消纳责任权重及有关事项的通知》对各省新能源电力消纳权重做出明确要求。大部分省份的消纳权重目标在逐年提升，各省份承担消纳责任的市场主体权重完成情况以自身持有的新能源绿色电力证书为主要核算方式。该规定提升了绿证在新能源电力消纳责任权重中的地位，有利于激活绿证需求，促进绿证交易。但该举措也使得各省份为了完成自身考核任务，限制绿证绿电的省间交易，出现部分省份绿证过剩而有些省份无法购买绿证的区域供需不平衡的现象。

以宁夏为例，宁夏是我国太阳能资源 I 类区，风能资源 III 类区，截至 2022 年，新能源装机规模达 3041 万 kW，居全国第九。新能源装机容量占统调电力总装机容量的比例突破 50%，新能源发电量占总发电量的 24%，居全国前列，也是绿电绿证交易量最大的地区。宁夏新能源电力受欢迎的一个重要原因是高耗能企业如果购买火电需要以正常市场价的 50% 加价，因此会倾向于使用更便宜的绿电或绿证，但该行为会限制其内部绿证参与省间交易，不利于全国范围内绿证的统一交易和统一价格的形成。

3. 国际认可程度低

如前所述,中国绿证并不在欧盟"碳关税"的抵销范围内,国际认可程度低。中国绿证公信力低的首要原因是核发与核销的唯一性无法证明。《绿证制度试行通知》中提到,绿证是我国认定新能源电力生产消费的唯一凭证,相当于明确了供给边界,依据我国现有符合绿证要求的新能源装机容量也基本确定了供给数量。因此,供给方现阶段的主要任务是保证"唯一性"。国家补贴、绿电交易、国际绿证认证等多种政策导致绿证核发的唯一性较难确认。RE100(100% renewable electricity)商业倡议明确提出,我国的绿证若想获得认可,必须证明没有申请CCER(China Certified Emission Reduction),这种自证对于企业而言非常困难,所以要在源头上解决"唯一性"的问题。通过监管确保新能源发电量全额认证绿证、不重复认证等是供给侧现阶段首要解决的问题。

在满足核发唯一性的前提下,如何证明企业确实消费了绿电是需求侧需要解决的问题。欧盟对绿电消费更看重的是物理使用,即在考虑电网阻塞等物理约束的前提下,企业在何时何地消费了绿电。这就对我国绿证体系的核销环节提出了要求。企业购买绿证仅能证明企业购买了新能源电力的绿色属性,不能证明其在生产出口产品时就使用了新能源电力,绿证的核销成为新的议题。现阶段尚未对该环节做出明确要求,企业也无法证明购买的绿证用于特定商品的生产,不利于其获得国际认可。

如何剥离国家补贴也是提高绿证公信力的重要问题。"碳关税"的本质是地区贸易保护主义,欧盟认为进口的产品面临的碳价格远低于本土产品,降低了本土产品的竞争力,因此要对进口产品的间接碳排放征税。中国绿证不被认可的原因之一是价格太低,并没有真正体现新能源电力的环境价值。尽管现阶段新能源电力补贴与绿证只能二选一,看似剥离了国家补贴,但是国家对新能源的补贴不仅体现在电价方面,对新能源相关产业的补贴是造成绿证供给过剩的重要原因,这部分在国际谈判中难以辩驳和剥离。

4. 与其他政策间协同程度低

绿证是否可以用于碳排放抵扣是与碳市场衔接的关键问题。《绿证制度试行通知》提出研究推进绿证与全国碳排放权交易机制的衔接协调,这是首次提出以绿证的形式与碳市场进行衔接。现阶段我国对绿证是否可以抵扣排放并没有明确规定,各省(自治区、直辖市)具体实践也不相同。例如,天津绿电和绿证均可抵扣，北京仅允许绿电抵扣，上海仅省间绿电交易可以抵扣。绿证用于抵扣的内在逻辑为绿证是新能源电力环境价值的唯一凭证，环境价值通过碳市场解决火电环境负外部性来实现。绿证可以用于抵扣是提振需求的重要方式，也是真正实现"谁排放，谁付费"的重要途径。现阶段全国碳市场仅将发电行业纳入，且采取自下而上的碳排放强度控制，没有对排放总量进行限制，因此绿证抵扣对碳市场的影响整体较小。未来，随着碳市场纳入范围逐渐推广，终端用能电力化比例提高，再加之碳排放总量限制，绿证抵扣将成为碳市场建设的重要一环。

绿证不应与CCER范围有重叠。CCER包括可再生能源、林业碳汇、甲烷减排、节能增效等项目所减少的碳排放，纳入碳市场的控排企业可使用CCER履约最高5%的碳配额。根据定义，CCER应该包含具有明显环境正外部性的项目，能够吸收二氧化碳等污染气体。如前所述，风电、光伏发电并不具备上述条件，因此不应纳入CCER。现有制度下，已认证CCER的风电和光伏发电商仍然可以申请绿证，则出现双重计算问题。与绿证相比，CCER具有可以多次交易、价格受供需关系影响浮动较大、可参与碳市场抵扣以及金融产品较多等特点，如果两者有重叠，即使只能二选一，发电商和用户可能更偏好CCER，这也不利于绿证市场的建设。

8.1.3 完善强制配额政策与绿证市场的建议

1. 配额与绿证政策定位为新能源企业收入的补充

由于绿证价格由政策决定，制度成本和交易成本高，波动性大，因此无法对新能源起到足够的支持，但可以作为有益补充。绿证市场和碳市场都是政府立租的市场，因此绿证价格可以参考碳市场价格变化趋势。欧盟碳市场是全球最早的碳市场，也是发展比较完善的碳市场之一，现在正在经历第四阶段。在发展初期，欧盟碳市场涵盖的国家和行业较少，碳配额总量发放充足，免费发放的比例较高，导致市场交易相对低迷，交易价格也处于较低水平。但为了实现2030年的整体温室气体减排目标，欧盟碳市场加快减排步伐，从2021年起，排放配额总量以每年2.2%的速度下降，拍卖的比例不断提高，导致碳配额价格上升较快，交易的倒逼作用明显。可以认为我国碳市场正处于欧盟碳市场的第一阶段，仅纳入发电行业，对于配额总量尚未控制，因此成交价格远低于欧盟碳市场。绿证市场大概率也会经历类似的发展过程。在发展初期由于各项政策不够完善，市场需求较少，交易整体低迷；随着绿证成为市场主体消纳权重的主要考核方式，绿证需求会在考核期前出现短暂的上升；未来随着强制配额政策的收紧，绿证价格可能会上升。

供需关系不匹配，价格稳定预期难。《绿证制度试行通知》明确规定了供给边界，也基本确定了每年的供给总量，但需求受政策影响大，供需不匹配导致价格难以实现稳定的预期。现阶段供过于求的趋势明显，且绿证定价锚点为第一张绿证的成交价格 50 元，未来随着国际认可度提高和强制配额带来的额外需求增加，绿证供需关系尚未可知，价格可能会随需求等因素出现波动，难以呈现一个稳定的预期。

2. 衔接国际绿证制度，提高国际认可度

"碳关税"要求我国绿证必须加快与国际绿证制度的衔接。绿证的国际认可度现已成为我国出口企业面临的重要问题。"碳关税"相关制度中并没有对我国绿证或绿电交易可抵扣做出相关规定，表明欧盟并不认可中国绿证。提高中国绿证的国际认可度需要国内国外双管齐下。国内首先要完善绿证相关制度，保证唯一核发和唯一核销，实现绿证能够实现电力的物理交割。通过宣传或强制配额等措施鼓励或要求国内企业使用中国绿证，提振需求的同时增强绿证的可信度和认可度。同时，要对加强绿色发展的教育和培训，提高相关从业人员对绿证的理解和认同。

提高国际认可度需多参与国际舞台。首先，统一的标准可以快速提高中国绿证在国际上的可信度。确保中国的绿色发展标准与国际通行的标准相一致，积极与国际组织、政府和利益相关者合作，寻求绿证的国际认证互认。其次，可以通过提供透明、准确、可信的数据和信息，定期发布绿色发展的数据、进展和成就等信息，向国际社会展示中国在绿色领域的努力和取得的成果。再次，积极参与国际合作，分享中国在绿色发展方面的最佳实践和经验。通过合作项目、研讨会和国际会议，与其他国家共同推动绿色发展，从而增强中国绿证的国际认可度。最后，提高国际认可度不仅需要自身做出相应努力，还需要国家相关部门在国际层面进行商谈，做到绿证交易在国内与国际层面的完全统一，促进中国绿证在国际上的大范围流通。

3. 覆盖范围逐步推广，优先供给碳关税行业

强制配额纳入更多行业，提振绿证需求。强制配额政策旨在强制推动特定

产业或省份在一定时间内达到一定比例的新能源消纳目标。现阶段我国新能源电力消纳权重是以省（自治区、直辖市）为单位，执行单位为各省级电网，最终落实到各消纳主体。以省（自治区、直辖市）为单位导致该政策行政因素限制较大，如上面提到的省间交易壁垒。因此，更恰当的是以行业为划分依据，自下而上确定各行业消纳权重，并落实到具体单位。强制配额与碳市场协同体现在碳市场纳入更多行业，倒逼企业提高生产效率或增加可再生能源电力消费。绿证作为消纳责任的核算方式，也作为碳市场的抵扣方式，未来需求会随着纳入行业的增加而增加。

欧盟"碳关税"背景下可以考虑优先把绿证供给给受影响行业，达到需求与供给双向匹配。碳关税只针对钢铁、铝、水泥、化肥及电力等几类产品征收，因此只增加了这几类产品的出口成本。相对而言，我国无补贴、未申请 CCER 的新能源电力申请的绿证可能更容易受到欧盟的认证，考虑到"碳关税"的影响，是否可以将这部分绿证优先供给给相关行业，在绿证价格出现明显上升之前保障其出口顺利是值得研究的问题。

8.1.4 差价合约

1.差价合约相对于其他新能源支持政策的优点

双边差价合约是差价合约通常由政府设立的公司与发电商签订的长期金融合约，本质上是一种将市场机制下可变电价风险转换为固定履约价格的工具。合约通常由政府设定参照量（reference quantity）和参照价格（reference price），并按照竞价方式设置执行价格（strike price）。当执行价格高于参考价格时，投资者会收到收益补偿到参考价格；当执行价格低于参考价格时，投资者偿还差额。其执行价格可以（往往）包含一部分部分性政府补贴。因此，政府根据不同发电技术、市场环境和政策导向，通过竞争性谈判或定期组织招标等方式形成履约价格，对比参考价格形成差价，为了保障清洁能源的长期发展，总差额通常为正，即竞争性补贴。同时，竞价使其与成本变化保持一致，防止过度补偿和不合理的产能扩张。这种方式可以使发电商获得稳定收益，促使发电商增加对可再生能源的投资。同时，还可以将高价时段回收的市场收益返还给终端消费者，实现公平和可负担的电力供应。

差价合约是一种结合了市场化与政策性补贴的可再生能源能量价值的实现

方式。差价合约通常只涉及能量交易，不涉及绿色证书的转移，即可再生能源发电商仍可在绿色证书市场上实现可再生能源发电的环境价值。

越来越多的欧洲国家采用双边差价合约支持新能源发展。相比固定上网电价、溢价补贴和绿证政策，双边差价合约具有以下优点。①更具有成本有效性：双边差价合约以竞争拍卖的方式确定支持价格，从而在理论上实现了最佳成本。相较于以往采用的固定补贴方案，这种市场导向性使得支持政策更为成本有效。②平衡保障投资者收益和避免消费者承担过高价格：双边差价合约为投资者提供了价格下跌时的保护，同时为消费者提供了市场价格上升时的保护。这种双重保护使得双边差价合约在当前价格波动较大的环境下尤为吸引人。③降低投资风险：双边差价合约类型实现了投资者和消费者之间的风险共担。收入确定性在市场价格低时保护投资者，降低了资本成本和部署成本，从而使得消费者受益。④特别适合高固定成本低可变成本的风光投资：双边差价合约特别适用于太阳能和风能等低可变成本不可调节能源。在这些情况下，投资者能够承诺长期固定价格合约，而不需要为燃料价格风险支付显著的溢价。

2. 差价合约设计的关键要点

差价合约的核心在于对执行价格、参照发电量和参照价格的设定。例如，2017年英国引入差价合约，英国政府从多个角度（包括发电技术、市场条件和政策等）考虑，对可再生能源发电项目的平准化成本进行估算，并以此设定执行价格和补贴上限。实践中，根据不同类型可再生能源发电机组的物理特性、经济特性和市场地位，合理设置执行价格、参照发电量和参照价格，可以使可再生能源在长期稳定收入与短期市场参与之间实现适当的平衡。

3. 适合我国的差价合约设计

建议根据不同类型可再生能源发电机组的物理特性、经济特性和市场地位，通过多样化的差价合约方式让可再生能源进入市场。这样，既可使可再生能源项目形成合理且稳定的预期，又可通过拍卖等竞争方式使补贴额随成本降低逐步下降。

（1）风光等不可调节可再生能源。因受限于天气等外部条件，风光等不可调节可再生能源的发电能力无法对短期价格信号做出快速反应。若完全暴露于短期市场，会增加其成本回收的不确定性，降低其投资意愿。此时，可通过政府定期组织双向差价合约的签订，以拍卖等竞争性方式确定当期执行价格，并以市场价格为参照价格，既使其绝缘于短期价格波动，获得合理且稳定的收入，又限制了其在高价时段获取的超额收益。

（2）生物质等可调节的可再生能源。对于发电能力可调节的可再生能源，可使用带有单向变动溢价的差价合约，激励其在用电高峰（现货价格高于市场平均价格的时段）进行发电。具体而言，政府设定参照价格为市场平均价格，并定期组织竞价以确定执行价格。这样，既提高了短期电力市场效率，又使该类可再生能源投资选址于预期发电可用性与市场价格正相关的地点，从而降低电力系统总体成本。

（3）水电等有一定调节能力的基荷电源。对于固定成本极高、可变成本较低且具备一定调节能力的可再生能源，仍可使用带有单向变动溢价的差价合约，但其执行价格、参照发电量和参照价格的设置需全面考虑发电商的合理收益，并激励其在高峰时段参与调度，避免其市场力的行使。一方面，对于此类电源，难以通过充分竞争方式确定执行价格，因此需要监管部门根据相关数据核定执行价格和参照发电量，以确保核电和水电发电商的收益可以覆盖发电成本，并避免其持留动机（当实际发电量低于参照发电量时，发电商将受到惩罚）；另一方面，可以将参照价格设置为12个月的市场移动平均价格，并进行每月结算。通过引入可变的参照价格，使该类发电商获得的溢价（执行价格与参照价格之差）在高峰时段最高，从而调动其主动参与削峰。

展望未来，针对不同类型、不同规模和不同地区的可再生能源项目等，政府应综合考虑可再生能源项目的复杂性，将不同政策工具相结合，采取差异化的政策支持措施，以满足不同企业和项目的多样化需求，并鼓励更多的企业参与到可再生能源发展中来，从而更有效地激发市场活力。

8.2 加快完善市场体系应对灵活性与安全性要求

新能源发电的间歇性和随机性需要电力系统更加灵活和为容量提供足够激励，面对构建新型电力系统这一更为艰巨的未来重任，须充分发挥市场在资源优化配置中的决定性作用，完善现有市场建设应对灵活性与安全性的要求。结合我国现有电力市场建设情况，本节从现货市场、中长期市场、辅助服务市场、容量补偿机制、金融风险管理工具、全国统一市场建设七方面提出完善市场体系设计的建议。

8.2.1 加快现货市场建设

电力现货市场是电力市场体系建立的核心。市场资源配置的基础工具是价格信号，现货市场更及时准确地反映供需关系，形成的价格信号为中长期市场交易提供锚定基准。国外电力市场一般先建设现货（日前和实时）市场，后建设中长期市场，中长期市场的定位主要是对冲现货风险。而中国电力市场建设始于电力中长期交易，当前电力交易形成了以中长期电力交易为主、以现货交易为补充的格局。2022 年，全国市场化交易电量中 79% 为中长期交易电量，共 41 407.7 亿 kW·h。虽然中长期市场从理论上具有稳定电价、规避风险的优势，但由于当下中长期市场的定价缺少现货日前价格作为参考，合约框定缺乏一定的灵活变动空间。2021 年下半年以来，煤价暴涨，而中长期交易对电价反应严重滞后，未能及时反映市场真实的供需情况并疏导激增的煤电发电成本，造成了煤电企业大面积亏损。中国电力企业联合会测算，2021 年电煤价格上涨导致全国煤电企业电煤采购成本额外增加 6000 亿元左右，8～11 月部分集团煤电板块亏损面达到 100%，全年累计亏损面达到 80% 左右。

现货市场建设对短期推动新能源入市、长期形成以新能源为主体的新型电力系统具有重要作用。第一，现货交易频次高、周期短（小时 /15 分钟），更符合新能源波动性、难以预测等特点。第二，新能源边际成本低，现货市场具有竞争优势，可以优先被消纳。第三，现货交易形成峰谷价差，为储能等第三方新型市场主体打开盈利空间，鼓励灵活调节资源配合新能源消纳。目前，电力现货市场对促进新能源消纳的积极作用已初步显现。国家电网有限公司统计，跨省跨区域富余可再生能源现货交易运行 4 年共累计减少可再生能源弃电超 230 亿 kW·h。其中，蒙西作为第一批电力现货试点地区，于 2022 年 6 月正式启动电力现货市场长周期试运行，在国内首次实现燃煤机组和新能源无差别参与现货市场，2022 年第三季度蒙西地区风电利用率为 98.1%，同比提升 0.3 个百分点；光伏发电利用率为 99.1%，同比上升 1.2 个百分点。

现货市场建设步伐正在加快，以省间、南方区域市场为主的跨省跨区域现货市场，以分省跨区域连续结算试运行、模拟 / 调电试运行为主的 24 家跨区域内现货市场有序推进，广东、山西、浙江、四川、福建、山东、甘肃、蒙西 8 个第一批试点地区结算试运行逐步深入，上海、江苏、湖北、河南、辽宁、安徽 6 个第二批试点地区现货市场建设有序推进。长周期结算试运行的现货试点地区开展了各具特色的实践探索，到 2023 年底，山西和广东现货交易市场正式运行，甘肃、山东的电力现货市场已接近正式运行状态。全国大部分省份具备电力现货市场试运行条件。2022 年 11 月，国家能源局发布了《电力现货市场基本规则（征求意见稿）》和《电力现货市场监管办法（征求意见稿）》，为建设适应于能源低碳转型和社会经济发展的全国统一电力市场提供"纲领性、规范性、标准性"文件指引，进一步将电力现货市场从试点向全国推广，意味着我国现货市场建设和深入推进迈入新阶段，对已实现电力现货市场连续运行的地区进一步规范引导，实现其健康持续发展；为尚未开展电力现货市场运行的地区开展电力现货市场建设探索提供可借鉴的经验，降低其试错成本。

8.2.2　中长期市场采用分时段交易

我国大部分省份普遍采用不分时段的中长期交易机制。在这种机制下，合同双方仅约定合同期内的总电量和同一电价，执行时发电曲线由交易和调度机构按照一定规则进行分解，所有电量均按照中长期合同中的同一价格执行。然而，电力生产具有实时平衡特性，不同时段的电力价值并不相同。不分时段的中长期交易机制无法准确反映电力的时间价值，因此无法激励发电和用电双方根据价格进行电力管理。此外，新能源发电的物理特性决定了其发电可预测性较差，交易周期长、频次低的市场机制无法充分分散风险。因此，市场设计应增加新能源调整曲线的机会，缩短交易周期，提高交易频率，并根据现货市场价格划定中长期分时段曲线。

随着我国各省级现货市场的快速推进，各省份在中长期交易相关文件中均要求进一步扩大分时段交易的范围和电量比例，分时段交易的组织方式更加多样化，并在双边协商、集中交易（包括竞价交易、滚动撮合交易和挂牌交易）等各类中长期交易中引入分时段交易。部分省份在年度、季度、月度交易以外，还进一步细化分时段交易至月内，实现按旬、周定期开展交易，以实现与现货市场更紧密的衔接。

目前，山西、山东等省地在分时段交易方面取得了一定的进展。以山西为例，山西市场的分时段交易包括年度、季度、月度、旬和 D-3 日、D-2 日交易的集中竞价和滚动撮合，并与电力现货市场不间断结算试运行相协调。山西中长期分时段交易模式的关键在于将每日的中长期合同分为 24 个时段，以每个时段的电量作为交易标的，分别组织发电侧和用户侧开展电量交易，各市场主体 24 个时段的交易电量依次组合形成中长期交易曲线。在集中竞价和滚动撮合交易中，发电侧和用电侧均可根据自身需求买入或卖出电量，自由调整各时段的合同电量。

8.2.3 完善辅助服务补偿机制和市场交易机制

加大电力辅助服务市场建设力度，增强电力系统灵活调节能力。随着新能源大规模并网，电力系统消纳成本增加，对灵活性和可靠性的要求提高，因此需要更多辅助服务产品和更高精度的辅助服务体系，诸如快速爬坡产品、电储能产品等新兴辅助服务产品加入市场交易，产生合理价格信号以反映所有电力服务价格。新能源大规模并网会导致更多高成本机组失去发电机会，合理的补贴才能使得这些机组选择以辅助备用的形式参与电力市场。通过合理的价格信号引导生产、消费与投资行为，市场可以为灵活性提供恰当的补偿，才能够提供足够的激励保障长期供给。

构建更为完善的辅助服务补偿机制和市场交易机制，对于解决新能源发展所带来的电力平衡和电网运行安全等问题具有重要意义。2021年底，国家能源局发布了新版《电力并网运行管理规定》和《电力辅助服务管理办法》（以下简称"两个细则"），提出了增加电网急需的辅助服务品种、扩大辅助服务参与主体范围和建立更加公平的成本分摊或市场化机制，以满足新能源大规模发展和电力市场化改革加速的需要。

随着电力系统中新能源比例的显著增加，传统辅助服务（如调频等）的需求也相应增长。在此基础上，需进一步引入新的辅助服务品类，以更好地适应新型电力系统的特性。例如，为了应对新能源出力的波动性带来的挑战，需配套爬坡辅助服务品类，以鼓励发电机组快速提高出力。此外，惯量辅助服务品类的建立也尤为重要，以支持具有转动惯量的发电机组在新能源渗透率较高的时段尽可能地并网运行，从而提高电力系统频率的稳定性。目前，华东区域和西北区域已启动了转动惯量和爬坡辅助服务，而南方区域和华北区域暂时仅启动了转动惯量补偿。

扩大辅助服务主体范围有助于有效调动需求侧的灵活性资源，从而大幅降低整体辅助服务成本。随着辅助服务准入门槛逐步降低，更多类型的主体和规模较小的设备也能够参与，同时，在调度关系上的限制也将越来越少。根据两个细则的指引，各地区已在一定程度上扩大了辅助服务参与主体（包括新能源、新型储能和虚拟电厂等新型市场主体）的范围。

建立市场化补偿形成机制以及引入电力用户参与的电力辅助服务成本分摊共享机制，有助于实现辅助服务费用向电力用户侧的疏导，从而激发发电侧参与辅助服务的积极性。因此，各地区在分摊辅助服务成本时，应合理考虑分摊对象。以南方地区的相关规定为例，主要由新能源快速降低出力带来的爬坡补偿费用，由新能源发电企业按照预测偏差比例分摊；由直控型可调节负荷参与的调峰（削峰）补偿费用，由市场化电力用户按当月实际用电量进行分摊；其他类型的补偿费用则由发电侧并网主体和市场化电力用户按照 50% 的比例共同承担。

8.2.4　推动灵活性服务的发展

灵活性资源是指能够增加电力供需柔性、弹性和灵活性，服务于电力系统动态供需平衡的资源。这些资源可以分布在电力系统的不同环节，包括电源侧、电网侧和用户侧。

在传统电力系统中，主要的灵活性资源来自电源侧，包括火电和水电等。根据中国电力企业联合会的相关研究，相较于抽水蓄能和储能电站等调节手段，火电灵活性改造具有较大的经济优势[①]。预计未来火电机组将继续充当灵活性资源的主要提供者，承担更多的系统调节和保障任务。此外，水电资源通常被认为是出色的灵活性资源，具有启动迅速和响应灵活等特点。国家电网有限公司发布的《服务碳达峰碳中和 构建新型电力系统加快抽水蓄能开发建设重要举措》中明确指出，"十四五"期间将在新能源集中开发地区和负荷中心新增大规模抽水蓄能电站，充分发挥抽水蓄能电站的灵活调节能力。除了水电之外，其他类型的可再生能源也具备提供灵活性服务的潜力。例如，可再生能源可以通过多元化组合等方式来提供灵活性服务。美国得克萨斯州电力市场采用了这种策略，将风能和太阳能资源相互结合。由于风能和太阳能发电具有不同但互补的特性，它们的组合可以生成更为平稳且更符合系统需求的发电曲线。为了充分发挥可再生能源的灵活性潜力，未来需要进行更多的技术准备工作，并提供适当的经济激励。

随着电力系统各环节技术不断进步和管理水平的提高，新型的灵活性资源，包括新型储能、需求响应以及虚拟电厂等，逐渐崭露头角，成为电力系统中的重要组成部分。新型储能技术具备多项优势，如配置灵活、建设周期短和适用场景多元化等，可以与传统储能技术实现优势互补。这些新型储能技术与新能源的开发和消纳相辅相成，为构建以新能源为主体的新型电力系统提供了关键支撑。与此同时，随着用户侧智能化和自动化水平的不断提高，需求侧资源也开始更充分

---

① 《煤电机组灵活性运行与延寿运行研究》，https://www.cec.org.cn/upload/1/pdf/1609833032589.pdf。

地发挥其灵活性潜力。需求侧灵活性资源主要包括可调节负荷、电动汽车和用户侧储能等小型且分散的"产消者"。然而，由于需求侧资源的分散性、用户用能的多样性以及可调负荷规模相对较小等问题，需求侧灵活性资源难以直接参与市场。因此，需要采用聚合商代理和虚拟电厂等方式，通过先进的通信技术实现内部分散式资源的统一管理和调度。

8.2.5 建立和完善容量机制

如果仅仅建设电能量市场，尤其在有最高价格限定的情况下，可能无法对长期投资产生足够激励，只能依靠"社会责任感"保供，会影响长期电力供给充足性；而采用极端的百分百可靠的规划方法，考虑到系统最高净负荷需求只持续很短时间，会造成未来大量的有效容量闲置，导致社会资源的浪费和用户综合用能成本的升高。因此，需要配套相应的容量补偿机制，激励发电机组提供容量服务，使得有效市场下的价格机制充分反映机会成本，合理引导长期投资。

在边际成本几乎为零的新能源大规模进入现货市场的趋势下，容量机制的建立和完善成为对现货市场的重要补充。这一机制通过向边际成本较高但可提供系统充裕性的发电机组提供一定程度的固定成本补偿，稳定其市场预期，使其有经济性地留在电力市场中，以在必要时提供可靠的调节能力。

山东作为电力市场化改革的早期试点地区，率先引入了容量机制，以确保电力系统具备足够的容量充裕度。山东采用固定容量补偿模式，在发电侧，容量补偿对象不仅包括传统火电机组，还包括储能以及风电和光伏等新能源发电设施；在用电侧，山东向工商业用户收取全电量的容量补偿电费。

目前，我国的容量机制侧重于回收已有充裕性电源的成本。未来，随着市场的成熟，容量市场将更好地发挥传达产能扩张投资信号的作用。例如，对于储能和需求响应等非化石类灵活性资源，虽然它们可以通过参与电能量市场获利，但这部分收益通常无法覆盖其成本。因此，可以通过可再生容量市场机制为这些资源提供容量补偿，以充分激励投资者对非化石类灵活性资源进行有效投资。而对于老旧的非化石灵活性资源，如燃煤和燃气机组，可采用容量招标的方式将它们纳入战略备用。通过容量招标签订备用合同，确保这些机组在合同期内能够收回投资成本。然而，为了减少它们的碳排放，必须限制此类机组仅在顶峰时刻由调度机构统一调用，以避免过度使用高碳排放机组。

8.2.6 完善跨省交易机制

2022 年，我国提出建成全国统一电力市场体系的目标。跨省交易在供需调节和资源优化配置方面扮演着重要角色，进一步完善跨省交易机制是建设全国统一电力市场体系的关键环节。通过完备的跨省电力网络，更多发电资源能够以灵活性电源的形式参与实时供需调节，以应对高比例可再生能源给电力系统安全运行带来的挑战，同时提高电力系统对可再生能源的消纳能力。例如，北欧电力市场借助跨国交易，充分利用挪威的蓄能水电站和芬兰的火电机组等灵活性电源，有效地缓解了丹麦高比例风电对电力系统的影响。

我国国家电网有限公司于 2021 年 11 月发布了《省间电力现货交易规则（试行）》，明确了国网区域内省内现货市场和省间现货市场采用"统一市场、两级运作"的模式。相对于省内现货市场的全电量出清方式，省间现货市场采用的是增量电量出清模式，是在省间通道既有中长期电量上的增量交易，以最大限度利用剩余省间通道，优化和加强省间电力资源的互补互助。根据国网 2022 年的省间交易数据，可再生能源电力交易量在各月的占比高达 90%，切实推动了新能源在更广泛范围内的有效消纳。

跨省交易架起了省间电力价格传输的桥梁，真实地反映了电力的时空价值。电价的日内曲线呈现出明显的单峰单谷特性，而在年内表现出明显的季节性差异，为电力资源的优化配置提供了全面的价格信号，有力地促进了可再生能源的消纳和电力的安全供应。

8.2.7 发展风险管理金融工具

在可再生能源大规模接入电力市场的背景下，电力现货市场价格更容易出现剧烈波动，市场参与者迫切需要可靠的金融工具对电价波动风险进行管理。金融衍生品，包括期货、期权和远期合约等，具备有效对冲价格波动风险的功能。新能源发电商在参与电力市场的同时，可以通过购买电力或天然气等能源期货进行套期保值，从而规避价格风险，提高收益的稳定性。

目前，越来越多的国家正在积极发展自己的电力金融衍生品市场。其中，电力期货和电力期权是最常见的标准化电力金融产品。然而，电力系统的复杂性导致了各个物理节点之间的供需不平衡，从而形成了电力价格的差异。这一特点使得整个网络难以形成统一的电力价格，给电力期货市场的发展带来了一定挑战。

因此，为了更好地满足市场需求，基于不同节点的价格差异，开发更加细化的电力金融衍生产品变得十分必要。以美国洲际交易所（Intercontinental Exchange，ICE）为例，该交易所提供了来自美国七大区域电力市场的165种电力期货产品和15种电力期权产品，以满足多样化的投资和风险管理需求。

能源市场与金融市场的融合是发展的必然趋势，也是我国电力市场发展的方向。2015年3月15日，中共中央和国务院发布的《关于进一步深化电力体制改革的若干意见》中明确提出，在条件成熟时，探索开展容量市场、电力期货和电力衍生品等交易，并探索在全国范围内建立统一的电力期货和衍生品市场。此外，广州期货交易所于2021年4月19日成立，并计划研发电力期货产品，旨在为电力交易主体提供电价风险管理工具，促进粤港澳大湾区以及全国范围内的绿色金融发展。

虽然我国在能源市场与金融市场融合方面已经取得初步进展，但标准化产品种类仍相对有限。同时，由于各地电力交易中心的交易规则存在一定差异，目前的电力远期合约尚不具备跨区域推广的条件。随着电力现货市场的逐渐成熟以及市场配套设施的逐步完善，我国的能源金融市场仍然具有巨大的发展潜力。

总结而言，电力是一个复杂的系统产品，适应以新能源为主体的电力市场是一个体系，包括电量市场（包括电力批发市场和零售市场）、辅助服务市场、容量市场（补偿机制）、电力金融市场、跨省（自治区、直辖市）输电权交易市场等多层级市场，以及多种交易品种。完善的电力市场将涵盖中长期合约、日前合约、现货合约、辅助服务交易、可再生能源配额交易、输电权交易、各类金融衍生品等各种交易品种。丰富的交易品种将极大地增强电力系统灵活性，以满足不同时段、不同主体、不同目标的市场需求。随着电力系统改革的不断深化，电力市场主体逐渐多元化，市场需求不断变化，速爬坡产品、系统惯性服务、无功支撑服务等新型交易品种不断涌现。建立健全各类型市场交易品种的市场交易机制，综合考虑各交易产品特性与功能，是成熟电力市场的重要标志（图8-1）。

各个市场之间各司其职，分别起到发现电力市场价格、维护电力供需平衡、引导电网电源布局、平抑电力市场风险、提高资源配置效率等作用；市场间又存在协调互动，相互配合以实现更高效、更快捷、更便利、更清洁、更低廉的电力供应，提高生产生活用能质量，适应更加复杂的宏观经济形势变化。另外，各市场之间将高效衔接，综合考虑市场耦合、偏差处理、交易时序规划、市场监管等各项问题，建立健全电力市场体系规划。

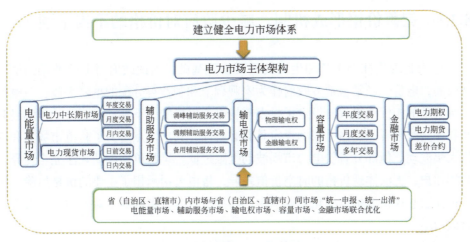

图 8-1　完善的电力市场体系

8.3　更好地发挥有为政府作用

我国电力市场改革的目的之一在于还原电力的商品属性。电力既具有商品的一般性，又具有不能存储等技术经济特点，同时具有基础设施、公共品、产生外部性等多种特点，这些特性让电力改革尤为复杂。以新能源为主体的新型电力系统强化了电力这些特性，对要更好地发挥有为政府作用提出了更高要求。

在建设新电力系统中，政府和市场应各司其职，市场对资源配置起到基础性作用，而政府作为外部性的治理者、市场力的监管者、公共品的提供者，需要在前期谋划布局，通过重大规划和重大产业政策提供前瞻性的指导。在自然垄断领域，政府需提升监管能力，推动监管机构完善有关市场监管规则，强化竞争性市场的反垄断规划，加强成本监审监管，建立市场势力识别防范机制，做到依法进行监管，维护市场运营秩序。政府政策也可以起到辅助市场的作用，为鼓励发展新能源、减少碳排放，政府可以推行多种新能源和碳减排扶持政策，弥补技术不成熟、成本不经济等发展制约因素，以便在市场发挥决定性作用的基础上更好地发挥政府作用。同时，政府承担着协调能源政策与其他政策统筹的职能，坚持产业政策"谁请客，谁买单"，提高社会政策与市场经济的兼容，推进环境政策与经济发展的协调，更好地处理发展和减排、整体和局部、短期和中长期的关系。

8.3.1　完善价格形成机制，减少政府对价格的不当干预

电力是现代社会生产和生活的重要物质基础，因此政府对电价波动的敏感度较高，电价也经常被地方政府作为宏观调节和利益再分配的重要手段。对电价大幅波动的担忧使得政府设定了批发市场电力价格的上下浮动范围。从国际经验和我国实践来看，价格上限的设定具有必要性，其出发点是为了防范市场力和价格大幅波动。但部分省份电力市场波动上限过低，燃料价格波动无法完全传导到终端用户，无法体现价格的时空价值差异，售电公司承担了主要的价格风险，用户也无法直接根据价格变化来调节生产与投资行为，更削弱了对电力长期投资的有效激励。

建议考虑适度放开销售电价管制，科学设计批发价格上下限，理顺从上网到终端价格的传导机制，提供更多的销售电价种类，促进需求侧管理。包括考虑对居民等用户推行峰谷电价、制定更加合理的调节阶梯电价分档标准，引导居民用电行为；对于市场化用户，提供更多的销售电价选择，如推行可中断电价、可靠性电价，能够体现对用户不同电力质量的需求支付意愿；对电价实行分时、分区的动态调整，反映在不同时间、地点电力供需缺口，促进用户主动实行需求侧管理以及长期投资区位的选择。

8.3.2　加强电力发展科学规划，兼顾能源低碳转型与能源安全

政府规划在建设新型电力系统中起到至关重要的作用。电力低碳转型和电力安全具有公共品特性，有着较强的外部性，关乎国家经济发展、社会稳定和"双碳"目标实现，完全交由市场决定，可能会产生市场失灵，因此需要政府进行规划引导。

一是加强面向电力安全的规划。能源安全事关国家经济社会发展全局，电力供应保障是能源安全的重要组成部分。政府要加强顶层设计，以安全可靠发展为核心要义，强化对电力系统全方位的可靠性管理，包括发电电源、骨干输电通道、负荷侧可调节资源、储能设施等，加强事前预测预警、事中过程管控和事后总结评估。同时，建立市场化下的电力系统经济性规划制度，在保证电力系统安全性和可靠性的前提下，提出最经济的源网荷储的综合规划方案，这里的经济性不仅指规划方案的投资，还包括规划方案给电力系统或电力市场带来的经济效益。

二是加强面向低碳转型的规划。加快发展可再生能源、实施可再生能源替

代行动，是构建新型能源体系的重大举措。以国家发展规划为统领，锚定"双碳"目标，强化可再生能源规划与中长期能源规划的衔接，更好地发挥国家规划对地方规划的导向作用。统筹电源与电网、新能源与传统化石能源、新能源开发与消纳的关系，实现能源绿色低碳转型与安全可靠供应相统一。在规划实施过程中，要细化任务落实、加强监测评估，保障可再生能源规划重点任务、重大工程实施。

8.3.3 加强市场力监管，完善电力市场监管体系建设

公平高效的市场机制是确保电力市场安全稳定运行的前提。理想的市场体系应能促使市场主体公平高效地参与市场，实现社会效益最大化。为了防止市场成员利用市场机制的漏洞行使市场力，在电力市场机制的设计中，监管部门应充分考虑市场结构特点、运营方式、组织架构等因素，防止市场主体滥用市场力，进行市场操纵等反竞争行为。2000 年美国加利福尼亚州电力危机就揭示了市场设计中缺乏价格联动机制和市场力缓解措施给整个电力系统带来的严重问题。而我国在电力市场化改革过程中，由于一系列政策的相互掣肘，对市场力的监管有着相当的难度，但也是必须补上的一环。

专栏 新型电力系统建设更需重视市场力监管

我国经多轮电力市场化改革后，已经形成了厂网分开、竞价上网、输配分离和放开售电侧竞争的市场局面，在一定程度上减少了电网的自然垄断市场力。但受限于电力基础设施条件、省间市场分割、计划与市场"双轨制"等一系列因素，我国目前的电力市场体系中仍然存在由输电限制、电力实时平衡需求和市场结构等因素引起的市场力滥用行为。

首先，电网输电约束限制了发电企业的地区竞争范围，导致了区域性电力寡头市场的形成。由于输电容量有限，当某一地区电力供应不足时，其他地区无法向其输送电力。这种情况下，实时电力供需平衡的要求为当地发电企业提供了行使区域市场力的机会，使他们能够提高电价以获得垄断收益。

其次，我国发电侧市场集中度较高，主要由几大中央发电集团和省级能源集团主导，发电企业之间容易进行串谋，建立价格联盟。在一些地区，虽然按照传统的市场集中度标准（HHI、CR2、CR3 等），市场结构满足竞争性条件，但实际运营过程中仍然出现了不同程度的市场串谋现象。

再次，我国电力系统中火电仍然占主导地位。火电企业的规模和区位优势使其在电力市场交易中往往成为边际定价机组，从而更容易行使市场力。2021年1439号文将燃煤发电市场交易价格浮动范围扩大至不超过各省（自治区、直辖市）燃煤发电基准价的±120%，一定程度上限制了火电机组的市场力行使。在近年煤价上涨的背景下，火电机组即使定价在±120%的上限，仍可能面临亏损。另外，火电机组还无偿地提供了大部分容量价值和平衡责任。这些原因可能在短期内为火电机组的定价行为提供了一定的合理性，但这不应该成为火电机组长期行使市场力的理由。一方面，在煤价下跌之后，我们仍观察到火电机组往往在中长期市场上锁定±120%的定价；另一方面，在未来容量电价改革实施后，火电机组的容量价值将获得补偿。在我们完善容量市场建设的同时，也应注重限制火电机组的市场力行使问题。

最后，在风光等新能源占比增加，发电或负荷波动变大的新市场情形下，灵活特性赋予了火电企业在备用市场和辅助服务市场的垄断地位。在以新能源为主体的新型电力市场中，火电作为主要的可调节电源，对于保持电力系统供需动态平衡起到了比以往更重要的作用。在储能等灵活资源尚未广泛应用的情况下，市场平衡需要传统火电机组更加频繁地调整产能，以满足电力系统需求。例如，在一个具有大量风光资源的电力系统中，日落后光伏无法发电时，系统需要快速提升出力，对灵活性发电资源就有相当大的需求。在此情形下，传统火电机组的运行参数，如最低稳定发电限制、最短运行时间、最短停机时间和爬坡率等，将更大程度地影响电力系统的稳定。而此时，火电机组可"误报"其技术参数，造成跨期市场力的行使。因此，在新能源占比逐渐增加的情况下，市场监管机构还应防范以火电为主的灵活性资源在备用市场和辅助服务市场采取新的市场力行使策略。

总之，随着电力系统中可再生能源占比的提高，传统可调节电源也从基础性电源转变为支撑性电源。在传统电力市场上，因其市场地位，火电等灵活性电源就是市场力监测的主要对象；而在低碳转型过程中，我们一方面要注重对灵活性资源的容量价值与灵活性价值的补偿，另一方面要防范其在容量市场和灵活性市场（备用市场和辅助服务市场）上可能进行的新市场力行使。

现阶段电力市场监管重点是对市场力的监管。从"中发九号文"及配套文件的完整性来看，缺乏对市场势力的内涵、防范和抑制的详细规定和说明，竞争性环节的监管在政策层面上尚不完善。我国电力市场建设主要以省（自治区、直辖市）为单位开展试点，存在发电商利用市场势力操纵价格、实行合谋等不公平竞争的可能，因此，防范市场力是推进电力体制改革的重要方面。从实际情况来看，电力市场的市场势力问题较为突出，体现在国有企业和地方性龙头企业拥有较高的市场集中度，一定程度上给予了发电厂商实践市场势力的空间。各省份装机容量排名前四的集团均占到该省份总装机容量的 40% 以上。从 HHI 出发计算各省份的市场势力，我国几乎所有的省级发电侧市场都处于高度集中状态。针对发电侧潜在的的市场势力问题，参考国外经验与国内实践，可以考虑从市场份额、价格和行为三方面实行监管。

一是加强市场份额监管。一种方式是通过限制在位企业加大投资、重复建设等方式筑高行业进入壁垒、降低潜在进入者的融资成本等，以鼓励新企业的进入；另一种方式是在不改变企业数量的情况下，规定市场份额明显较高的企业必须出售资产（如事前规定高于 20% 市场份额必须出售资产）。

二是加强价格监管。对电力生产的真实成本，包括账面生产成本、机会成本及外部性成本等进行全面完整的核算，对居民和工商业用户的需求弹性进行实时跟进，确保动态、灵活、准确的定价，降低监管的误差和潜在的扭曲。

三是加强行为监管。强化政府监管部门的反垄断能力建设，加强机制设计和统筹安排，推进建立市场势力的识别机制，运用份额管理、行为管理等工具强化监管，对利用市场势力操纵价格的行为，设计相应的约束和惩戒机制，确保能源市场健康平稳运行，同时注意统筹推进电力市场化改革与国有企业改革。

8.3.4　推动全国统一市场的建立，做好利益协调

推动建立全国电力市场具有潜在的巨大收益，但市场整合也会导致各省份、区域之间的利益再分配与调整，不同利益诉求的协调和利益格局的调整是"市场一体化"必须面对的核心问题。从经济发展全局来看，各省份经济发展阶段不同，电力行业在各省份经济发展的定位不同。从电力行业本身来看，电力供需平衡、安全运行以及保障供给充足传统上主要以省为单位进行统筹，这是建立电力全国市场的现实背景与改革起点。在建设全国统一市场的过程中，需要政府强化顶层设计，破除路径依赖与省级壁垒，做好各地区间的利益协调。

一是制定统一的市场规则。新一轮电改由各省（自治区、直辖市）起步，因各省（自治区、直辖市）电力市场模式差异较大，需要中央统筹全局，加强顶

层设计，确立好改革目标与路径，规范各省（自治区、直辖市）电力市场标准化模板，统一核心规则设计，尽可能减少未来市场统一的制度性障碍，为统一市场建设打下制度基础。随着市场进一步发展、市场环境更加成熟、市场基础不断完善，在全面统筹省内与省间交易的基础上，进一步扩大市场主体范围、丰富交易品种，引导市场建设逐步从"两级运作"的省间省内的电力市场向"一级运作"的全国统一的电力市场演进，并在全国范围内实现电量市场、辅助服务市场、容量市场、输电权市场等各类市场联合优化。

二是解决省间福利分配的公平性问题。地方政府在推进省级电力市场建设中发挥着关键作用，而电力市场一体化下成本和利益的不均衡分配可能会阻碍全国统一市场的建设。构建激励相容的地方协调发展机制，是建立国内统一大市场的核心问题。可以考虑相应的财政转移支付政策工具和区际利益补偿机制以缓解公平性问题，调动各省份推进电力市场一体化的积极性，有效推进全国统一电力市场的建设。

参 考 文 献

冯永晟. 2014. 纵向结构的配置效率与中国电力体制改革. 财贸经济, 35(7): 128-137.

冯永晟. 2016. 理解中国电力体制改革：市场化与制度背景. 财经智库, 1(5): 22-50, 141-142.

冯永晟. 2022. 从容量机制看中国电力市场建设. 中国能源, 44(8): 39-46.

冯永晟. 2018-04-30. 电力体制改革四十年的回顾与思考. 中国能源报, (4).

侯孚睿, 王秀丽, 锁涛, 等. 2015. 英国电力容量市场设计及对中国电力市场改革的启示. 电力系统自动化, 39(24): 1-7.

姜克隽, 向翩翩, 贺晨旻, 等. 2021. 零碳电力对中国工业部门布局影响分析. 全球能源互联网, 4(1): 5-11.

李虹. 2004. 电力市场设计：理论与中国的改革. 经济研究, 39(11): 119-128.

梁青, 许诺, 童建中. 2009. 美国 PJM 容量市场的新模式及其对华东电力市场的启示. 华东电力, 37(7): 1148-1152.

林伯强. 2003. 电力消费与中国经济增长：基于生产函数的研究. 管理世界, 19(11): 18-27.

林伯强. 2005. 中国电力工业发展：改革进程与配套改革. 管理世界, 21(8): 65-79, 171-172.

刘树杰, 杨娟. 2016. 电力市场原理与我国电力市场化之路. 价格理论与实践, (3): 24-28.

刘硕, 于松泰, 孙田, 等. 2022. 面向高比例可再生能源电力系统的容量补偿机制研究. 电网技术, 46(5): 1780-1789.

迈克尔·G. 波利特, 杨宗翰, 陈浩. 2017. 电力改革：国际经验与中国选择. 财经智库, 2(4): 5-83, 140.

宋枫, 孙傲. 2023. "双碳"目标下电力系统零碳化路径与投资成本估计. 经济发展研究, 42(1): 13-30.

王冬明, 李道强. 2010. 美国 PJM 电力容量市场分析. 浙江电力, 29(10): 50-53.

王鹏, 张朋宇, 解力也. 2019. 中国现代电力市场体系研究. 财经智库, 4(6): 119-139, 144.

王鑫. 2020. 中国争取 2060 年前实现碳中和. 生态经济, 36(12): 9-12.

项目综合报告编写组. 2020.《中国长期低碳发展战略与转型路径研究》综合报告. 中国人口·资源与环境, 30(11): 1-25.

张粒子, 唐成鹏. 2016. 英国容量市场模式在中国的适用性分析. 电力建设, 37(3): 124-128.

赵风云, 胡荣权, 王冬容, 等. 2013. 三部制电力市场的有效模式与可行路径. 北京：中国电力出版社.

郑新业, 张阳阳, 胡竞秋. 2016. 市场势力的度量、识别及防范与治理：基于对中国电力改革应用的思考. 价格理论与实践, (6): 23-27.

中国光伏行业协会. 2024. 2021—2022 年中国光伏产业年度报告. http://www.chinapv.org.cn/annual_report/1012.html[2024-03-20].

Arango S, Larsen E. 2011. Cycles in deregulated electricity markets: Empirical evidence from two decades. Energy Policy, 39(5): 2457-2466.

Auffhammer M, Carson R T. 2008. Forecasting the path of China's CO_2 emissions using province-level information. Journal of Environmental Economics and Management, 55(3): 229-247.

Baldick R. 2012. Wind and energy markets: a case study of Texas. IEEE Systems Journal, 6(1): 27-34.

Batlle C, Rodilla P. 2010. A critical assessment of the different approaches aimed to secure electricity generation supply. Energy Policy, 38(11): 7169-7179.

Becker G S. 1965. A theory of the allocation of time. The Economic Journal, 75(299): 493.

Bhagwat P C, Richstein J C, Chappin E J L, et al. 2016. The effectiveness of a strategic reserve in the presence of a high portfolio share of renewable energy sources. Utilities Policy, 39: 13-28.

Bigerna S, Bollino C, Polinori P. 2016. Renewable energy and market power in the Italian electricity market. The Energy Journal, 37: 1-22.

Boffa F, Pingali V, Vannoni D. 2010. Increasing market interconnection: An analysis of the Italian electricity spot market. International Journal of Industrial Organization, 28(3): 311-322.

Boiteux M. 1960. Peak-load pricing. The Journal of Business, 33(2): 157.

Borenstein S, Bushnell J B, Wolak F A. 2002. Measuring market inefficiencies in California's restructured wholesale electricity market. American Economic Review, 92(5): 1376-1405.

Borenstein S, Bushnell J. 2015. The US electricity industry after 20 years of restructuring. Annual Review of Economics, (7): 437-463.

Borenstein S. 2002. The trouble with electricity markets: Understanding California's restructuring disaster. Journal of Economic Perspectives, 16(1): 191-211.

Bublitz A, Keles D, Zimmermann F, et al. 2019. A survey on electricity market design: Insights from theory and real-world implementations of capacity remuneration mechanisms. Energy Economics, 80: 1059-1078.

Caramanis M C, Bohn R E, Schweppe F C. 1982. Optimal spot pricing: practice and theory. IEEE Transactions on Power Apparatus and Systems, PAS-101(9): 3234-3245.

Caramanis M. 1982. Investment decisions and long-term planning under electricity spot pricing. IEEE Transactions on Power Apparatus and Systems, (12): 4640-4648.

Cochran J, Bird L, Heeter J, et al. 2012. Integrating variable renewable energy in electric power markets: Best practices from international experience. Golden: National Renewable Energy Laboratory.

Cramton P, Ockenfels A, Stoft S. 2013. Capacity market fundamentals. Economics of Energy & Environmental Policy, 2(2): 27-46.

de Nooij M, Koopmans C, Bijvoet C. 2007. The value of supply security: The costs of power interruptions: Economic input for damage reduction and investment in networks. Energy Economics, 29(2): 277-295.

de Vries L, Heijnen P. 2008. The impact of electricity market design upon investment under uncertainty: The effectiveness of capacity mechanisms. Utilities Policy, 16(3): 215-227.

Duan H B, Zhou S, Jiang K J, et al. 2021. Assessing China's efforts to pursue the 1.5℃ warming limit. Science, 372(6540): 378-385.

Ehrlich P R, Holdren J P. 1971. Impact of population growth. Science, 171(3977): 1212-1217.

European Union Agency for the Cooperation of Energy Regulators (ACER). 2024. Key developments in EU electricity wholesale markets: 2024 Market Monitoring Report. https://www.acer.europa.eu/documents/publications[2024-03-20].

Fabra N. 2018. A primer on capacity mechanisms. Energy Economics, 75: 323-335.

Finon D, Cepeda M. 2013. How to correct long-term system externality of large scale windpower development by a capacity mechanism? Paris: Paris Dauphine University.

Fürsch M, Hagspiel S, Jägemann C, et al.2012.The role of grid extensions in a cost-efficient transformation of the European electricity system until 2050.Applied Energy,104:642-652.

Ganz K, Neumann L, Wasmeier L, et al. 2022. Comparison of European electricity market designs. Luzern: 6th European Grid Service Market Symposium.

García J A, Reitzes J D. 2007. International perspectives on electricity market monitoring and market power mitigation. Review of Network Economics, 6(3):397-424.

Gil H A, Gomez-Quiles C, Riquelme J. 2012. Large-scale wind power integration and wholesale electricity trading benefits: estimation via an ex post approach. Energy Policy, 41: 849-859.

Glachant J M, Joskow P L, Pollitt M G, 2021. Introduction to the handbook on electricity markets// Glachant J-M , Joskow P L, Pollitt M G. Handbook on Electricity Markets. Cheltenham: Edward Elgar Publishing

Gowrisankaran G, Reynolds S, Samano M. 2007. Intermittency and the value of renewable energy. Journal of Political Economy, 124: 1187-1234.

Green R. 2008. Electricity wholesale markets: designs now and in a low-carbon future. The Energy Journal, 29: 95-124.

Greenstone M, Nath I. 2020. Do renewable portfolio standards deliver cost-effective carbon abatement? Chicago: University of Chicago.

Growitsch C, Malischek R, Nick S, et al. 2015. The costs of power interruptions in Germany: A regional and sectoral analysis. German Economic Review, 16(3): 307-323.

Hach D, Chyong C K, Spinler S. 2016. Capacity market design options: A dynamic capacity investment model and a GB case study. European Journal of Operational Research, 249(2): 691-705.

Han X J, Liang Y B, Ai Y Y, et al. 2018. Economic evaluation of a PV combined energy storage charging station based on cost estimation of second-use batteries. Energy, 165: 326-339.

He G, Lin J, Zhang Y, et al. 2020. Enabling a rapid and just transition away from coal in China. One Earth, 3(2): 187-194.

Heal G. 2017. Reflections: what would it take to reduce U.S. greenhouse gas emissions 80 percent by 2050?. Review of Environmental Economics and Policy, 11(2): 319-335.

Heal G. 2019. The Cost of a Carbon-Free Electricity System in the U.S. Cambridge: NBER.

Heal G. 2022. Economic aspects of the energy transition. Environmental and Resource Economics, 83(1): 5-21.

Heptonstall P J, Gross R J K. 2021. A systematic review of the costs and impacts of integrating variable renewables into power grids. Nature Energy, (6): 72-83.

Hirth L, Ueckerdt F, Edenhofer O. 2015. Integration costs revisited: An economic framework for wind and solar variability. Renewable Energy, 74: 925-939.

Hirth L, Ueckerdt F, Edenhofer O. 2016. Why wind is not coal: On the economics of electricity generation. The Energy Journal, 37(3): 1-28.

Hirth L. 2013. The market value of variable renewables. Energy Economics, 38: 218-236.

Hogan W W. 2005. On an "energy only" electricity market design for resource adequacy. https://api.semanticscholar.org/CorpusID:167545407[2024-03-20].

IEA. 2021. An energy sector roadmap to carbon neutrality in China. https://www.iea.org/reports/an-energy-sector-roadmap-to-carbon-neutrality-in-china[2024-03-20].

IEA. 2022. Grid-Scale Storage. https://www.iea.org/reports/grid-scale-storage[2024-03-20].

IRENA. 2021. Renewable power generation costs in 2020. www.irena.org/publications/2021/Jun/Renewable-Power-Costs-in-2020[2024-03-20].

IRENA (International Renewable Energy Agency).2023.Renewable capacity statistics 2023.https://www.irena.org/publications/2023/Mar/Renewable-Capacity-Statistics-2023[2024-02-11].

Jaehnert S, Doorman G. 2014. Analysing the generation adequacy in power markets with renewable energy sources. Krakow:11th International Conference on the European Energy Market (EEM14).

Jensen S G, Skytte K. 2002. Interactions between the power and green certificate markets. Energy Policy, 30(5): 425-435.

Joskow P L, Schmalensee R. 1988. Markets for power: An analysis of electric utility deregulation. Cambridge: Mit Press Books, 12(3): 369-370.

Joskow P L, 1998. Restructuring, competition and regulatory reform in the U.S. electricity sector// Chao H P , Huntington H G. Designing Competitive Electricity Markets. Boston: Springer US.

Joskow P L. 2006.Competitive electricity markets and investment in new generating capacity// Helm D. The New Energy Paradigm. Oxford : Oxford University Press.

Joskow P L. 2008. Capacity payments in imperfect electricity markets: Need and design. Utilities Policy, 16(3): 159-170.

Joskow P, Tirole J. 2007. Reliability and competitive electricity markets. The RAND Journal of Economics, 38(1): 60-84.

Lamont A D. 2008. Assessing the long-term system value of intermittent electric generation technologies. Energy Economics, 30(3): 1208-1231.

Leahy E, Tol R S J. 2011. An estimate of the value of lost load for Ireland. Energy Policy, 39(3): 1514-1520.

Levin T, Botterud A. 2015. Capacity Adequacy and Revenue Sufficiency in Electricity Markets With Wind Power. IEEE Transactions on Power Systems, 30(3):1644-1653.

Li H Y, Song F, Xia F. 2024. Speeding up renewable energy integration with invisible hands: Ancillary service market and the COVID-19 natural experiment. The Energy Journal, 45(5): 1-31.

Li Y, Lukszo Z, Weijnen M. 2016. The impact of inter-regional transmission grid expansion on China's power sector decarbonization. Applied Energy, 183: 853-873.

Li Y, Vilathgamuwa M, Choi S S, et al. 2020. Design of minimum cost degradation-conscious lithium-ion battery energy storage system to achieve renewable power dispatchability. Applied Energy, 260: 114282.

Linares P, Rey L. 2013. The costs of electricity interruptions in Spain: Are we sending the right signals. Energy Policy, 61: 751-760.

Linares P, Santos F J, Ventosa M. 2008.Coordination of carbon reduction and renewable support policies. Climate Policy, Taylor & Francis Journals, (8):377-394.

Makarov Y V, Du P W, Kintner-Meyer M C W, et al. 2012. Sizing energy storage to accommodate high penetration of variable energy resources. IEEE Transactions on Sustainable Energy, 3(1): 34-40.

Mansur E T. 2008. Measuring welfare in restructured electricity markets. Review of Economics and Statistics, 90(2): 369-386.

Meng M, Mander S, Zhao X L, et al. 2016. Have market-oriented reforms improved the electricity generation efficiency of China's thermal power industry? An empirical analysis. Energy, 114: 734-741.

Neuhoff K, Barquin J, Bialek J W, et al. 2013. Renewable electric energy integration: Quantifying the value of design of markets for international transmission capacity. Energy Economics, 40: 760-772.

Neuhoff K, de Vries L. 2004. Insufficient incentives for investment in electricity generations. Utilities Policy, 12(4): 253-267.

Neuhoff K, Diekmann J, Kunz F, et al. 2016. A coordinated strategic reserve to safeguard the European energy transition. Utilities Policy, 41: 252-263.

Newbery D M, Green R. 1997. Competition in the Electricity Industry in England and Wales. Oxford Review of Economic Policy, 13(1):27-46.

Newbery D M. 2017. Designing an electricity wholesale market to accommodate significant renewables penetration: Lessons from Britain. https://doi.org/10.17863/CAM.17551[2024-03-20].

Newbery D M. 2018. What future(s) for liberalized electricity markets: efficient, equitable or innovative?. The Energy Journal, 39(1): 1-28.

Newbery D, Strbac G, Viehoff I. 2016. The benefits of integrating European electricity markets. Energy Policy, 94: 253-263.

Neubarth J, Weber C, Woll O.2006.Wind generation impact on day-ahead electricity prices in Germany. Energy Policy, 34(18): 3471-3482.

Ngan H W. 2010. Electricity regulation and electricity market reforms in China. Energy Policy, 38(5): 2142-2148.

Nicholson E, Rogers J, Porter K. 2010. Relationship between wind generation and balancing energy market prices in ERCOT: 2007-2009. https://api.semanticscholar.org/CorpusID:154282257 [2024-03-20].

Olsina F, Garcés F, Haubrich H J. 2006. Modeling long-term dynamics of electricity markets. Energy

Policy, 34(12): 1411-1433.

O'Mahoney A, Denny E. 2011. The merit order effect of wind generation in the Irish electricity market. Washington DC: Proceedings of the 30th USAEE/IAEEE North American Conference.

Petitet M, Finon D, Janssen T. 2017. Capacity adequacy in power markets facing energy transition: Acomparison of scarcity pricing and capacity mechanism. Energy Policy, 103: 30-46.

Praktiknjo A, Erdmann G. 2016. Renewable electricity and backup capacities: An (un-) resolvable problem?. The Energy Journal, 37: 89-106.

Reichl J, Schmidthaler M, Schneider F. 2013. The value of supply security: The costs of power outages to Austrian households, firms and the public sector. Energy Economics, 36: 256-261.

Roodman D, Nielsen M Ø, MacKinnon J G, et al. 2019. Fast and wild: Bootstrap inference in Stata using boottest. The Stata Journal: Promoting Communications on Statistics and Stata, 19(1): 4-60.

Schwenen S. 2014. Market design and supply security in imperfect power markets. Energy Economics, 43: 256-263.

Sensfu B F, Ragwitz M, Genoese M, 2008. The merit-order effect: a detailed analysis of the price effect of renewable electricity generation on spot market prices in Germany. Energy Policy, 36(8): 3086-3094.

Stoft S. 2002. Power System Economics: Designing Markets for Electricity. Piscataway: IEEE Press.

Strbac G, Wolak F A. 2017.Electricity market design and renewables integration in developing countries. UC Berkeley: Center for Effective Global Action.

Turvey R. 1968. Peak-load pricing. Journal of Political Economy, 76(1): 101-113.

Ueckerdt F, Hirth L, Luderer G, et al. 2013. System LCOE: What are the costs of variable renewables?. Energy, 63: 61-75.

Weigt H. 2009. Germany's wind energy: The potential for fossil capacity replacement and cost saving. Applied Energy, 86(10): 1857-1863.

Woo C K, Horowitz I, Moore J, et al. 2011. The impact of wind generation on the electricity spot-market price level and variance: The Texas experience. Energy Policy, 39(7): 3939-3944.

Xiang C X, Zheng X Y, Song F, et al. 2023. Assessing the roles of efficient market versus regulatory capture in China's power market reform. Nature Energy, 8: 747-757.

Xu S F, Chen W Y. 2006. The reform of electricity power sector in the PR of China. Energy Policy, 34(16): 2455-2465.

Zarnikau J. 2011. Successful renewable energy development in a competitive electricity market: A Texas case study. Energy Policy, 39(7): 3906-3913.

附　　录

附表 1　非水电可再生能源配额比例　　　　　　　　（单位：%）

地区	2018 年		2019 年		2020 年	
	激励性配额	最低配额	激励性配额	最低配额	激励性配额	最低配额
北京	11.6	10.5	14.9	13.5	16.5	15
天津	11.6	10.5	14.9	13.5	16.5	15
河北	11.6	10.5	14.9	13.5	16.5	15
山西	13.8	12.5	14.9	13.5	16	14.5
内蒙古	19.8	18	19.8	18	19.8	18
辽宁	11	10	11	10	11.6	10.5
吉林	16.5	15	17.1	15.5	18.2	16.5
黑龙江	16.5	15	19.3	17.5	22.6	20.5
上海	2.8	2.5	3.3	3	3.3	3
江苏	6.1	5.5	7.2	6.5	8.3	7.5
浙江	5.5	5	7.2	6.5	8.3	7.5
安徽	10.5	9.5	11.6	10.5	12.7	11.5
福建	5	4.5	5.5	5	6.6	6
江西	7.2	6.5	7.7	7	8.8	8
山东	9.9	9	11	10	11	10
河南	9.9	9	10.5	9.5	11.6	10.5

续表

地区	2018 年		2019 年		2020 年	
	激励性配额	最低配额	激励性配额	最低配额	激励性配额	最低配额
湖北	8.3	7.5	9.9	9	11	10
湖南	9.9	9	12.7	11.5	14.3	13
广东	3.9	3.5	3.9	3.5	4.4	4
广西	4.4	4	5	4.5	5.5	5
海南	5	4.5	5.5	5	5.5	5
重庆	2.2	2	2.8	2.5	2.8	2.5
四川	3.9	3.5	3.9	3.5	3.9	3.5
贵州	5	4.5	5.5	5	5.5	5
云南	12.7	11.5	12.7	11.5	12.7	11.5
陕西	9.9	9	11.6	10.5	13.2	12
甘肃	16	14.5	18.7	17	20.9	19
青海	20.9	19	25.3	23	27.5	25
宁夏	19.8	18	19.8	18	22	20
新疆	12.7	11.5	13.2	12	14.3	13

注：该表显示了各省（自治区、直辖市）规定的非水电可再生能源在总发电量中的占比。每年的实际可再生能源占比不得低于"最低配额"。相反，如果占比高于"激励性配额"，省级官员在年度考核中将获得奖励（来源：国家能源局 http://zfxxgk.nea.gov.cn/auto87/201905/t20190515_3662.htm）

附表 2　新冠疫情前水电发电量及其与火电替代的趋势（2018 ～ 2019 年数据）

项目		总发电量		间歇性可再生能源发电量		火电发电量		水电发电量	
		（1）	（2）	（3）	（4）	（5）	（6）	（7）	（8）
年份 2018 * 处理月份		−1.827	−2.337	−0.09	−0.109	3.307	2.854	−4.402***	−4.459***
		[0.578]	[0.374]	[0.777]	[0.734]	[0.294]	[0.269]	[0.004]	[0.004]
观察值		540	540	540	540	540	540	540	540
R^2		0.997	0.997	0.991	0.992	0.996	0.996	0.997	0.997
控制变量	省份 – 月份固定效应	是	是	是	是	是	是	是	是
	省份 – 年份固定效应	是	是	是	是	是	是	是	是

续表

项目	总发电量		间歇性可再生能源发电量		火电发电量		水电发电量	
	（1）	（2）	（3）	（4）	（5）	（6）	（7）	（8）
跨省电力传输	否	是	否	是	否	是	否	是
国际贸易	否	是	否	是	否	是	否	是

注：发电量以 10^8 kW·h 计。标准误按省聚类。由于聚类数量少，采用韦伯加权和 10 000 次重复的野生聚类方法计算标准误 [参考 Roodman 等（2019）]。P 报告在括号中。*** 显著性为 1%

附表 3　能源结构中的选择偏差

项目		总发电量（1）	间歇性可再生能源发电量（2）	火电发电量（3）	水电发电量（4）
面板 A：从未受到 ASM 影响	年份 2020 * 处理月份	−14.005**	−0.986*	−0.861	−11.659*
		[0.010]	[0.085]	[0.839]	[0.052]
	观察值	189	189	189	189
	R^2	0.996	0.973	0.93	0.993
面板 B：2020 年之前受到 ASM 影响	年份 2020 * 处理月份	−13.309***	0.802**	−13.384***	−1.147
		[0.000]	[0.040]	[0.000]	[0.565]
	观察值	621	621	621	621
	R^2	0.996	0.989	0.994	0.998
控制变量	省份 – 月份固定效应	是	是	是	是
	省份 – 年份固定效应	是	是	是	是
	跨省电力传输	是	是	是	是
	国际贸易	是	是	是	是

注：发电量以 10^8 kW·h 计。标准误按省（自治区、直辖市）聚类。由于聚类数量少，采用韦伯加权和 10 000 次重复的野生聚类方法计算标准误 [参考 Roodman 等（2019）]。P 报告在方括号中。*** 显著性为 1%。** 显著性为 5%。* 显著性为 10%

附表 4　根据 ASM 实施时间的异质性预趋势检验（2018 ～ 2019 年数据）

项目		总发电量	间歇性可再生能源发电量			
		（1）	（2）	（3）	（4）	（5）
面板 A：2018 年之前建立的 ASM	年份 2018 * 处理月份 * ASM	6.754	0.993	0.1	0.751	0.591
		[0.384]	[0.324]	[0.891]	[0.465]	[0.405]
	观察值	288	288	288	288	288
	R^2	0.997	0.993	0.994	0.993	0.993

续表

项目		总发电量	间歇性可再生能源发电量			
		（1）	（2）	（3）	（4）	（5）
面板 B：2018 年建立的 ASM	年份 2018 * 处理月份 * ASM	0.139	0.349	−0.505	0.383	−0.005
		[0.941]	[0.726]	[0.520]	[0.715]	[0.993]
	观察值	270	270	270	270	270
	R^2	0.999	0.99	0.993	0.991	0.991
面板 C：2019 年建立的 ASM	年份 2018 * 处理月份 * ASM	0.373	1.239	1.252	1.436	1.046
		[0.910]	[0.173]	[0.165]	[0.114]	[0.131]
	观察值	234	234	234	234	234
	R^2	0.999	0.99	0.994	0.99	0.99
控制变量	省份–月份固定效应	是	是	是	是	是
	省份–年份固定效应	是	是	是	是	是
	年份–月份固定效应	是	是	是	是	是
	跨省电力传输	是	是	是	是	是
	国际贸易	是	是	是	是	是
	2017 年发电比例 * 年份–月份固定效应	否	否	是	否	否
	累积降水量滞后 1 ~ 3 个月	否	否	否	是	否
	水电发电量	否	否	否	否	是

注：发电量以 10^8kW·h 计。标准误按省聚类。由于聚类数量少，采用韦伯加权和 10 000 次重复的野生聚类方法计算标准误 [参考 Roodman 等（2019）]。P 报告在方括号中

附表 5　2018 年广东电网机组分月检修容量　　　（单位：MW）

月份	统调装机容量	计划最大检修容量	实际最大检修容量	计划平均检修容量	实际平均检修容量	非计划最大检修容量
1	107 882	13 905	18 016	11 154	14 860	5 870
2	107 882	9 696	15 616	7 544	11 184	6 580
3	108 182	10 944	14 252	9 292	11 656	5 079
4	108 571	8 473	13 803	6 651	9 754	5 330
5	108 657	4 854	9 586	4 017	6 307	5 190
6	109 559	4 546	10 176	2 137	5 577	5 630
7	111 701	390	3 270	390	1 895	3 270
8	110 836	510	2 970	401	1 770	2 540
9	111 589	2 878	7 438	1 099	3 733	4 963
10	112 259	6 968	9 934	5 761	8 307	3 930
11	113 180	9 777	14 301	8 716	10 856	5 249
12	118 157	9 932	13 834	8 430	10 977	4 419

资料来源：《中国南方电网 2018 年调度年报》

附表 6　火电机组参数

机组类型	度电煤（气）耗	碳排放
100 万千瓦燃煤机组	0.44t/MWh	1174g/kW·h
60 万千瓦燃煤机组	0.48t/MWh	1275g/kW·h
30 万千瓦燃煤机组	0.49t/MWh	1315g/kW·h
30 万千瓦以下燃煤机组	0.54t/MWh	1437g/kW·h
燃气机组	161m^3/MWh	637g/kW·h

资料来源：《中国南方电网 2018 年调度年报》

附表 7　燃煤机组边际成本

月份	煤价 /（元 /t）	100 万千瓦燃煤机组 /（元 /kW·h）	60 万千瓦燃煤机组 /（元 /kW·h）	30 万千瓦燃煤机组 /（元 /kW·h）	30 万千瓦以下机组 /（元 /kW·h）
1	651	0.288	0.312	0.322	0.352
2	658	0.290	0.315	0.325	0.356
3	649	0.287	0.311	0.321	0.351
4	634	0.280	0.304	0.314	0.343
5	630	0.278	0.302	0.312	0.341
6	641	0.283	0.307	0.317	0.346
7	639	0.282	0.306	0.316	0.346
8	630	0.278	0.302	0.311	0.340
9	626	0.277	0.300	0.310	0.339
10	617	0.272	0.296	0.305	0.333
11	608	0.268	0.291	0.301	0.328
12	613	0.270	0.294	0.303	0.331

资料来源：国家发展和改革委员会网站

附表 8　不同新能源机组占比情景下的月度平均电价（按小时出清）

（单位：元 /kW·h）

月份	新能源机组占比					
	5%	10%	15%	20%	25%	30%
1	0.374	0.364	0.358	0.355	0.351	0.348
2	0.336	0.334	0.328	0.321	0.317	0.313
3	0.349	0.347	0.346	0.345	0.343	0.342
4	0.359	0.354	0.350	0.346	0.343	0.341
5	0.380	0.376	0.373	0.369	0.365	0.362

续表

月份	新能源机组占比					
	5%	10%	15%	20%	25%	30%
6	0.367	0.364	0.361	0.358	0.356	0.354
7	0.369	0.364	0.359	0.357	0.356	0.355
8	0.366	0.361	0.358	0.356	0.354	0.353
9	0.360	0.355	0.352	0.351	0.349	0.348
10	0.350	0.348	0.348	0.346	0.345	0.342
11	0.345	0.341	0.339	0.337	0.336	0.334
12	0.364	0.354	0.346	0.341	0.338	0.335
总计	0.360	0.355	0.352	0.349	0.346	0.344

附表9　不同新能源机组占比情景下的小时平均电价（按小时出清）

（单位：元/kW·h）

小时	新能源机组占比					
	5%	10%	15%	20%	25%	30%
1	0.346	0.345	0.344	0.344	0.344	0.343
2	0.345	0.345	0.345	0.345	0.344	0.344
3	0.346	0.346	0.345	0.345	0.344	0.344
4	0.347	0.346	0.345	0.345	0.345	0.344
5	0.347	0.347	0.346	0.346	0.345	0.344
6	0.347	0.347	0.346	0.346	0.346	0.344
7	0.347	0.346	0.346	0.345	0.345	0.344
8	0.345	0.345	0.345	0.344	0.343	0.342
9	0.348	0.344	0.342	0.341	0.340	0.337
10	0.369	0.356	0.348	0.342	0.338	0.336
11	0.382	0.365	0.351	0.343	0.338	0.335
12	0.378	0.357	0.347	0.341	0.337	0.332
13	0.345	0.343	0.338	0.335	0.332	0.328
14	0.350	0.346	0.340	0.337	0.334	0.331
15	0.369	0.356	0.347	0.342	0.338	0.334
16	0.377	0.364	0.355	0.347	0.343	0.339
17	0.389	0.381	0.371	0.363	0.355	0.350

小时	新能源机组占比					
	5%	10%	15%	20%	25%	30%
18	0.382	0.377	0.372	0.367	0.364	0.359
19	0.376	0.374	0.371	0.368	0.365	0.362
20	0.375	0.373	0.371	0.369	0.367	0.365
21	0.373	0.370	0.369	0.366	0.363	0.360
22	0.364	0.362	0.358	0.356	0.353	0.351
23	0.350	0.349	0.348	0.347	0.347	0.347
24	0.347	0.347	0.347	0.346	0.345	0.345
总计	0.360	0.355	0.352	0.349	0.346	0.344

附表 10　新能源机组替代效应导致电力中断情况　（单位：h）

淘汰情景	月份	新能源机组占比				
		10%	15%	20%	25%	30%
只淘汰燃气机组	1	0	3	7	14	20
	2	0	0	0	0	0
	3	0	0	0	0	0
	4	0	0	0	1	1
	5	10	33	52	72	80
	6	0	0	2	2	4
	7	0	0	0	0	0
	8	0	0	0	0	0
	9	0	0	0	0	0
	10	0	0	0	0	0
	11	0	0	0	0	0
	12	0	2	14	21	30
	小计	10	38	75	110	135
淘汰燃气机组、30万千瓦以下燃煤机组	1	0	6	24	39	43
	2	0	0	0	0	0
	3	0	0	0	0	0
	4	0	0	1	4	9
	5	14	56	94	113	116

续表

淘汰情景	月份	新能源机组占比				
		10%	15%	20%	25%	30%
淘汰燃气机组、30万千瓦以下燃煤机组	6	0	2	5	10	11
	7	0	0	0	0	0
	8	0	0	0	0	1
	9	0	0	1	1	1
	10	0	0	0	0	0
	11	0	0	0	0	1
	12	0	8	37	50	55
	小计	14	72	162	217	237
淘汰燃气机组、30万千瓦以下燃煤机组、30万千瓦燃煤机组	1	2	46	99	132	153
	2	0	0	5	9	14
	3	0	0	2	22	45
	4	0	3	39	82	109
	5	35	129	193	227	243
	6	0	16	48	72	92
	7	0	0	5	17	35
	8	0	0	11	32	58
	9	0	1	12	32	58
	10	0	0	0	0	4
	11	0	0	7	28	49
	12	1	58	102	126	140
	小计	38	253	523	779	1000

附表 11　提高外省（自治区、直辖市）输入电量后的电力中断情况　（单位：h）

淘汰情景	月份	新能源机组占比				
		10%	15%	20%	25%	30%
只淘汰燃气机组	1	0	0	3	5	5
	2	0	0	0	0	0
	3	0	0	0	0	0
	4	0	0	0	0	0
	5	0	0	0	1	1
	6	0	0	0	0	0

续表

淘汰情景	月份	新能源机组占比				
		10%	15%	20%	25%	30%
只淘汰燃气机组	7	0	0	0	0	0
	8	0	0	0	0	0
	9	0	0	0	0	0
	10	0	0	0	0	0
	11	0	0	0	0	0
	12	0	0	2	8	7
	小计	0	0	5	14	13
淘汰燃气机组、30万千瓦以下燃煤机组	1	0	5	13	22	26
	2	0	0	0	0	0
	3	0	0	0	0	0
	4	0	0	0	1	1
	5	0	0	4	7	9
	6	0	0	0	0	0
	7	0	0	0	0	0
	8	0	0	0	0	0
	9	0	0	0	0	0
	10	0	0	0	0	0
	11	0	0	0	0	0
	12	0	3	19	32	33
	小计	0	8	36	62	69
淘汰燃气机组、30万千瓦以下燃煤机组、30万千瓦燃煤机组	1	2	64	123	155	164
	2	0	0	10	19	21
	3	0	0	6	22	40
	4	0	7	42	84	93
	5	0	39	125	171	186
	6	0	1	12	26	32
	7	0	0	0	0	0
	8	0	0	0	1	1
	9	0	0	1	3	10
	10	0	0	0	0	0
	11	0	0	2	17	32
	12	0	74	121	141	154
	小计	2	185	442	639	733